襄阳 经济社会高质量发展 案例选

罗　丽◎主编

中央党校出版集团
国家行政学院出版社
NATIONAL ACADEMY OF GOVERNANCE PRESS

图书在版编目（CIP）数据

襄阳经济社会高质量发展案例选 / 罗丽主编 .
北京：国家行政学院出版社，2024. 12. -- ISBN 978-7-
5150-3004-3

Ⅰ. F127.633

中国国家版本馆 CIP 数据核字第 2024GB6425 号

书　　名	襄阳经济社会高质量发展案例选	
	XIANGYANG JINGJI SHEHUI GAOZHILIANG FAZHAN ANLI XUAN	
作　　者	罗　丽　主编	
责任编辑	陈　科　陆　夏	
责任校对	许海利	
责任印刷	吴　霞	
出版发行	国家行政学院出版社	
	（北京市海淀区长春桥路 6 号　　100089）	
综 合 办	（010）68928887	
发 行 部	（010）68928866	
经　　销	新华书店	
印　　刷	中煤（北京）印务有限公司	
版　　次	2024 年 12 月北京第 1 版	
印　　次	2024 年 12 月北京第 1 次印刷	
开　　本	170 毫米 ×240 毫米　16 开	
印　　张	20.75	
字　　数	271 千字	
定　　价	70.00 元	

本书如有印装问题，可联系调换，联系电话：（010）68929022

Preface >>> 序　言

　　党的二十大报告指出："高质量发展是全面建设社会主义现代化国家的首要任务。发展是党执政兴国的第一要务。"高质量发展，是我们党作出的一个具有全局性、长远性和战略性意义的重大判断，是创新成为第一动力、协调成为内生特点、绿色成为普遍形态、开放成为必由之路、共享成为根本目的的全面发展。

　　习近平总书记多次强调，"要把高质量发展同满足人民美好生活需要紧密结合起来"。党的二十届三中全会指出，"在发展中保障和改善民生是中国式现代化的重大任务。必须坚持尽力而为、量力而行，完善基本公共服务制度体系，加强普惠性、基础性、兜底性民生建设，解决好人民最关心最直接最现实的利益问题，不断满足人民对美好生活的向往"。高质量发展的根本在于人民生活高质量，在于充分满足人民对美好生活的需要，这是高质量发展的核心要义和价值旨归，也是高质量发展的出发点和落脚点。当前，我国经济社会发展已由高速增长阶段转向高质量发展阶段，社会主要矛盾已经转化为人民日益增长的美好生活需要和不平衡不充分的发展之间的矛盾。美好生活涉及方方面面，不仅包含更高要求、更好品质、更有特色的物质文化生活，而且不断涌现日益增长的对民主权利、法治环境、公平正义、安全保障、精神文化等方面的多维要求，人民群众个性化、多样化、不断升级的需求日趋突出。破解不平衡不充分的发展这个制约因素，迫切需要进一步全面深化改革，迫切要求经济转型升级、改革稳步推进、治理持续优化等工作必须坚持以人民为中心，实现提质增效、升级换挡，以高质量发展满足高品质需求，致力于为人民群众提供优质的教育、稳定的收入、可靠的社会保障、高水平的医疗卫生服务、有序的综合治理、舒适的人居环境、丰富的文化生活，确保使发展成果更好惠及全体人民，不断实现人民对美好生活的向往。

南船北马，七省通衢；控扼川陕，通达九州。十里青山，碧水入城；华灯初上，诗韵袅袅。作为雄踞汉江流域的历史文化名城、中部产业重镇，襄阳锚定"加快建设引领汉江流域发展、辐射南襄盆地核心增长极的省域副中心城市"这一目标，以永葆"闯"的精神、"创"的劲头、"干"的作风，发扬争抢转精神，保持拼抢实状态，坚定不移强信心，聚焦聚力稳增长，全力以赴防风险，持之以恒推改革，用心用力惠民生，更好地统筹发展和安全，以更实举措加大有效投资、扩大内需和增加出口，以更深改革培育主体、营造环境和优化服务，城市经济量级、产业层级、城市能级显著提升，2023年地区生产总值达到5843亿元，连续两年保持中部非省会城市领先，基层治理卓有成效，特色文旅爆火"出圈"，交出了经济承压回升、社会和谐安定、文旅融合创新、人民幸福安康的新时代高质量发展答卷。

马克思主义认为，丰富的人类实践活动一再表明，科学理论具有指导实践的永恒魅力。理论创新来源于实践，并且要不断接受实践的检验；实践也只有上升到理论才能更好地发挥作用。党校作为学习宣传党的政策理论和党员领导干部教育培训的重要阵地，担负着"为党育才、为党献策"的初心与职责，这就要求党校不仅要讲准讲好党的政策理论，更需要教育引导教师和学员深入基层一线、项目现场、商圈楼宇，在寻觅探索、思考研究、交流分享中熟悉省情市情、掌握社情民意，剖析问题根源、找寻破题之路，从而加深对党的各项政策理论的理解，才能实现在课上老师愿讲讲透、座上学员愿听能懂、课后思有所得，实现干部培训夯实理论基础、有效答疑解惑、提升履职效能的良性循环，达到教学相长、学学相长的目的。

这次开展《襄阳经济社会高质量发展案例选》的征稿选编工作是市委党校落实《干部教育培训工作条例》《全国干部教育培训规划（2023—2027年）》的重要项目，是全市党校系统坚持开门办学、共建共享的创新举措，更是党校理论联系实际的再一次生动体现。在这次征稿工作中，全市40余家市直单位、各县（市、区）委党校都给予了大力支持，各单位结合相关部门工作职能定位组织骨干力量，对所在工作领域（地区实际）的工作情况进行深入调研思考，从经济建设、政治建设、文化建设、社会建设、生态文明建设等方面挖掘典型案例、总结成功经验，不回避矛盾、深刻剖析问题，按照课题研究的统一形式，撰写了案例稿件。

我们以思想解放引领推动襄阳都市圈高质量发展开篇，结合全市发展主要指标数据、典型案例等，系统梳理襄阳经济社会发展的主要成就，形成了"六个必须"发展经验。在具体篇目中，我们或聚焦新质生产力发展，围绕关键环节，分析问题短板，提出以"链式发展"思维加快推进襄阳产业链现代化建设，奋力打造全国先进制造业基地，不断深化自贸区改革，不断加快特色工业园区转型优化步伐；或围绕优化营商环境这一热点话题，总结全域推进经验，研究比亚迪汽车制造项目快速投产案例经验，探索纾解中小微企业融资难等热点问题，从多个维度探索支持市场主体更好发展的路径；或从打造中部地区国家粮食安全保障基地这一目标，以"全国产粮大县"襄州区为主要研究对象，总结成效、分析问题，破解"谁来种地"难题；或挖掘谷城县堰河村产业振兴的发展故事，揭示实施乡村振兴战略的成功密码；或以满足人民群众精神文化需求为目标，探索文旅融合发展新路径，探索管家巷爆火出圈的成功经验，以文化馆联盟为载体打造覆盖更宽更深的"襄十随神"区域公共文化服务体系；或聚焦汉江流域湿地保护、运用"一网统管"智能监管守护襄阳河湖，以构建完善的医保服务体系、更为贴心的医疗服务解决人民群众较为关心的"病有所医"等问题，以共同缔造引领保康、枣阳等地基层特色社会治理和"两新"党建工作；或围绕防范化解重大风险，总结探索支持中小微企业金融政策；或以宜城市"8·12"特大暴雨应急处置为例研究基层应急管理建设；或聚焦人民群众食品安全……

追风赶月莫停留，平芜尽处是春山。期待通过对襄阳经济社会高质量发展案例的研究与思考，激励广大党员干部勇于扛牢时代赋予襄阳的战略定位和发展重任，精心呵护好、传承好、发展好这座千年古城，用热情和汗水让我们的共同家园在新时代焕发出更加蓬勃的生机和活力，抒写好襄阳奋斗故事、传播好特色"襄"音，在奋力推进中国式现代化襄阳实践、争当新时代中部地区崛起排头兵的进程中彰显襄阳担当！

罗 丽

中共襄阳市委党校（襄阳市行政学院）常务副校（院）长

2024年12月

目录
CONTENTS

政治建设编

文化建设编

● 社会建设编

⬤ 生态文明建设编

绪　论

以思想解放引领推动襄阳都市圈高质量发展

习近平总书记强调，解放思想是前提，是解放和发展社会生产力、解放和增强社会活力的总开关。思想解放是促进社会发展的重要力量，是发展中国特色社会主义的一大法宝。综观党的百年奋斗历程，我们党通过解放思想、更新观念，打破教条主义、本本主义，破除阻碍事业发展的思想藩篱，不断推动革命、建设、改革事业发展。党的十八大以来，在习近平新时代中国特色社会主义思想的科学指引下，我们党以全新的视野深化对共产党执政规律、社会主义建设规律、人类社会发展规律的认识，进一步解放思想、锐意改革，豪迈书写了经济快速发展和社会长期稳定两大新篇章，成功破解了人口大国消除绝对贫困、国家治理体系和治理能力现代化、大党长期执政永葆生机活力"三大世界性难题"，推动我国迈上全面建设社会主义现代化国家新征程。

襄阳发展历程，围绕时代主题通过一次又一次解放思想，催生了襄阳改革发展历程中一个又一个重大突破：20世纪60年代打破人事制度坚冰吸纳10万多名技术人员来襄创业；80年代借势东风出山实现东山再起，一跃成为全国十大明星城市；2023年，襄阳市委组织开展"一天零一夜"思想解放大讨论，围绕学习贯彻党的二十大精神、牢固树立新发展理念，以及加快东津城市新中心建设、发挥综合交通枢纽作用等省委、省政府交给襄阳的必答题深入开展研讨，在推动思想大解放中厘清发展思路、明晰目标路径、细化发展措施，加快推动襄阳都市圈高质量发展成势见效。

一、牢记嘱托、感恩奋进，坚定不移把习近平总书记关于湖北工作的重要讲话和指示批示精神转化为加快发展的强大力量和生动实践

党的十八大以来，习近平总书记先后 5 次考察湖北，参加全国人大湖北代表团审议，提出"四个着力""四个切实"等重要要求，赋予湖北"建成支点、走在前列、谱写新篇"的历史使命，并对产业转型、科技创新、民生保障、疫情防控、作风建设等工作作出了全方位指引，为新时代湖北改革发展把脉定向、指路领航。襄阳市委始终把习近平总书记关于湖北工作的重要讲话和指示批示精神作为做好各项工作的根本遵循，结合襄阳实际，创造性抓好贯彻落实，一步一个脚印推动习近平总书记关于湖北工作的重要讲话和指示批示精神在襄阳落地生根、开花结果。

（一）认真贯彻落实习近平总书记"着力在推进经济发展方式转变和产业结构调整上取得新突破"和"切实推动高质量发展"的重要要求，持续提高经济发展质效，城市实力地位显著提升

襄阳深入贯彻新发展理念，主动服务和融入新发展格局，加快转变发展理念、发展方式、发展动力、发展路径，扎实推进高质量发展，三次产业结构由 2012 年的 13.5∶53.8∶32.7 优化为 2022 年的 10.4∶46.9∶42.7，由"二三一"向"三二一"转变，地区生产总值连续跨越 3000 亿元、4000 亿元、5000 亿元大关，由 2012 年的 2406 亿元增加到 2022 年的 5828 亿元，年均增长 7.4%，全国城市 GDP 排名由 2012 年的第 64 位提升到 2022 年的第 45 位。2023 年，实现地区生产总值 5843 亿元，连续 2 年位居中部非省会城市

第一、连续6年位居全国城市50强、连续7年位居全省第二。襄阳先后被国家确定为中部地区重点城市、汉江流域中心城市和重点支持的省域副中心城市，被省委、省政府赋予引领"襄十随神"城市群协同发展的重任，在全国全省的战略地位更加凸显。

（二）认真贯彻落实习近平总书记"把科技的命脉牢牢掌握在自己手中"的重要要求，深入实施创新驱动发展战略，区域性科创中心加快建设

我们坚持把创新作为引领发展的第一动力，高新科技城、东津科学城、尹集大学城加快建设，大湾区华科城（襄阳）科创中心建设工作启动，华农襄阳现代农业研究院首批师生入驻，武汉理工大学襄阳示范区在校师生突破千人，湖北隆中实验室实现6项重大关键技术突破，区域性科创中心"四梁八柱"加快构建。大力实施高新技术企业倍增计划，推出"1+7"人才新政，深化以企业为主体的产学研协同创新，实施11项"卡脖子"技术集中攻关，努力打通从科技强到产业强、经济强的通道。全年高新技术企业总数突破1600家，高新技术产业增加值由2012年的400.7亿元提高到2022年的1359.5亿元，成为全国首批"创新驱动示范市"。

（三）认真贯彻落实习近平总书记"着力在保障和改善民生上不断取得新进展"和"切实做好民生工作"的重要要求，持续增进民生福祉，人民生活水平全面提高

我们深入践行以人民为中心的发展思想，把75%以上的财政支出用于民生领域，精准对接民生需求，统筹做好就业、教育、医疗、住房、养老、社保、文化等工作，人民群众获得感、幸福感、安全感显著增强。脱贫攻坚取得全面胜利，保康、南漳、谷城三个贫困县"脱贫摘帽"，346个贫困村、37.5万贫困人口全部稳定脱贫。居民收入实现翻番，2022年城镇和农村居民人均可支配收入分别为43893元、22497元，分别是2012年的2.5倍、2.6倍。公共服务水平稳步提升，城镇新增就业累计达到115万人，社会养

老保险和基本医疗保险逐年扩面提标，参保率分别达93.5%、96.6%；2022年全市各级各类学校1762所，在校生94.39万人，分别比2012年增加374所、14.3万人；每千人医院床位数、医生数分别由2012年的4.3张、1.8人增加到8张、2.6人。

（四）认真贯彻落实习近平总书记"切实加强作风建设"的重要要求，压紧压实管党治党政治责任，推进全面从严治党向纵深发展

襄阳坚决贯彻党中央全面从严治党战略部署，坚持把党的政治建设摆在首位，深入开展党的群众路线教育实践活动、"三严三实"专题教育、"两学一做"学习教育、"不忘初心、牢记使命"主题教育、党史学习教育、学习贯彻习近平新时代中国特色社会主义思想主题教育、党纪学习教育，教育引导全市各级党组织和广大党员干部深刻领悟"两个确立"的决定性意义，始终把"两个维护"作为最高政治原则和根本政治规矩，不断提高政治判断力、政治领悟力、政治执行力。认真践行新时代党的组织路线，大力选拔任用忠诚干净担当的高素质专业化干部，强化大抓基层鲜明导向，开展夯基、牵手、三安"三大行动"，推动全市基层党组织全面进步、全面过硬。坚持严管厚爱结合、激励约束并重，一年一个主题，持之以恒加强作风建设，扎实开展不担当不作为、违规吃喝、群众身边腐败和作风问题专项整治，强化对"一把手"和领导班子监督，一体推进"三不腐"，纵深推进清廉襄阳建设，襄阳风清气正、干事创业的良好政治生态不断巩固拓展。

二、解放思想、开拓创新，奋力推动襄阳都市圈高质量发展

党的二十大擘画了以中国式现代化全面推进中华民族伟大复兴的宏伟蓝图，发出了全面建设社会主义现代化国家、全面推进中华民族伟大复兴的动员令，明确提出要"以城市群、都市圈为依托构建大中小城市协调发展格

局"。湖北省第十二次党代会作出大力发展襄阳都市圈的重大部署，赋予襄阳"引领、辐射、联结、带动"重大任务。勇担新使命，开启新征程。襄阳全面贯彻落实党的二十大精神和湖北省第十二次党代会部署，坚决扛牢襄阳都市圈高质量发展政治责任，把解放思想作为加快发展的开路先导，以改革创新的办法、敢为人先的理念，冲破制约改革发展的思想束缚与行动禁锢，把前进路上的一个个"难点"变成襄阳都市圈建设的"支点""亮点"，奋力打造引领汉江流域发展、辐射南襄盆地核心增长极的省域副中心城市。

（一）高站位谋划发展目标和实施路径

对标习近平总书记关于湖北工作的重要讲话和指示批示精神，对照湖北加快建成中部地区崛起重要战略支点的"五个功能定位"，紧扣省委、省政府工作要求和交给襄阳的"必答题"，先后召开4次市委全会、7次专题会议研究襄阳都市圈目标定位、发展路径，出台《关于深入实施长江经济带发展战略　加快建设美丽襄阳　推动襄阳都市圈高质量发展的意见》，明确了"12345"的发展目标和工作思路。

"1"就是实现一个目标，即奋力打造引领汉江流域发展、辐射南襄盆地核心增长极的省域副中心城市，加快襄阳都市圈高质量发展。认真贯彻落实习近平总书记区域协调发展指示要求，聚焦国家确定的中部地区重点城市、汉江流域中心城市、重点支持的省域副中心城市目标定位和省第十二次党代会赋予的重大使命，深入实施《关于加快推动襄阳都市圈高质量发展的实施意见》，高质量编制实施襄阳都市圈一揽子规划、流域综合治理和统筹发展规划，印发襄阳都市圈高质量发展三年行动方案，聚焦六大领域谋划项目459个、总投资1.23万亿元，项目化、工程化推进襄阳都市圈建设，更好发挥"引领、辐射、联结、带动"作用，推动形成以城市群、都市圈为依托的大中小城市协调发展格局。

"2"就是坚持严管厚爱结合、激励约束并重。深刻领会习近平总书记关于以伟大自我革命引领伟大社会革命的重要论述精神，坚定不移按照党中央全面从严治党指示要求，既牢牢把握"严"的主基调，从严从实强化党员干部教育监督，把全面从严治党作为党的长期战略、永恒课题；又认真落实"三个区分开来"，完善干部担当作为激励和保护机制，大力弘扬"四敢"精神，形成能者上、优者奖、庸者下、劣者汰的良好局面。

"3"就是保持平稳健康的经济环境、风清气正的政治环境、国泰民安的社会环境三大环境。认真贯彻落实习近平总书记"进一步优化政治生态，营造良好营商环境"的重要指示精神，按照湖北省委书记王蒙徽同志提出的以控制成本为核心优化营商环境的工作要求，持续优化经济、政治、社会"三大环境"，为经济行稳致远、社会和谐稳定奠定坚实基础。

"4"就是聚焦聚力"四做"，即做强产业、做大城市、做优环境、做多人口。深入贯彻落实习近平总书记关于中国式现代化、推进以人为核心的城镇化重要要求，坚持以"四化同步"为重要路径推进中国式现代化，着力破解襄阳中心城区多片无中心、产业层级不高、城市能级不足、环境品级不优、人口量级不大等问题，加快打造建成区面积300平方千米、人口300万人的"双300"现代化大都市。

"5"就是实施工业强市、农业稳市、服务业活市、科教兴市、环境美市五大战略。认真贯彻落实习近平总书记在进一步推动长江经济带高质量发展座谈会上的重要指示精神，完整准确全面贯彻新发展理念，加快构建以先进制造业为支撑、以现代农业为基础、以现代服务业为配套、以科技创新为动力、以绿色发展为导向的现代化产业体系，为襄阳都市圈高质量发展提供强劲引擎，力争到2025年、2035年全市经济总量分别突破8000亿元、1.6万亿元。

（二）加快构建现代化产业体系

完整准确全面贯彻新发展理念，扎实推进高质量发展。以链式思维推动传统产业转型升级、新兴产业发展壮大、未来产业前瞻布局，加快形成新质生产力。聚焦聚力发展"144"产业集群和"6+2"重点产业，深入推进国家级车联网先导区建设，突破性推进磷资源矿化一体化发展，成功引进投资350亿元的中化学新能源产业园、投资228亿元的吉利硅谷、投资100亿元的比亚迪产业园等一批重大项目，新能源和智能网联汽车、高端装备制造、新能源新材料、磷化工等千亿级新兴产业加快培育壮大，规上工业产值突破8000亿元，襄阳位列2023年中国先进制造业百强市第49位。第一大产业汽车产业转型升级取得重大进展，比亚迪30GWh动力电池16条生产线全部投产，12万辆东风纳米乘用车、3万辆东风日产"探陆"SUV、5万辆新能源中力叉车实现量产，22万辆东风商用车搬迁改造项目、哈克雷斯10万辆氢能重卡项目加快建设，襄阳获评国家产业转型升级示范区建设优秀城市。高标准推进全国性农产品交易储备加工中心建设，积极创建国家农业高新技术产业示范区，做强十大农业产业链，粮食产量稳定在百亿斤左右，省级以上龙头企业数量达144家、居全省第一，全品类领军品牌"襄飘天下"走出省外、亮相各大农业展会，全市地理标志总量位居全省第一。扎实推进高质量供应链体系建设，发挥襄阳农产品量大质优、汽车产业基础扎实、新能源新材料发展迅猛等优势，积极对接融入国控、楚象、长江汽车产业供应链等省级平台，构筑好邻居生活物资、新华欣保险金融、襄保磷化工、东风汽车零部件、供销农资农产品、华纺链纺织服装、拼便宜快销等供应链体系。强力推动制造业数字化转型，7家企业入选国家智能制造试点示范企业、22家企业获评湖北省智能制造试点示范企业，襄阳市成为首批省级数字经济示范城市，名列2023年中国城市数字经济百强市第58位，谷城经济开发区被评为湖北省首批"数字经济标杆园区"。坚持以文塑旅、以旅彰文，成立襄阳文旅集团，成功举办诸葛亮文化旅游节、襄阳马拉松、全国大学生方程式汽车大赛等重大节庆赛事，积极创建"中华诗城"，全国第七届大学生艺术展演活动在襄阳举办，我市成为首个非省会承办城市。2023年游客量突破1亿人次，旅游收入超600亿元，同比分别增长73.2%、34.5%。

（三）加快推进东津城市新中心建设

锚定"汉江新都会、襄阳新中心"目标，编制实施《东津新区概念性规划及核心区城市设计方案》、东津新区控制性详规，方城和南北主轴建设加快推进，总投资318亿元的总部经济、先进制造业等23个重点项目开工建设，同济襄阳医院、襄阳职业技术学院东津校区、荆州街小学东津校区等优质医疗教育项目落地东津，工行、国华人寿等20多家金融保险机构即将入驻东津，襄江大道、南北轴线、高速环线、鱼梁洲过江隧道相继通车，东津至庞公、襄州两座大桥加快建设，全民体育运动中心、文化艺术中心等一批重大功能性场馆建成使用，长飞光坊襄阳工业激光智能制造、汉瑞通信半导体等一批重大产业项目相继落户，宜居、绿色、智慧、韧性、人文现代新城加快成型。中心城区106千米外环高速全线贯通，内环提速年内贯通，成为全省第一个拥有两条城市环线高速的地级市。扎实推进城市数字公共基础设施建设试点，高水平完成以"CIM、一标三实、编码赋码平台"为核心的城市数字公共基础设施平台建设，累计建成5G基站9237个，建设规模居全省第二，襄阳被国家信息中心评为"2022—2023年度中国新型智慧城市百强"。稳妥有序实施城市更新，鱼梁洲中央生态公园、水淹七军公园等15个公园建成开放，新增城市公园绿地150万平方米。我市入选全国海绵城市建设示范城市。深入贯彻落实习近平总书记关于历史文化遗产保护的重要指示批示精神，坚持保护第一，加强管理、挖掘价值、有效利用，高质量推进襄阳古城保护和利用，成立襄阳古城（隆中）管理委员会，有序疏解古城内功能人口，启动马跃檀溪遗址、涧南园（孟浩然故居）、万山景区、陈老巷历史文化街区等文化遗产修复再现，依托非遗资源、特色产品、老字号、民俗演艺，打造管家巷文化消费"湖北第一街"，市博物馆新馆建成开放，六〇三文创园、盛世唐城·唐人街获评省级特色商业街，国家历史文化名城金字招牌持续擦亮。

（四）着力变交通优势为发展胜势

立足全国性综合交通枢纽城市优势，推进"交产城"融合发展，加快"流量"变为"留量"，增强城市聚人聚物聚财聚信能力。浩吉铁路、汉十高铁、郑渝高铁建成通车，合襄高铁纳入"十四五"铁路规划，襄荆高铁襄阳段工程建设顺利推进，襄阳全域迈入高铁时代；雅口航运枢纽投入运营，新集枢纽完成临时通航验收，唐白河（唐河）航运开发工程加快推进，双沟航运枢纽开工建设，小河港水运航线达26条、货物吞吐量突破百万吨；襄阳至南漳高速公路路基工程基本贯通，襄阳至宜昌、新野高速即将开工，襄阳航空口岸具备临时开放条件，"铁水公空"无缝衔接的立体交通网络和多式联运集疏运体系基本形成。大力发展现代物流业，加快"五枢纽五园区"建设，构建"园区＋冷链＋枢纽"综合性物流服务体系，引进中国物流、象屿、好运联联等物流项目，成功创建国家级功能型流通支点城市、生产服务型国家物流枢纽城市、国家骨干冷链物流基地、国家示范物流园区，囊括国家层级交通发展战略全部国牌，变交通优势为发展胜势步伐加快。深度融入"一带一路"建设，高水平建设汉江流域对外开放高地，推动自贸片区与综保区、临空区、临港区等联动发展，襄阳综合保税区通过国家验收并封关运营，跨境电商综合试验区成功获批，襄欧班列常态化运行，襄阳自贸片区制度创新综合指数连续4年位列全国内陆地级市第一。

（五）坚定不移走好生态优先、绿色发展之路

认真贯彻落实习近平总书记关于共抓大保护、不搞大开发的重要要求，深入实施长江经济带发展战略，扎实推进汉江大保护，明确水、粮食、生

态等5条市控主要安全底线，认真落实河湖长制，实施滚河、蛮河、北河等重点水体水质提升攻坚行动，加强"一江九河"保护治理，稳步推进引江补汉、鄂北地区水资源配置二期等重大水利工程，深入开展小流域综合治理，着力打造汉江流域乃至长江经济带绿色发展的样板城市，汉江襄阳段获评2022年度湖北省美丽河湖，宜城市莺河幸福河湖建设项目成为我省首个、全国15个幸福河湖建设试点之一。深入践行"绿水青山就是金山银山"理念，协同推进降碳、减污、扩绿、增长，调整优化产业、交通、能源和用地"四大结构"，加快经济社会发展绿色转型，襄阳入选全国"无废城市"建设名单，谷城县成为全国生态文明建设示范区，南漳县获评"中国天然氧吧"。加快调整"四大结构"，绿色能源装机容量占比达55%，历史性超过火电。深入打好污染防治攻坚战，扎实开展汉江高水平保护十大攻坚提升行动，不折不扣落实中央、省生态环保督察反馈问题和长江经济带突出问题年度整改任务，实施南襄荆大气污染协同治理，生态环境质量明显改善。

（六）强化区域协同发展

坚持合作共赢，召开二次襄阳都市圈发展协调机制会议，签订"襄十随神"卫生、教育、文化旅游协同发展协议，审议出台实施意见、分规划、协同行动等文件，纵深推进"襄十随神"城市群一体化发展，策划"襄十随神"城市群精品旅游线路6条，34个"硬联通"项目全部开工，912项政务服务实现通办，襄阳都市圈"全域通办"入选全国第七批自贸区改革试点经验、全国"2023数字政府创新成果与实践案例"，襄阳十堰联合申报的"南水北调"遗留废弃矿山修复工程入选全国示范项目。深化襄南合作，签订交通基础设施建设、文化旅游、流域综合治理等合作协议，积极推进襄阳南阳双城经济圈建设。扎实推进强县工程，支持枣阳市域副中心城市建设，推进襄宜南一体化发展，壮大河谷组团，枣阳市升至全国百强县第

80位，枣阳市、谷城县、老河口市、宜城市4个县（市）入选中部百强县、全省数量最多，襄州区、保康县等6地被评为"全省县域经济高质量发展先进县（市、区）"。全面推进乡村振兴，一体推进美丽县城、美丽城镇、美丽乡村建设，大力推广谷城县堰河村经验，高质量实施"十百千"工程，谷城县堰河村乡村振兴创新做法多次受到中央相关部委和省委、省政府的肯定表扬。扎实开展防止返贫动态监测帮扶，持续巩固拓展脱贫攻坚成果，连续两年在全省巩固拓展脱贫攻坚成果后的评估中获得"综合评价好"的等次。

（七）全力保障和改善民生

坚持以人民为中心的发展思想，用心用情做好群众衣食住行、业教保医等工作，42项民生实事扎实推进，民生福祉持续增进。健全促进创业带动就业机制，累计建成"零工驿站"100多个，襄阳入选全国首批公共就业创业服务示范创建城市、全国社保经办数字化转型工作联系点城市。社会养老保险和基本医疗保险逐年扩面提标，参保率分别达93.9%、95.6%；156个公共卫生体系补短板项目稳步推进，建成17个紧密型县域医共体，义务教育教联体覆盖率达到74.4%。扛牢守底线、防风险、护稳定、保安全重大责任，战胜"一江六河"同现洪水的罕见秋汛，安全生产形势平稳向好。坚持法治襄阳、法治政府、法治社会一体建设，探索"相对不起诉"做法被评为全国优秀创新经验。我市再次被评为国家食品安全示范城市，"一网解纷"经验被评为新时代全省政法工作"十大创新品牌"，实现全国社会治理现代化"合格城市"和"优秀创新经验""双创双捷"。大力开展共同缔造和"下察解暖"实践活动，扎实推进98个"共同缔造"试点建设，老河口市"三联三清"矛盾纠纷工作法被评为全国先进典型，南漳县"红色屋场"解纷工作法入选诸暨"枫桥经验"陈列馆。

三、襄阳奋力打造引领汉江流域发展、辐射南襄盆地核心增长极的省域副中心城市，加快襄阳都市圈高质量发展的经验启示

（一）必须深刻领悟"两个确立"的决定性意义

回顾新时代十年，襄阳之所以能够取得显著发展成绩，根本在于习近平总书记的掌舵领航，根本在于以习近平同志为核心的党中央的坚强领导，根本在于习近平新时代中国特色社会主义思想的科学指引。"两个确立"对新时代党和国家事业发展、对推进中华民族伟大复兴历史进程具有决定性意义，是党应对一切不确定性的最大确定性、最大底气、最大保证。新时代新征程上，只要我们深刻领悟"两个确立"的决定性意义，不断增强"四个意识"、坚定"四个自信"、做到"两个维护"，始终在思想上政治上行动上同以习近平同志为核心的党中央保持高度一致，就一定能推动襄阳都市圈高质量发展不断取得新进展新成效。

（二）必须自觉对标对表习近平总书记关于湖北工作的重要讲话和指示批示精神

习近平总书记关于湖北工作的重要讲话和指示批示精神，是我们做好各项工作的根本遵循。襄阳建立"思想引领、学习在先"机制，在全省率先举办县处级领导干部"学习贯彻新思想、党的二十大精神及省第十二次党代会精神"专题培训班，推动理论学习经常化制度化，切实把习近平新时代中国特色社会主义思想转化为坚定理想、锤炼党性和指导实践、推动工作的强大力量。新时代新征程上，只要我们坚持不懈用习近平新时代中国特色社会主义思想凝心铸魂，一丝不苟贯彻落实习近平总书记关于湖北工作的重要讲话和指示批示精神，坚定不移沿着习近平总书记指引的方向奋勇前进，就一定能奋力谱写全面建设社会主义现代化国家襄阳篇章。

（三）必须持续解放思想、更新观念

解放思想是破解改革发展坚冰的尖刀利刃，是开启新时代高质量发展之门的金钥匙。实践发展永无止境，解放思想永无止境。襄阳的过去，是在解放思想中不断奋进的；襄阳的未来，也必须在解放思想中砥砺前行。新时代新征程上，襄阳要持续解放思想、更新观念，以更大力度冲破思想障碍、观念围墙，用改革创新的办法、敢为人先的理念解决前进路上的新情况、新问题，推动改革再深化、开放再扩大，把内生动力激发出来、发展活力释放出来，推动经济社会发展再上新台阶。

（四）必须始终坚持以人民为中心的发展思想

我们党的根基在人民、血脉在人民、力量在人民，人民是我们党执政的最深厚基础和最大底气。襄阳深入践行以人民为中心的发展思想，在新冠疫情期间不惜一切代价保护人民生命安全和身体健康，在发展中持续增进民生福祉，走好新时代党的群众路线，推进美好环境与幸福生活共同缔造，以实际行动践行党的初心使命。新时代新征程上，只要自觉站稳人民立场，把握人民愿望，尊重人民创造，集中人民智慧，从群众实际需求做起，从群众关心的热点难点做起，用好"五共"理念，充分发动群众、组织群众、依靠群众，就一定能不断满足襄阳人民对美好生活的无限向往。

（五）必须完整、准确、全面贯彻新发展理念

新发展理念管全局、管根本、管长远，具有战略性、纲领性、引领性。襄阳始终把新发展理念贯穿经济社会发展全过程各领域，自觉以创新、协调、绿色、开放、共享的要求来把握发展、衡量发展、推动发展，统筹发展和安全，统筹国内国际两个市场、两种资源，着力解决发展不平衡不充分的问题，推动经济社会高质量发展。新时代新征程上，只要完整、准确、全面贯彻新发展理念，从根本宗旨、问题导向、忧患意识三个维度把握和落实新发展理念，就能够推动襄阳实现更高质量、更有效率、更加公平、

更可持续、更为安全的发展。

（六）必须树立和践行正确政绩观

政绩观是否正确，事关地方的长远发展，影响党的事业兴衰成败。襄阳市委带头解放思想、转变观念，树立正确的政绩观，开展"实干年"活动、出台"四敢"文件、召开"一天零一夜"思想解放大讨论等一系列活动，引导全市党员干部把为民造福作为最大政绩，注重做打基础、利长远、惠民生的工作，激励干部积极担当作为。新时代新征程上，只要牢固树立和践行正确政绩观，保持战略定力、坚持久久为功，以"功成不必在我"的精神境界和"功成必定有我"的历史担当，一件接着一件办，一年接着一年干，一张蓝图绘到底，就一定能更好肩负起襄阳都市圈高质量发展的重任，创造出经得起历史和人民检验的实绩。

（作者：王庚政，中共襄阳市委政研室）

经济建设编

树牢"链式发展"思维
打造中部制造高地

——襄阳市打造全国先进制造业基地的实践与探索

【引言】产业链供应链是国家的经济命脉，其韧性和安全水平直接关系到国家经济安全和国防安全。产业链供应链韧性和安全水平得到提高，有利于增强我国制造业竞争优势，推动制造业高质量发展，维系我国经济命脉；有利于稳固国内大循环主体地位、增强产业链供应链在国际大循环中的带动能力，从而加快构建以国内大循环为主体、国内国际双循环相互促进的新发展格局；更有利于统筹发展和安全，把国家和民族发展放在自己力量的基点上，把中国发展进步的命运牢牢把握在自己手中。

2020年9月，习近平总书记在科学家座谈会上的讲话中指出，"保障产业链供应链安全稳定"。2020年10月，党的十九届五中全会通过的《中共中央关于制定国民经济和社会发展第十四个五年规划和二〇三五年远景目标的建议》指出，"提升产业链供应链现代化水平"。2020年12月，中央经济工作会议要求，增强产业链供应链自主可控能力。党的二十大报告指出，"着力提升产业链供应链韧性和安全水平"。2023年2月，在中共中央政治局第二次集体学习时，习近平总书记强调："新发展格局以现代化产业体系为基础"，要"顺应产业发展大势，推动短板产业补链、优势产业延链、传统产业升链、新兴产业建链，增强产业发展的接续性和竞争力"。2023年中央经济工作会议提出，要"完善新型举国体制，实施制造业重点产业链高质量发展行动，加强质量支撑和标准引领，提升产业链供应链韧性和安全水平"。

【摘要】习近平总书记围绕产业链现代化提出了许多高屋建瓴、系统科学、内涵丰富的重要论述，引领推动了产业链现代化理论创新、制度创新和实践创新。在过去，产业链现代化是西方定义的现代化，随着我国工业水平的提升，产业链实现壮大提升，我国走出了一条不同于西方的产业链现代化之路，在新的赶考路上，如何进一步推进产业链现代化仍然是时代所需、发展所需，意义重大、影响深远。襄阳作为全国的老工业基地，积极对接国家、省产业链建设布局，按照链式发展思路，狠抓13条先进制造业产业链"链长"工作推进机制，大力开展产业链规划建设，正加快构建"144"产业体系，为打造全国先进制造业基地，为襄阳都市圈高质量建设提供了硬支撑。但是，襄阳产业链也存在产业链条偏短、链主企业偏小、基础能力偏弱等问题，下一步将重点做好"链长、链主、链创"三方协同等四大文章，聚力推动产业链再上新台阶，打造产业链式发展的襄阳范式。

【关键词】链式发展　打造全国先进制造业基地

一 背景情况

我国的产业链供应链现代化是在不断扩大开放中推进的，改革开放以来，我国发挥比较优势，抓住全球产业分工重塑和调整的机遇，融入全球产业分工体系，快速提升了产业链供应链竞争力。之后，随着劳动力成本的上升和资源环境约束的加剧，创新和国内需求在推动产业链供应链现代化中的作用逐步提升，我国日益重视结合自身优势积极培育核心产业链和关键环节，促使我国产业链供应链现代化水平不断提升。

当前，为有效处理产业链供应链中大中小企业的关系问题，我国开展了大量工作。近年来，在习近平经济思想的指导下，我国坚持"两个毫不动摇",以更大举措加快支持大中小企业融通发展。2021年工信部、财政部等部门发布《关于加快培育发展制造业优质企业的指导意见》,提出加快培育发展专精特新"小巨人"企业、制造业单项冠军企业、产业链领航企业,构建优质企业梯度培育格局。2022年工信部启动首批产业链供应链生态体系建设试点工作,要求试点城市通过机制创新、要素集聚、平台搭建、数智赋能和政策支持,推动形成龙头企业、配套企业等协同联动、竞合共生的生态发展格局。一系列支持大中小企业融通发展的政策举措产生了积极的效果,不仅进一步提升了产业链的韧性和产业链供应链的现代化水平,而且通过产业链上下游联动协同促进了现代化产业体系的发展,为产业链现代化建设发挥了重要作用。

二 主要做法

2023年10月,湖北省委、省政府联合印发《关于推进新型工业化打造制造强国高地的意见》,提出构建产业集群体系,一是深化"51020"现代产业集群建设,二是突破性发展光电子信息、新能源与智能网联汽车、生命健康、高端装备、北斗五大优势产业,三是加快发展算力与大数据、人工智能、现代纺织服装等9个新兴特色产业,四是前瞻布局脑科学与类脑智能、未来生物制造、下一代网络(6G)等6个未来产业。为对接全省"51020"现代产业集群,襄阳提出建设以汽车产业为龙头,以新能源新材料、装备制造、食品轻工、纺织服装为重点,以现代化工、新一代信息技术、数字、节能环保、医药健康为支撑的"144"产业体系,同时,提出重点建设汽车、纺织服装、现代化工、电子信息、医药、航空航天、轨道交通、智能装备、新能源新材料、资源综合利用、工业互联网、大数据、人工智能13条先进制造业产业链,每条产业链由2名"四大家"领导担任产业链链长,指定1个牵头单位,重点聚焦产业链断点缺项环节,下大力气开展招商引资和项目建设活动，推动产业链集链成群。襄阳推动产业链建设的方法主要有以下几个方面。

（一）坚持深度谋划，绘制产业链式发展的规划蓝图

认真学习贯彻习近平总书记关于产业链建设的指示批示精神，以及中央、省、市相关文件会议精神，借鉴其他地区推进产业链建设的先进经验，在深入调研的基础上，形成了《找准特色优势 创新推进机制 打造产业链式发展的"襄阳范式"》专题调研报告，提出打造链式发展襄阳新范式。同时分产业编制"三张图一清单"，即在系统梳理我市产业优势的基础上，围绕汽车、新能源新材料、装备制造、农产品加工、医药化工、电子信息等重点产业，尤其是智能网联汽车、新能源储能电池 2 条产业新赛道，分产业制定发展趋势图、产业现状图、链式发展图、支撑项目清单，进一步明晰全市重点产业发展态势和发展方向。最终在调查研究的基础上，围绕打造产业"链式发展"的襄阳范式，研究制定了《推动襄阳市重点产业链式发展的指导意见》《襄阳市巩固传统支柱产业、培育壮大新兴产业的实施方案》以及新能源储能电池、智能网联汽车 2 个新兴产业行动方案，为产业发展指明方向。

（二）突出梯度培育，夯实产业链式发展的根基支撑

推动全市 13 条先进制造业产业链培育东风汽车股份、金鹰重工等 23 家链主企业，围绕链主企业构建形成产业链上下游企业协同发展格局。例如，自比亚迪项目建成以来，惠强新能源、湖北锂源、赣锋锂业等项目相继落户我市，形成了从磷矿资源，到正负极材料、隔膜，再到动力及储能电池的全产业链格局。以单项冠军和专精特新企业培育以及各类试点示范创建为抓手，大力推动骨干企业成长壮大，建立单项冠军和专精特新企业培育库，一企一策制定培育方案，明确培育责任人，强化协调服务和项目包装。截至 2024 年初，全市国家级专精特新"小巨人"企业总数达到 61 家，省级

专精特新企业总量达到324家。强化试点示范典型引路，引导企业争取国家、省级智能制造和绿色制造试点示范，截至2023年底，全市累计列入国家级智能制造试点示范19个，省级54个；国家级绿色工厂达到27家，国家级绿色产品13类，国家级绿色园区1家，国家级绿色供应链1个，智能制造和绿色制造示范数量均位居全省第二。推动企业进规稳规，对拟进规企业制定进规工作时间表，建立问题清单、任务清单，"一企一策"提供定制化服务，严格按照时间节点推动企业进规纳统，截至2023年末，全市规上工业企业总数达到2140家，创历年来新高。

（三）突出项目建设，增强产业链式发展的内生动力

坚持用心谋项目、精准引项目、全力推项目，聚焦汽车、新能源新材料、装备制造、农产品加工、医药化工、电子信息六大重点产业，建立项目谋划储备库，系统梳理在谈和签约储备项目超过500个，总投资超过2000亿元。出台《襄阳市市级领导包链招商工作方案》，组建23个包链招商专班，由"四大家"产业链链长亲自带队，到各地开展"链式"招商、大员招商，截至2023年底，各先进制造业产业链招商专班外出招商超过200次，推动全市先进制造业产业链招商引资正式签约项目超过800个，签约总金额达到4000亿元以上。如新能源新材料方面，谷城县陆续引进吉利硅谷（谷城）科技有限公司、湖北瑞佳硅材料有限公司、湖北潘达尔硅基新材料有限责任公司等重点企业，助力谷城打造千亿化工产业园。坚持扶上马、送全程，做好项目建设全生命周期服务，强化要素保障、凝聚攻坚合力，狠抓技改转型。以智能化升级、绿色化转型、服务化延伸、集群化发展、安全化管控为路径，深入落实"千企千亿"技改行动，每年推动300个以上技改项目建设，助力企业更好转型升级发展。狠抓气场营造，大力开展项目观摩交流活动、先进制造业重点项目集中开工活动、产业链招商引资集中签约活动，不断升腾"大抓工业"强大气场。

（四）突出环境打造，构建产业链式发展的良性生态

始终把基础设施建设作为生态打造的重要一环，加强5G、双千兆网络、云计算等新基建建设，推进工业互联网标识解析体系创新应用，为产业转型升级提供数字基础支撑。已建成5G基站9625个，实现中心城区、发达农村、热点区域5G重点覆盖。建设云计算机柜近7000个，服务器达15万台，存储容量超500PB（拍字节），我市汉江云算力居全省领先位置。推动车联先导区建设，加快交通路口智能化改造，已完成交通路口改造总数达240余个，襄阳成功创建国家级车联网先导区。始终把营造创新环境作为企业良性发展的关键一招，引导鼓励企业设立研发机构，累计推动近500家企业设立研发机构，全市规上企业研发机构建有率达到25%。争取四批总共74名"科技副总"，帮助中小微企业解决技术难点问题。以"资智汇襄"活动为契机，组织工信部高校专家与我市企业开展产学研和科技创新

🔼 汽车产业作为襄阳市支柱产业，正加快电动化、智能化、网联化转型，图为东风纳米新能源乘用车制造过程

合作，推动产业链核心技术需求加快突破。打造产业对接品牌。高频次、小切口开展产销对接、银企对接、人才对接活动，促成企业达成合作意向金额突破40亿元，为企业授信近60亿元，有力有效提升了企业家队伍专业素质。以"千名干部进千企"工作，推动全市635个工作专班包保上千家重点企业，构建形成从一线专班到县市区政府，再到市委、市政府的三级协调机制，着力化解企业困难问题。

三 困难和问题

  以"链式"思维来审视我市现有产业链，还存在很多制约链式发展的突出矛盾和问题，主要表现在以下三个方面。

  一是产业链条偏"短"。我市大部分产业链条完整度不超过30%，例如，轨道交通产业链涉及近百个环节，但我市只局限于轨道建设施工整机、轨道运维整车以及配套的齿轮箱及机械电气配件等10余个环节，产业链"有整无零"，完整度不足15%。航空航天产业链涉及100多个环节，但我市只在上游碳纤维材料，中游飞机机电系统、座椅系统、救生系统研发制造，下游发动机维修和检验检测等近20个环节有布局。

  二是链主企业偏"小"。严格按照链主企业遴选标准（产值过50亿元，且具有较强产业链带动作用），目前我市只有汽车行业的东风股份、东风日产、东风康明斯、骆驼集团、长源东谷、新能源新材料行业的立晋钢铁、食品行业的襄大农牧、正大食品8家企业有能力成为链主企业，占全市规上企业比重不到0.4%。

  三是基础能力偏"弱"。我市在关键基础材料、基础零部件、核心元器件等工业"五基"领域的缺项环节较多，入选国家工业强基专项只有2个（新火炬、三环锻造）、工业强基一条龙示范企业只有1个（米朗科技），而对标城市洛阳有6个企业（项目）入选国家工业强基专项和一条龙示范。

四 经验启示

链式发展是大力推进新型工业化，实现产业高质量发展的必然选择，是推动产业实现集聚变革的重要举措。做好链式发展工作，绝不是一时应急的权宜之计，而是长久深远的兴业之策。要实实在在推动产业链发展壮大，必须要聚焦聚力做好四篇文章。

（一）做好"链长、链主、链创"三方协同文章

创新"链长推动、链主牵引、链创赋能"三方协同机制，调动政府部门、龙头企业和社会机构三方力量，争取各方优质资源，形成推动链式发展的强大合力。一是要强化"链长"的主导作用。一方面，发挥市经信局总链长办公室的统筹作用，做好发展规划和督办通报；另一方面，发挥产业链链长和牵头部门的主导作用，推动产业链"六个一"机制落地实施。二是要发挥"链主"牵引作用。种好、育强链主企业这棵"大树"，最大化激发链主企业对产业链的牵引领航作用。三是要激活"链创"赋能作用。通过搭建"政银企""政校企""政研企""政智企"多方合作平台，为产业链式发展提供充沛的要素支撑。

（二）做好"资源变产业、园区聚产业、市场换产业、交通引产业"四大要素转化文章

聚焦资源、园区、市场、交通四大优势，加快挖掘潜力、激发效能，推动四大优势加快转化为产业链式发展的强大胜势。一是推进"资源变产业"。尽快推进矿产、风、光、水电资源兼并整合，做大资源总量，实现资源换产业。打响襄阳特色品牌，进一步延伸拓展高附加值产品。二是推进"园区聚产业"。强力推进园区高标准建设，打造成服务企业发展、聚集优质项目、推动链式发展的"聚宝盆"。三是推进"市场换产业"。整合打包全市医药、餐饮、工程建筑等领域资源，吸引相关生产企业入驻。四是推

动"交通引产业"。加快建设完善我市公铁水空综合立体交通体系。推动建设农产品交易储备加工中心等物流载体建设，构建"五枢纽＋五园区"物流空间布局。

（三）做好"接链、补链、延链、强链、固链、建链"六项推进全链布局文章

坚持全产业链谋划布局，紧盯整车主机、紧盯产业链关键断点、紧盯高附加值环节，系统推进产业链接链、补链、延链、强链、固链、建链工作。一是聚焦断点"接链"。围绕印染、铸造、电镀等产业链断点环节，加快引进一批无水印染、高端铸造、先进电镀的头部企业。引导链主企业与配套企业深化合作，围绕整车、主机、总成和重点零部件企业，小切口、高频次开展产销对接活动，提升重点产业本地化配套率，形成上下游、大中小企业融通发展格局。二是围绕短板"补链"。聚焦电子传感器、

▲ 以5G基站、云计算中心为代表的数字基础设施是生态打造的重要一环，图为襄阳华为云计算中心

控制器、汽车芯片、基础软件等工业"五基"缺失环节，制定强基项目名录，引进头部企业投资布局，补齐基础短板。每年梳理发布"卡脖子"关键技术难题，实施科技"赛马制"，推动合力攻关，突破技术瓶颈。三是推动聚集"延链"。围绕龙头骨干企业，梳理上下游配套合作名单，聚焦重点开展以商招商、精准招商；积极承接沿海产业转移，招引关联企业落地布局，提高本地化配套率。四是培优育强"强链"。紧盯国内外头部企业招大引强，精心培育本地龙头企业，集中优势资源扶持链主企业做大、做优、做强。持续培育壮大专精特新企业，"一企一策"制定培育方案，支持企业创建国家单项冠军企业、技术创新示范企业。五是优化供应"固链"。开展供应链优化提升行动，对接厦门象屿、深圳怡亚通等供应链物流公司，争取在襄阳设立区域性总部和物流基地；加快推进汽车零部件供应链、纺织服装供应链、磷化工供应链等供应链体系建设，积极融入湖北长江汽车产业供应链、华纺链等省级供应链平台。六是紧盯前沿"建链"。每个产业选定3～5个未来发力点，分别制定转型发展方案，前瞻性谋划布局建链项目。

（四）做好"产业链、创新链、资金链、人才链、政策链"五链深度融合文章

坚持全产业生态培育，围绕产业链加快布局创新链、构建资金链、培育人才链、完善政策链，推动"五链"深度融合发展，持续优化提升产业链发展生态。一是布局创新链。积极引入科创外援，做强航天42所、隆中实验室等本地科创平台，鼓励企业设立企业技术中心、院士专家工作站，形成"1+N"创新服务体系。二是构建资金链。构建"银行＋担保＋政府"融资服务体系，为产业链提供贷款、担保、咨询"一条龙"服务。学习借鉴合肥等地"引进项目—国资领投—项目落地—股权退出"运营模式，加大对优质企业、重大项目的投资力度。三是培育人才链。用好"1+7"人才新政，以更大力度开展"资智汇襄""智汇襄阳""科技副总"等品牌活动，形成四海纳贤的"强磁场"。四是完善政策链。进一步整合市、县两级现有政策，分产业研究制定专项支持政策，支撑产业发展规划和四类项目加快落地见效。

（作者：王璐，襄阳市经信局）

坚持"四力"协同聚能
打造一流营商环境

——襄阳市全域优化营商环境工作的实践与探索

【引言】党的十八大以来,习近平总书记把优化营商环境摆在全局工作的重要位置,多次作出重要指示批示,提出营商环境是企业生存发展的土壤,是关系城市竞争力的关键,要求构建"亲清"政商关系,营造稳定、公开、透明、可预期的营商环境,瞄准最高标准、最高水平,优化政务服务,打造国际一流营商环境。党的二十大报告中再次强调,要完善产权保护、市场准入、公平竞争、市场信用等市场经济基础制度,营造市场化、法治化、国际化一流营商环境。持续优化营商环境,是全面深化改革、实现高质量发展的必然选择,也是推进国家治理体系和治理能力现代化的重要任务。

【摘要】习近平总书记高度重视优化营商环境工作,把优化营商环境摆在全局工作的重要位置,多次作出重要指示和论述,强调"营商环境只有更好,没有最好"。2020年1月1日实行的《优化营商环境条例》提出,优化营商环境应当坚持市场化、法治化、国际化原则,以市场主体需求为导向,以深刻转变政府职能为核心,创新体制机制、强化协同联动、完善法治保障,对标国际先进水平,为各类市场主体投资兴业营造稳定、公平、透明、可预期的良好环境。襄阳市全面贯彻党的二十大精神,认真落实省委、省政府关于优化营商环境的部署要求,加快打造市场化、法治化、国际化一流营商环境，连续4年获评"全省营商环境标杆城市"。襄阳市优化营商环境建设的主要做法有：高位推动聚合力，深化改革强内力，靠前服务激活力，合规保障增定力等。襄阳市优化营商环境工作有三个方面的经验启示：优化营商环境，必须坚持问题导向、需求导向，必须强化系统思维、创新思维、法治思维、数字思维，必须提升服务意识、责任意识、实干意识等。

【关键词】营商环境 深化改革

一 背景情况

根据我国2019年10月8日通过并于2020年1月1日实行的《优化营商环境条例》第二条规定，营商环境是指企业等市场主体在市场经济活动中所涉及的体制机制性因素和条件。营商环境包括影响企业生产经营的社会要素、经济要素、政治要素和法律要素等，是一个国家或者一个地区经济软实力的政策条件。

近年来，襄阳市深入学习贯彻党的二十大精神和习近平总书记关于湖北工作的重要指示批示要求，认真落实省委、省政府关于优化营商环境的工作部署，加快打造市场化、法治化、国际化一流营商环境，连续4年获评"全省营商环境标杆城市"。营商环境的持续优化有力促进了市场主体蓬勃发展，2023年，全市新增市场主体19.3万户，总量达到77.8万户，跃升至全省第2位，创历史新高；"四上"企业总量达到7875家，占全省的比重由2022年的9.7%提高到12%。得益于此，全市经济总量连续两年位居中部非省会城市第一。

二 主要做法

（一）高位推动聚合力

　　始终把优化营商环境摆在重要位置，市委、市政府主要负责同志亲自抓、带头干，示范带动全市上下形成强大合力。一是建立高规格的领导机制。强化优化营商环境"一号工程"地位，建立由市委、市政府主要负责同志任组长的优化营商环境领导小组双组长制；市人大、市政协将优化营商环境建议、提案作为重点办理事项，市委书记亲自领办《关于持续优化营商环境的建议》、亲自推动转供电改革；相关市领导负责分管领域改革任务，统筹各地各相关部门同步加强对优化营商环境的组织领导，树立了鲜明的"一把手"抓营商环境导向。二是建立操作性强的落实机制。市发改委（营商办）聚焦控制成本若干措施、稳经济政策、营商环境专项整治、

🔺 机械手臂在襄阳比亚迪产业园生产车间组装电池模组

先行区改革试点、建设统一大市场等重点任务，出台优化营商环境三年行动方案和2023年行动计划等系列文件，制定年度工作清单和路线图，明确责任单位和时间节点，建立月调度工作机制，通过月调度、月通报、季总结，夯实责任、压茬推进各项重点任务。三是建立强有力的督查机制。市纪委监委、市委督查室、市政府政务督查室发挥强力监督职能，将优化营商环境工作纳入重点督查内容，在常态化开展督查的基础上，开展2次专项整治行动和2次联合督查，确保各项工作落地见效。市政府对2022年湖北省营商环境排名靠后的7个县（市、区）、开发区和6个市直单位进行了约谈，有力推动相关地方和部门补短板、强弱项。

（二）深化改革强内力

始终坚持刀刃向内，着力破除体制机制障碍，不断提升行政效能。一是坚持以制度创新为引领。深耕襄阳自贸片区制度创新"试验田"，积极探索优化营商环境工作路径。2023年，襄阳自贸片区16项改革创新成果入选国家和省级创新案例，制度创新综合指数自2020年以来，连续4年位居全国内陆地级市首位；推进"用地清单制"改革，印发《襄阳市社会投资类项目"用地清单制"改革实施方案（试行）》，试点推行"桩基先行"，建设项目的设计方案批复后可单独办理桩基施工许可；试行"批供合一"，推进建设用地审批制度改革，推动新增工业用地"标准地"出让工作，各类开发区（园区）范围内新增工业用地完成100%"标准地"出让，实现项目落地综合时间周期从117天缩短到42天，时间压缩了2/3。二是坚持以"高效办成一件事"为抓手。持续扩大办理事项领域和范围，全市"一事联办"主题事项达200项，"鄂汇办"襄阳旗舰店上线高频事项685个，襄阳都市圈912个政务服务事项实现异地通办，襄阳市成为全国政务服务线上线下融合和向基层延伸试点城市。企业开办由"210"标准提升为"2050"标准，实现了登记、变更、注销"一网通办"，在全省率先实现全域范围内标准化地址登记。针对信用良好的市场主体的歇业申请，即办即结。深化"证照分离"改革，"一业一证"改革拓展至25个行业。三是坚持以多方协同、共向发力为保障。市财政局、市地方金融工作局、市减负办、市中级人民法院、市税务局相继出台了《襄阳市进一步优化政府采购合同融资工作方案》《关于进一步促进信贷投放支持襄阳都市圈建设的若干措施》《襄阳市开展"打造涉企保证金最优城市"改革实施方案》《关于依法服务和保障民营企业健康发展进一步优化法治化营商环境的十条措施》《全市税务系统推行"税讯达"实施方案》等文件，切实帮助各类市场主体纾困解难、轻装上阵。

（三）靠前服务激活力

始终牢固树立"城市和企业是发展共同体"理念，把服务企业、服务项目融入日常，强信心、促发展。一是千方百计降低成本。围绕市场主体全生命周期，出台更好服务市场主体推动经济稳健发展"39条"、培育有效市场主体和支持服务业发展"40条"、优化营商环境"三年行动方案"和以控制成本为核心优化营商环境若干措施"55条"等指导性政策文件，为市场主体降低制度性交易成本、要素成本等各类成本80多亿元。二是精准高效落实政策。开展涉企资金申报"减材料、减环节、减时限、减跑动"，压减企业申请材料、环节、时限25%以上；搭建襄阳"政策通"平台，上线11万余条企业数据信息，实现447个惠企事项免申即享，兑现各类惠企资金29.1亿元、惠及企业1.8万余户；运用金税系统"征纳互动"模块，开展政策精准推送，"一对一"精准推送税费优惠政策比例达到90%以上。三是真心实意纾困解难。深入开展"解难题、稳增长、促发展"企业帮扶活动，举办首个"襄阳企业家日"活动，在全省率先开设"襄阳营商"微信公众号，常态化、制度化组织开展产销对接、银企对接活动，解决融资、用工、用能等问题1000多件；大幅减少涉企收费，已更新14次收费目录，至2023年底全市共有行政事业性收费31项、涉企收费13项、政府性基金5项，比首次公开的目录数目分别降低61%、74%和50%，巩固了省定外收费"零收费"成果。

（四）合规保障增定力

坚持以法治建设为保障，依法平等保护各类市场主体合法权益，努力让各类企业和广大创业者在襄阳都能充分感受到公平和正义。一是执法更规范。将行政执法三项制度落实情况纳入全市涉民营企业行政执法工作监督检查重点内容，推动行政执法三项制度全面贯彻落实，在市场、城管、税务、交通、环保等重点领域推行"全程说理式执法"。二是联动更顺畅。通过开通"襄阳营商"公众号，拓宽营商环境问题投诉监管渠道，并制作了《优化营商环境告知书》宣传海报，在市民中心、办事服务大厅、工业园区、各类市场醒目位置统一张贴，进一步拉近市场主体与政府部门之间的距离，方便群众参与对营商环境的监督。

三 经验启示

"水深则鱼悦，城强而贾兴。"营商环境事关市场主体兴衰、生产要素聚散、发展动力强弱，直接影响着人民群众和市场主体的感受，也直接影响着党委政府的形象。优化营商环境就是解放生产力、提升软实力、增强竞争力，要始终牢记习近平总书记"营商环境只有更好，没有最好"的谆谆告诫，把营造一流营商环境作为推动高质量发展的"先手棋"，使之成为襄阳经济发展新动能、城市形象新标的、区域竞争新优势。

（一）优化营商环境，必须坚持"两个导向"

一是坚持问题导向。聚焦市场主体和人民群众反映的突出问题、全省营商环境评价反馈的短板弱项、全市破坏营商环境的反面典型案例，特别是重点围绕市场主体反映强烈的惠企政策落实不到位、"新官不理旧账"、违规执法、服务企业不作为、涉企行政执法不规范、经济案件立审执不规范、拖欠中小微企业账款、政务服务质效不高8个方面的问题开展专项整治，先后督导整改问题线索48个，解决市场主体反映问题91件，既有效改进了工作，又提升了市场主体获得感。二是坚持需求导向。营商环境"好不好"，便民惠企举措"行不行"，不是政府部门的"自说自话""自拉自唱"，市场主体和人民群众才最有发言权。要坚持以市场评价为第一评价、以企业感受为第一感受、以群众满意为第一标准，广泛征求企业和群众的意见，做到企业和群众期盼什么就做好什么，企业和群众反感什么就纠正什么，切实把营商环境建设工作做到企业和群众的心坎上。

(二)优化营商环境，必须强化"四个思维"

一是强化系统思维。优化营商环境是一项系统工程和长期任务，必须从点上突破向整体发力转变、从表面修复向系统重构迈进、从注重硬件环境向硬软件同步提升跨越，坚持统筹发力，注重系统集成，既着力解决短板弱项、疏通堵点难点，又注重建立长效机制、夯实制度基础，做到标本兼治、综合治理。二是强化创新思维。围绕优化营商环境，持续解放思想、更新观念，敢于刀刃向内、自我革命，聚焦高频事项、热点问题、关键堵点，推进一批跨部门、跨行业、跨地区穿透式改革，探索一批前瞻性、独创性制度创新，实现营商环境阶梯式迭代升级。三是强化法治思维。法治是最好的营商环境，充分发挥法治在经济社会发展中的引领规范和保障作用，强化契约精神和规则意识，培育形成办事依法、遇事找法、解决问题用法、化解矛盾靠法的法治化营商环境。四是强化数字思维。扎实推进城市数字公共基础设施建设试点，提升"互联网+政务服务"效率，统一数据标准，联通信息"孤岛"，拆除数据烟囱，建立共享机制，打造一体智能的数字化营商环境新结构，以数字化变革引领政府职能新转变。

(三)优化营商环境，必须提升"三个意识"

一是提升服务意识。以同样成本服务最好为原则，加快打造企业向往的营商胜地。一方面，以惠企利企的政策环境服务企业发展。针对企业反映政策找不到、不好懂、兑现难等问题，建立政策发布、解读、宣传三公布机制，发挥政企直通车作用，实现政策找人、兑现上门，确保各类政策直达快享。与时俱进梳理清理不合理政策，实施优化合并废弃相关政策规定，防止政策打架。另一方面，以重商亲商的人文环境服务企业发展。从内心深处重企亲企助企，像办自己的事情一样为市场主体办事，用心用情用力为企业解决好具体问题，着力营造重商、亲商、助商的文化。二是提升责任意识。营造"人人都是营商环境、个个都是襄阳形象"的浓厚氛围，发扬"钉钉子"精神，强化责任担当，在服务企业、服务群众上下真功夫、啃硬骨头。综合运用监督评议、擂台比武、赛场选马等多种举措，大力营造单位部门间"比学赶超"浓厚氛围，打通营商环境"中梗阻"，推动营商环境建设提标提质提速提效。三是提升实干意识。营商环境建设既是一场攻坚战，也是一场持久战，好环境是"干"出来的。只有真抓实干、埋头苦干，绵绵用力、久久为功，持续为襄阳营商环境建设加力，才能让襄阳营商环境名片日益响亮耀眼，为襄阳都市圈高质量发展赋能。

（作者：张俊豪，襄阳市发改委）

改革开放不停步
创新发展勇向前

——襄阳建设自由贸易试验区的探索与实践

【引言】建设自由贸易试验区（以下简称"自贸试验区"）是以习近平同志为核心的党中央在新时代推进改革开放的重要战略举措，在我国改革开放的进程中具有里程碑意义。党的二十大报告指出，"中国坚持对外开放的基本国策，推进高水平对外开放，稳步扩大规则、规制、管理、标准等制度型开放。推动共建'一带一路'高质量发展。加快建设海南自由贸易港，实施自由贸易试验区提升战略，扩大面向全球的高标准自由贸易区网络"。自贸试验区10余年的成就证明，自贸试验区已成为高水平开放的先导力量、深层次改革的开路先锋、高质量发展的示范引领和服务国家战略的重要平台。2023年9月，习近平总书记就深入推进自由贸易试验区建设作出重要指示强调："勇做开拓进取攻坚克难的先锋，努力建设更高水平自贸试验区。"站在新的历史起点上，自贸试验区必将坚持党的全面领导，坚持以高水平开放为引领、以制度创新为核心，统筹发展和安全，高标准对接国际经贸规则，深入推进制度型开放，加强改革整体谋划和系统集成，推动全产业链创新发展，让自贸试验区更好发挥示范作用。

【摘要】自贸试验区建设的部署和实施，凝聚了以开放促改革促发展的理念和共识，激发了各地制度创新的活力和动力，拓展了全面深化改革开放的深度和广度，展示了中国坚持扩大开放的决心和信心。10余年来，自贸试验区推出了一大批基础性、开创性改革开放举措，形成了许多标志性、引领性制度创新成果，培育了一批具有国际竞争力的产业集群，站在了中国高水平对外开放的前列，也积极服务了区域重大战略、区域协调发展战略和共建"一带一路"。近年来，襄阳自贸片区牢记"为国家试制度、为地方谋发展"的初心使命，紧扣中央关于中部地区有序承接产业转移、建设一批战略性新兴产业和高技术产业基地的要求，通过探索建立产业转移引导机制、创新新兴产业和高技术产业集聚机制、创新区域经济合作模式、完善产业集聚平台，突破性发展高端装备制造、新能源汽车、大数据、云计算、商贸物流、检验检测等产业，引领带动区域产业转型升级，在实施中部崛起战略和加快建设全国构建新发展格局先行区中发挥积极作用。

【关键词】襄阳自贸区　高质量发展

● 背景情况

　　设立自贸试验区，既是党中央在新的历史条件下主动顺应世界经济发展新趋势作出的战略抉择，也是推进全面深化改革和扩大开放的积极探索。从国际形势来看，自贸试验区建设是主动适应经济全球化调整、推动加入高标准经贸协定的积极作为。2008年国际金融危机发生以后，经济全球化进入阶段性调整期，国际高标准经贸规则加速演变，谈判涉及议题从进出口关税、外商投资准入等边境措施不断向政府采购、国有企业、劳工、知识产权保护、环境保护、竞争政策等"边境后议题"延伸。

　　从建设自由贸易试验区，到加快建设具有世界影响力的中国特色自由贸易港，党的十八大以来，习近平总书记亲自谋划、亲自部署、亲自推动。2013年9月29日，中国（上海）自由贸易试验区正式挂牌成立。截至目前，我国已设立22个自贸试验区及海南自由贸易港，形成了覆盖东西南北中的试点格局。其中，襄阳自贸片区属于国家第三批自贸试验区——湖北自贸试验区的三大片区之一，面积21.99平方千米，全部位于襄阳高新区辖区内。在这里，国家级高新区与自贸片区、综合保税区交相辉映、相得益彰，高新区内企业不仅能享受到国家级高新区的政策优势，同时还能享受到国家高新区、自贸区、综保区、跨境电商综合试验区"四区叠加"的改革红利。

二 主要做法

自2017年4月1日挂牌以来，襄阳自贸片区在各级领导部门的坚强领导下，在"双循环"新格局中找准切口，大胆尝试，找准改革突破口，着力抓机遇、建平台、补短板、强保障，积极构建全方位开放的新格局。

（一）坚持改革赋能，在制度创新上勇于突破

襄阳自贸片区挂牌初期，市政府和高新区相关职能部门结合行业特点在襄阳自贸片区开展业务流程再造、优化便民服务等方面的探索，主要围绕市场主体"准入、准营、准建"开展审批服务改革，"大胆试、大胆闯、

▲ 综保区鸟瞰图

自主改"，"多证合一""证照分离""区域性统一评价试点"等一系列"小切口"改革在此时期应运而生，极大地压缩了办事时间，提高了办结效率，得到市场主体和人民群众的广泛好评。2020年之后，片区围绕市场主体对科技创新和产业创新的迫切需求，逐渐改变思路，创新成果从制度创新向科技创新和产业创新方向拓展，改革领域也逐步从"小切口"向"系统集成"转变。在此时期，片区以往多个"小切口"改革相互产生"化学效应"，逐渐孵化出"建立知识产权维权和技术转移工作站""打造襄阳航空研究院，建设产学研用一体化平台""共建国家级智能汽车产业学院""知识产权类案件'简案快办'"等跨领域、跨部门联动合作的改革成果，片区各项跨领域、跨层级、跨部门的改革创新成果之间有机衔接、相互支撑的良好局面已经形成，襄阳自贸片区在全省乃至全国的制度创新影响力不断扩大。

（二）聚焦"强链补链"，加快建设现代产业体系

基于襄阳市产业基础，襄阳片区围绕六大产业定位，结合经济产业发展背景，形成以汽车全产业链为龙头，以高端装备制造、新能源汽车、大数据、云计算、商贸物流、检验检测等为主导的产业体系。近年来，片区通过内引外联，做实做优特色主导产业"延链、补链、强链"工作。通过出台《鼓励现代服务业向襄阳自贸片区集聚发展的实施细则》《襄阳综合保税区招商引资扶持办法》等一系列专项政策，襄阳片区产业集聚优势突显。佛吉亚新天籁排气系统、中航精机麦格纳座椅、湖北微硕电子等一批先进制造业项目先后落地，达安汽车检测中心、检验检测认证产业园、泽融国家复合材料及制品监督检测中心等现代服务业项目逐步聚集。目前，片区市场主体已达1.97万家，初步形成汽车及零部件、装备制造、电子信息等10个特色产业集群。

（三）扩大对外开放，加速建设内陆开放"新沿海"

襄阳片区主动对接高标准国际经贸规则，深入推进高水平制度型开放，

构建外向型"平台＋通道"物流体系，全力促进贸易便利化。积极落实通关一体化、"提前申报""自报自缴""内河运费扣减"等通关模式改革，通关无纸化比例、国际贸易"单一窗口"应用率均达到100%；实施"技术性贸易措施评议机制""保税物流中心与港口出口联动""创新新造集装箱出口结关业务模式"等运营机制改革，优化报关、运输、仓储模式。同时，片区加快建设"四港一区"（铁路港、水运港、公路港、航空港、综保区），勇当襄阳打造全国物流枢纽承载城市主阵地。随着通江达海、无缝对接的立体国际物流通道逐步完善，襄阳片区西连、东进、南延、北拓的外贸物流大格局正在形成，企业综合物流成本降幅明显。

（四）优化营商环境，做好服务市场主体金牌"店小二"

襄阳片区不断深化政府职能转变，创新市场化要素配置供给，用"店小二"保姆式的服务，为企业厚植高质量发展的沃土。突出金融服务支撑，

⊕ 襄阳自贸片区地标

襄阳自贸片区财智联盟金融服务平台破解中小企业融资难"痛点",签约服务中小微企业已超10万家,成为全国首个国家中小微企业银行贷款数据增信分类标准起草单位;国内首家食用菌B2B线上交易平台"襄菌网",为企业提供供应链金融服务。强化高端人才集聚,成立襄阳自贸片区知识产权维权和技术转移工作站,全省首家"科技领军人才创新创业(襄阳)基地"在片区挂牌;出台系列自贸片区骨干及高端人才专项奖励政策,为来自东风汽车股份、东风康明斯、风神襄阳等片区企业的国内外人才134人次,累计奖励超900万元,获省政府点赞。通过设立自贸片区巡回法庭、自贸片区公共法律服务港、自贸片区新型法律服务综合超市、自贸片区优化营商环境园区法律服务团等一系列举措,整合仲裁、公证、人民调解、律师调解、民事诉讼、司法鉴定等法律服务资源,为片区市场主体提供综合性法律服务。

三 工作成效

经过多年的发展,越来越多的制度创新成果在片区不断涌现,推动着产业发展及营商环境向更高水平迈进,对外开放能级持续提升,襄阳自贸片区已成为助力襄阳高质量发展的新热土。

(一)制度创新成果同类城市全国领先

国内唯一发布自贸区评估报告的权威机构——中山大学自贸区综合研究院每年定期公布的"中国自由贸易试验区制度创新指数"中,襄阳片区2017—2018年、2018—2019年连续两年的"政府职能转变指数"排名在全国第三批设立的15个自贸片区中排名第二位,位居重庆、成都、西安等省会城市片区之前;从2019—2020年度至今,连续五年的"制度创新总体指数"总排名居内陆地级市片区第一位。随着制度创新成果的不断涌现,片区在全省乃至全国的影响力持续扩大。当前,片区累计总结形成了500余项改革创新经验案例，其中，9项在国家层面推广，92项在省级层面推广。"'全通版'食品药品许可证""不动产抵押权变更登记""'两无一免'简化退税流程"等3项成果入选第三批全国自贸区"最佳实践案例"；"知识产权类案件'简案快办'"做法入选全国自贸区第七批改革试点经验；"优化企业信用修复""出口退税电子'退更免'"等成果得到国务院大督查通报表扬；"运用技术性贸易措施评议机制助力企业走出去""推进'无申请退税'助力自贸区发展"等成果在国务院自由贸易试验区工作部际联席会议办公室简报上刊发；进博会期间发布的《世界开放报告2021》在自贸区改革开放方面点赞了襄阳自贸片区"全通版"食品药品许可证审批改革；襄阳自贸片区财智服务联盟"数据增信"模式入选全国财政工作会议重点参阅案例；此外，"设立巡回法庭为自贸试验区建设提供司法保障""互联网+智慧出入境"等多项成果在全省复制推广，得到市场主体及人民群众一致称赞，改革红利不断释放。

（二）全链条产业体系不断完善

紧盯汽车及零部件、高端装备制造两个千亿级产业集群，做实做优特色主导产业"延链、补链、强链"工作，以制度创新、政策突破加大项目招引力度、落地速度和服务效度，加速构建全链条产业体系。在新能源汽车产业方面，襄阳是全国唯一具备新能源汽车全产业链检测能力、全过程数据分析能力的城市，被列为国家公共服务领域节能与新能源汽车示范推广试点城市、国家新能源汽车推广应用城市。片区集聚东风襄阳旅行车等整车企业，比亚迪、骆驼新能源等动力电池及材料相关企业，中车电机、东风电驱动等驱动总成相关企业，追日电气充电桩、德普电气电池检测系统等龙头企业。顺应新能源及智能网联汽车趋势，以比亚迪新能源项目为引领，健全新能源汽车上下游产业链，全力打造"新能源汽车之都"。2024年1月，东风纳米01车型正式下线，宣告襄阳市新能源乘用车整车实现

"零"的突破。在高端装备制造产业方面，片区航空航天、轨道交通、智能制造和机器人等处于行业领先地位。航宇嘉泰是国内首家波音公司座椅供应商，航天四十二所为"神舟"飞船、天宫一号等载人航天器提供关键密封材料；金鹰重工轨道养护车产量世界第三、全国第一，拥有轨道车辆焊接的世界最高资质；新火炬乘用车轮毂轴承产量全国第一，三环襄轴是我国最大的汽车轴承专业生产厂家；东风康明斯等企业入选国家智能制造试点示范企业。目前，片区在新能源汽车、高端装备制造、新材料、检验检测4个领域突破32项关键技术。其中，8项达到国际先进水平，11项可替代进口，13项国内领先。

（三）贸易便利化程度大幅提升

2023年，襄阳自贸片区实现进出口59.8亿元，同比增长18.9%。其中，出口总额46.3亿元，同比增长0.5%；进口总额13.5亿元，同比增长110.2%，是湖北自贸区3个片区中唯一一个3项数据均呈现正增长的片区。经过多年的发展，片区集疏运体系建设不断完善，投资25亿元的襄阳铁路物流基地正式动工建设，邮政邮件处理中心项目拟于近期开工建设，襄阳新港项目已完成规划设计工作，自贸片区路网不断织密，与福银、二广高速实现互联互通，襄阳机场于2024年2月4日实现临时开放，世界知名船务公司马士基将襄阳纳入全球第347号港口目录，开通9条国际货运班列，覆盖欧洲80%的主要货运站点。襄阳综保区于2021年1月15日获国务院批复设立，2022年5月27日通过国家验收，2022年9月22日正式运营，2023年实现进出口额22.9亿元，同比增长232%。此外，片区抢抓襄阳获批国家级跨境电商综合试验区机遇，大力发展跨境电商产业，引进商务部首批跨境电商试点企业大龙网，投资12.35亿元建设襄阳龙工场跨境电商平台和跨境电商产业集聚智慧园；建成襄阳自贸片区跨境电商产业园并投入运营，协议入驻企业超百家。2023年3月，襄阳都市圈首个跨境仓菜鸟襄阳跨境中心仓在襄阳综保区投入运行，后续上线"睐斯购"跨境电商平台，省内消费者可以实现当日下单，次日送达。

（四）营商环境持续优化

目前，片区内设有14家银行业分支机构、3家保险业分支机构、11只股权投资基金及3家内资融资租赁试点企业，推出"纳税贷""税贷通""云税贷"等10余项无需抵押的信贷产品。教育部首批认定现代产业学院湖北汽车工业学院智能汽车（襄阳）产业学院、北航襄阳航空研究院、湖北工业大学产业技术研究院、石墨烯中试及产业研究院等一批科研院所建成运营。2020年，自贸区巡回法庭获国家最高人民法院颁发的全国法院工作先进集体称号；2022年，以高新区（自贸片区）法院为主体申报的"湖北法院构建自贸试验区司法协作共同体"入选全国人民法院服务保障自由贸易试验区建设亮点举措。强化企业上市辅导，博亚精工、金鹰重工、超卓航空等企业陆续成功上市，全市14家上市公司中片区已占9家；引进设立襄阳自贸片区财智联盟服务平台、厚载科技智慧物流平台、东风咨询电子交易平台、湖北外贸综合服务平台、英诺迪克北欧创新科技服务平台等一批现代服务业载体，为企业提供创业孵化、融资交易、成果转化等全生命周期要素支撑。重大项目、平台持续落户襄阳自贸片区的背后，是企业对襄阳自贸片区营商环境和发展实力的肯定。

四 经验启示

作为党中央在新时代推进改革开放的重要战略举措，要深刻认识到自贸区是国家的试验田，不是地方的自留地；是制度创新的高地，不是优惠政策的洼地；是种苗圃，不是栽盆景。沿着国家战略方针的脉络，自贸区并没有变得可有可无，而是方兴未艾，承担着越来越重的历史使命，而这重要的使命就是"为国家试制度、为地方谋发展"。面对风高浪急甚至惊涛骇浪的重大考验，自贸试验区战略应运而生，国家划定一片区域开展压力测试，对内探索降低制度性交易成本，对外主动对接高标准规则，力求畅通国内国际双循环枢纽节点，建设高水平外向型经济体系，全力助推我国对外开放向更高水平迈进。襄阳位于内陆，既不沿边又不靠海，如何发展开放型经济，用好自贸区、综保区这些国家级开放平台显得尤为重要。

（一）要进一步解放思想禁锢，找准自贸理念最大公约数

自贸试验区是试验田、压力测试区，要有先行先试的创新意识，勇于成为改革过程中突破体制机制障碍的先锋。自由贸易试验区建设的核心任务是制度创新。制度创新要注重原创性、可行性、差异性、时效性和安全性，这是制度创新的核心要义。站在湖北自贸区的角度上讲，也可以将自贸试验区当作国家各种战略的润滑剂，在推进"一带一路"建设，实施"双碳"目标、RCEP（区域全面经济伙伴关系）、长江经济带、中部崛起等国家战略过程中，用好自贸区这一平台，将推动各类战略过程中遇到的问题、体制机制障碍，通过自贸区制度创新、先行先试来化解，更好地推进国家战略。

（二）要降低制度性交易成本，探求各类资源配置最优解

当前，我国经济运行面临一些突出矛盾和问题，市场主体特别是中小微企业、个体工商户生产经营困难依然较多。面对这些情况，自贸区的改革可以作为优化营商环境、降低制度性交易成本、减轻市场主体负担、激发市场活力的重要举措。对内，在政府层面，通过制度创新、系统集成改革，进一步优化政府资源配置，提高行政效率，用优越的营商环境吸引资金、人才、科技等各类发展要素向襄阳集聚，为加强全产业链集成创新，努力发展新质生产力打下坚实基础；对外，通过改革降低实体经济企业开办经营过程中的各类制度性交易成本，由点及面，逐步助力全国统一大市场的形成，打通国内循环的各个堵点，最终达成各类资源配置的最优解。

（三）要主动对接高标准规则，稳步扩大制度型开放

习近平总书记指出："要扩大高水平对外开放，为发展新质生产力营造良好国际环境。"[1] 2024年《政府工作报告》提出，"主动对接高标准国际经贸规则，稳步扩大制度型开放，增强国内国际两个市场两种资源联动效应"。主动对标国际高标准经贸规则是推进制度型开放的重要举措，也是中国同世界分享发展机遇、推动建设开放型世界经济的实际行动。自贸试验区是我国对标高标准国际经贸规则、探索制度型开放的重要载体和建设高地。站在襄阳自贸片区层面，理应充分发挥自贸区先行先试作用，实施自由贸易试验区提升战略，用好襄阳综保区、中欧班列等对外平台通道，形成更多有竞争力的制度创新成果，在有条件的情况下积极参与国际规则和标准制定，为国家进一步扩大制度型开放、打通国际循环积累实践经验。

（作者：胡明富，襄阳综合保税区办公室；望华强，襄阳综合保税区办公室）

---

[1] 《加快发展新质生产力　扎实推进高质量发展》，《人民日报》2024年2月2日。

当好企业"店小二"
打造服务"金招牌"

——襄阳市全力服务比亚迪产业园项目建设的实践与探索

【引言】汽车产业是襄阳市的龙头支柱产业，是发展襄阳都市圈、打造引领汉江流域发展、辐射南襄盆地的省域副中心城市的重要支撑产业。20世纪80年代初，东风汽车公司实施从十堰到襄阳再到武汉的"三级跳"发展战略，在襄阳北部油坊岗建设生产基地，揭开了襄阳汽车产业发展的序幕。30多年来，襄阳市紧紧抓住这个历史机遇，大力发展汽车整车及零部件制造业，使襄阳汽车产业实现了从无到有、从弱到强、从低端到高端、从零部件到整车、从传统动力汽车到新能源汽车、从单一的汽车制造向汽车产业化迈进的历史性跨越。

【摘要】2022年1月24日，襄阳市政府与比亚迪股份有限公司签署战略合作框架协议，这是襄阳汽车产业发展史上继"三线建设""东风出山"之后的又一里程碑事件。在服务项目落地建设中，襄阳市坚持统筹领导，强化服务意识，聚焦问题精准服务，投资百亿元的比亚迪襄阳产业园实现当年签约、当年开工、当年建成、当年投产，创造了"襄阳奇迹""襄阳速度"。这为地方抓实重大项目高效落地积累了有益探索。

【关键词】比亚迪产业园　创新服务　优化营商环境

一 背景情况

近年来，襄阳市积极推动汽车产业转型，鼓励车企向高端化、智能化、绿色化方向升级。2022年，襄阳全市整车产量达到30多万辆，规模以上汽车企业实现产值达到2400余亿元，规模居国内十大汽车产业城市第9位，地级市第1位。2023年，汽车主导产业转型取得了突破性成果。东风纳米年产12万辆新能源乘用车项目整车量产、新能源乘用车整车制造实现历史性突破，东风股份新能源车产量达到3.3万辆，同比增长54.7%，东风日产3万辆高端SUV"探陆"、中力5万辆新能源叉车项目整车下线，比亚迪30GWh动力电池项目16条生产线全部投产，襄阳市成为全省唯一一个、全国7个国家级车联网先导区之一。

2021年9月底，襄阳市举办"五城共建"城市推介暨"2021年楚商襄阳行"活动。活动中，我市敏锐捕捉到比亚迪有意布局中原地区的信息。市委、市政府锚定目标，迅速行动，组建由分管副市长、高新区、市招商局等单位组成的工作专班，以拼抢赶超的进取姿态与比亚迪进行对接。随后，多位市领导带队到比亚迪谈判6次，陪同比亚迪团队来襄考察4次，召开专题会议研究讨论项目落地进展10余次，众志成城推进项目顺利落地。2022年1月24日，襄阳市政府与比亚迪股份有限公司签署战略合作框架协议；1月25日，土地挂牌；2月27日，为比亚迪产业园一次性发放了《建设用地规划许可证》《建设工程规划许可证》《规划设计方案批复》《建筑工程施工许可证》《不动产登记证明》5本证件；2月28日，比亚迪项目正式开工；12月15日，产能约1.9GWh的第一条刀片电池生产线正式投产。比亚迪襄阳产业园项目从对接到签约仅用了96天，"五证同发"等，刷新了"襄阳速度"。比亚迪襄阳产业园一期动力电池项目创造了当年签约、当年开工、当年投产、当年进规速度，成为比亚迪在全国同类投资项目中的首例。

⊙ 2022年12月15日，比亚迪襄阳产业园内，产能约1.9GWh的第一条刀片电池生产线正式投产

二　主要做法

（一）超前谋划，主动作为推动项目提速

襄阳市立足"项目高效落地"，主动梳理项目落地的前置条件和审批事项，将所有工作想在前、做在先。一是协调项目用地。考虑到高新区补充耕地指标匮乏，在比亚迪项目有征地意向时，高新区便指派专人，在市政府及市自规局的支持下与保康县及时联系，多次往返襄阳与保康之间，保障了耕地增减挂钩指标落实到位。在市政府第一次与比亚迪进行谈判时，就提前介入，发布征地公告；在进行土地报批时，提前开展土地评估制定挂牌方案。二是组建工作专班。2021年12月中上旬，比亚迪与襄阳市达成初步合作意向后，襄阳市迅速组建由高新区党工委主要负责人任组长的比亚迪项目建设领导小组，下设指挥部及综合组、协调组、工程组、拆迁

组、宣传组、安保组等6个工作专班，立即开展项目选址、征迁拆迁、土地供应、规划许可等前期工作，有力推动了项目签约，同时也为项目尽快开工腾挪了时间。三是筹足项目资金。面对减税降费、财政支出和年底各项政策兑现的高压局面，高新区一个月内筹措项目服务资金5亿元，包括购买用地指标1亿元，征迁补偿、征地补偿及地上附着物补偿共计3亿元，还建房建设1亿元。相关费用在2022年农历新年前全部拨付到位。四是做好搬迁倒房。自12月19日签订第一份房屋征迁协议、同步启动倒房工作后，短短20天时间，涉及郑岗2个小组、224户的房屋征迁协议全部签订，485人农历新年前全部搬离，倒房工作全部完成，创造了高新区征迁"第一速度"。

（二）攻坚克难，打造重信践诺诚信标杆

2022年1月25日，比亚迪董事长王传福一行来到襄阳考察，双方商定"25天净地交付""2月28日开工"。面对时间紧迫、工程量大的现实挑战，襄阳高新区坚持科学统筹、精准调度、高效管理，全力推动项目建设。一是紧盯目标实行挂图作战。从签约到2月28日开工，满打满算仅有35天时间。高新区对标对表、自我加压，提出"2月20日前完成土地平整工作""开工当日五证齐发"的目标任务。指挥部与比亚迪公司、相关职能部门联系，梳理项目落地开工前所需的全部条件，一件一件制定详细路线图，梳理出两期共30项的平行推进任务清单，包括推进内容、责任单位、责任人、管控要求、工作进展、时间节点和完成情况，保证各项工作统筹兼顾、有序推进。二是部门联动做好要素保障。文物部门抽调技术人员抢抓有利天气，20天完成了1440亩用地前期文物勘探，在规定期限内完成了22个唐宋时期约1000平方米墓葬、1500平方米明清时期房址、300平方米东周遗迹的文物发掘工作。供电公司打破"雨雪天不爬杆"常规，采用先进技术，在落实安全措施的前提下在暴雪天气坚持施工，3天完成了高压线装新拆旧

工作，迁移高压线路近2000米；供水部门组织工人加班加点，1月31日完成了供水管道沟槽开挖、铺设工作，2月26日完成了1506米的供水管线施工；襄阳华润燃气公司自筹资金59万元，2月28日前完成了600米燃气管线的迁改。市政建设专班、质量安全监督专班组织相关专家现场跟踪勘察、检测，为工程建设提供一手数据和技术支撑。三是千方百计完成土地平整。比亚迪襄阳产业园项目占地1440亩，所处土地位置沟壑极多，最深处达到17米，填方工作量大。从2022年1月31日开始，2天内调集600余台套机械进场施工，每天晚上召开调度会，评估当天进度，统筹研判未来天气情况、剩余工程量，合理安排后续工作任务。科学设置车辆进出线路，挖土、填方、推平同步进行，白天填方、晚上碾压；晴天开工赶工、雨雪天不误工，保证所有人员、车辆、机械始终高效作业。最终，将以往3个月左右的工期压缩至不足1个月，共挖方215万立方米、填方275万立方米、清淤5万立方米、清渣2万立方米、清表12万立方米，共计510万立方米，相当于用20天的时间筑造了一道长255千米、宽4米、高5米的"小长城"，再

⊛ 比亚迪襄阳产业园全景图

次刷新了"襄阳速度"。

（三）勇于创新，再造项目行政审批流程

襄阳高新区按照省委、省政府优化营商环境"清、减、降"的精神要求，对标先进地区，比速度、比效率，减环节、快审批，打破部门之间有形无形的"围墙"，最大限度为证件办理提供便利，跑出行政审批"加速度"。一是首创"平行推进工作法"。协议签订后各项工作平行推进，发布两批平行推进任务清单共30项，将原先审批流程中的不动产登记、工程规划许可、施工许可等实行并联办理，全流程主动认领任务，同步开展容缺受理审批，部门之间信息共享、资源共用、协同办理，最大限度为证件办理提供便利。二是实现"五证同发"。改串联审批模式为并联审批模式，部门之间互不设置前置条件，采用上游责任追究制，谁滞后谁担责、谁设卡追谁责，建立倒逼机制，加快审批手续办理。将涉及自然资源和规划、住建、不动产登记、行政审批等多个部门，有3个审批阶段、7个审批环节、多项审批流程的"五证"办理程序，压缩为33天。三是大胆探索再造流程。打破审批流程环环相扣、串联审批的常规，充分利用土地招拍挂公告、公示时间差，通过容缺受理、并联审查、模拟审批等方式，积极探索审批流程再造，进一步压缩事项办理时间，确保证照办理速度与项目建设进度同步，批后监管与审批过程同步，把各项流程审批压缩至最短，在确保各个环节合法合规的前提下，以最短时间完成审批，做到交地即发证、拿地即开工。

（四）高效服务，做企业满意的"金牌店小二"

襄阳市坚持打造服务型政府，各级各部门在服务企业的过程中，聚焦企业需求，坚持问题导向，主动作为、精准服务，用心用情当好"店小二"，以一系列"硬招""实招"优化营商"软环境"，不断擦亮高质量发展的"招牌"。一是强化主动服务意识。在比亚迪产业园项目落地建设中，襄阳市各

部门主动认领任务，把部门"接力跑"变成部门"一起跑"。指挥部及工作专班驻扎项目一线，推进土地平整、施工管理，现场协调解决问题；刘集办事处、郑岗社区干部全部投入房屋征迁、村民安置等工作；相关部门精心组织、通力协作，一切围着项目转，一切围着项目干。二是改"坐诊"为"会诊"。比亚迪产业园项目一落地，襄阳高新区把审批从后台搬到项目建设现场，规划、建设、市场监管、税务等部门主动到项目建设指挥部，面对面沟通了解企业需求，现场办公，在协议签订第2天实现了土地挂牌，第3天完成新公司名称核准和注册，并落实了项目备案和公章雕刻。三是全程帮代办。积极收集掌握比亚迪公司相关信息，仔细查阅比亚迪在西安、济南、重庆等地建设的9个项目相关资料，加强与比亚迪长年合作的规划设计院、监理公司、建筑公司的沟通了解，全面掌握第一手资料。在办理证照获取所需资料的过程中，与全市相关部门（如税务、市场监管等）做好对接，尽量不麻烦项目方。确需提供的资料，经双方沟通确定后，由项目方提供电子资料，审批部门全程代办、全程网办相关手续，真正做到高效办成一件事、高效处置一件事。

三 经验启示

襄阳市在服务比亚迪项目落地建设中积极作为，主动担当，这既是推动地方经济高质量发展的重要体现，也是抓实重大项目高效落地的有益探索，更是打造一流营商环境的决心信心，其工作思路和方法措施给人许多启迪。

（一）加强统筹领导，才能做到"真服务、服好务"

建设比亚迪襄阳产业园，不仅是引进了一个项目，更是优化营商环境的一个缩影，是一项涉及方方面面的系统工程，必须贯彻党对一切工作的领导的政治原则，从顶层设计上把方向、谋大局、抓落实。襄阳市把比亚迪产业园项目纳入全市发展整体布局，作为推动地方经济高质量发展的重要抓手，各级各部门各负其责，积极发挥作用，真正把党的政治优势、组织优势转化为服务企业、服务大局的发展优势。

（二）坚持问题导向，才能当好贴心"店小二"

优化营商环境的关键是处理好政府与市场的关系。襄阳市在比亚迪襄阳产业园落地建设中，积极推动政府职能转变，变管为服、变官为仆，主动靠前服务，坚持开现场办公会，第一时间协调解决面临的问题困难，做到"有呼必应""无事不扰"，用干部辛苦指数换取企业发展指数。

（三）勇于改革创新，才能打通"最后一公里"

优化营商环境关键在改革创新，核心在制度创新。襄阳市坚持"刀刃向内、自我革命"，一方面，主动学习借鉴先进地区他山之石；另一方面，充分利用高新区、自贸片区、综合保税区政策优势，深度总结应用"工业项目拿地即开工"等经验做法，在要素保障、资金筹措、行政审批等工作中打破常规，创新工作举措，真正打通服务"最后一公里"。

（四）保持奋进姿态，才能凝聚强大发展气场

事业发展关键在人。在比亚迪产业园建设过程中，项目服务单位以"下雨下雪不由我、工程进度不由天"的豪情和斗志，铆足干劲、忘我奋战。项目领导小组春节不休息，指挥部持续日夜连轴转，随时做好指挥调度、后方保障、问题协调。一线施工队伍打出"春节不打烊、节后再拜丈母娘"的标语，从早7点至晚11点，歇人不歇车，抢晴天、战雪天、抢时间。正是这样"拼抢实"的工作作风，始终保持进取之心、拼搏之态，为推动襄阳都市圈高质量发展凝聚了强大发展气场。

（作者：王明超，襄阳高新区重点项目服务中心；刘幸，中共襄阳市委党校）

厚植县城发展底蕴
共谱乡村振兴新篇

——老河口市以强县工程实施乡村振兴战略的实践与探索

【引言】党的二十大报告指出，"全面建设社会主义现代化国家，最艰巨最繁重的任务仍然在农村。坚持农业农村优先发展，坚持城乡融合发展，畅通城乡要素流动"。郡县治，天下安。县域是解决城乡发展不平衡不充分问题的主阵地，也是推动城乡融合发展的关键支撑。湖北省第十二次党代会明确指出，"以强县工程为抓手，全面推进乡村振兴。县域是农村经济、社会、文化等发展的基本单元，是解决城乡发展不平衡不充分问题的主阵地。县城是推动城乡融合发展的关键支撑。要实施强县工程，加快推进以县城为重要载体的就地城镇化和以县域为单元的城乡统筹发展。强县工程重点是促进农民增收，核心是推动城乡协调发展，关键是缩小城乡差距"。

【摘要】为深入贯彻落实党的二十大精神，补齐农业农村现代化短板，着力解决城乡发展不平衡不充分问题，省第十二次党代会明确提出，实施强县工程，加快推进以县城为重要载体的就地城镇化和以县域为单元的城乡统筹发展。2022年以来，老河口市以创建国家乡村振兴示范县为抓手，大力实施强县工程，提升城镇功能，增强城镇对乡村的辐射带动能力；突出产业发展，进一步打牢乡村振兴的物质基础；聚焦民生保障，破解城乡二元难题；加强社会治理，推进建设和美乡村。2022年荣获"全国新型城镇化百强县市"，成功进入首批全国乡村振兴示范县（市）。采用党建引领、科学规划、改革创新、优配要素、群众参与等多种方式，逐步探索出一条富有老河口特色的乡村振兴之路。

【关键词】强县工程　乡村振兴　老河口实践

一　背景情况

县域兴则国家强。县城是县域经济社会发展的中心和城乡融合发展的关键节点，县域是统筹城乡发展、统筹"三农"工作的基本单元。中部地区的县市在推进乡村振兴的过程中普遍面临着农村地区人口结构、乡村治理、社会发展和乡村居民社会观念等方面的"短板"，实施强县工程，正是从县域层面着手，补齐乡村短板、增强乡村发展的内生动力。一是有助于补齐乡村人口结构变化带来的人力资源短板。随着工业化和城镇化的快速发展，乡村面临着人口总量、劳动年龄人口和老年人口"两少一多"的短板，推进强县工程有助于增加农村人力资源总量、优化农村人口年龄和地区分布结构，提高农业产业吸引力，扩大农村市场空间，进而培植乡村振兴人力基础。二是有助于补齐乡村自治能力不高带来的乡村治理短板。面对农村居民日益丰富和标准更高的美好生活需要，村民自治的实现形式、实施手段面临着信息化、数字化等现代技术的挑战，也面临着农村社会个体化的结构转型冲击，推进强县工程有助于构建政府、社会、村民共建共治共享的治理体系，为乡村振兴凝聚民心、汇集民智。三是有助于补齐城乡发展不平衡带来的社会发展短板。城乡发展不平衡、重经济发展轻社会发展是我国经济社会发展中的一个长期问题和难题。强县工程强调县城是县域经济社会发展的中心，着眼于重塑城乡关系、推动城乡融合发展，有助于健全城乡统筹的高质量发展体系、公共服务体系、现代治理体系，推动新型工业化、信息化、城镇化、农业现代化同步发展。四是有助于补齐农村居民小农意识带来的社会观念短板。当下，农村土地撂荒和变相撂荒、农村宅基地和农村房屋大量闲置等现象普遍存在，一些农民由于传统社会观念，对将土地、宅基地、房屋等闲置资源交给商业资本运营信任不足。强县工程以促进农民增收为重点，鼓励村民在壮大村集体经济中共同参与、共享成果，有助于消减农村居民的小农意识，畅通农村资源整合渠道，增强资本下乡意愿。

二 做法成效

老河口市位于湖北省西北部、汉水中游东岸，工农业基础较好，是湖北省老工业基地，工业经济起步早，机械、建材、化工、纺织、汽车等行业门类齐全，同时是国家商品粮生产重要县（市），是水果之乡、水产大县（市）、全国生猪调出大县（市）。但老河口市实现乡村振兴也面临着以下问题：一是农产品加工业仍需培育，近年来农产品加工业产值增幅减缓；二

🔺 老河口市洪山嘴镇苏家河村血桃丰收

是美丽乡村建设还需突破，农业农村基础设施还不够完善；三是全面补齐基础设施短板、全域推进和美乡村建设和打造旅游乡村所需资金缺口较大，农村产业升级、产业链建设、品牌打造等方面仍缺乏一些资金推动。此外，老河口市作为典型的中部地区县级市，也在人口结构、乡村治理、社会发展和乡村居民社会观念等方面存在"短板"。

为深入贯彻落实湖北省第十二次党代会会议精神，大力推进乡村振兴，老河口市坚持以深入实施强市工程为抓手，以创建全国乡村振兴示范县为主线，在乡村建设上提升，在乡村产业上深化，在乡村治理上赋能，夯实城乡融合发展坚实基础，城乡统筹发展，差距不断缩小，2022年荣获"全国新型城镇化百强县市"，成功进入首批全国乡村振兴示范县（市）。

（一）提升城镇功能，增强城镇对乡村的辐射带动能力

老河口市抢抓襄阳都市圈发展机遇，扎实有序推进城乡统筹发展，奋力书写襄阳都市圈高质量发展的老河口篇章。中心城市服务能力得到持续提升，体育馆、图书馆、群艺馆、科技馆等一批公共服务设施提档升级；乡镇集镇建设持续推进，仙人渡镇获省级擦亮小城镇试点，孟楼镇成为襄阳市首家实现强弱电全入地乡镇；互联互通水平加快提升，河谷大桥正式通车，河谷组群发展进入新阶段，农村公路大循环实现畅通。

（二）突出产业发展，进一步打牢乡村振兴的物质基础

老河口市大力培植和完善农业产业体系，加快构建"四大产业"集群；深入推进"藏粮于地、藏粮于技"战略，实现了农业农村经济稳步增长。2022年，地区生产总值422.34亿元，同比增长5.9%，城镇常住居民人均可支配收入44857元，增长7.2%，农村常住居民人均可支配收入24308元，同比增长8.8%；2023年，地区生产总值443.14亿元，同比增长7.2%，城镇常住居民人均可支配收入47548元，同比增长6%，农村常住居民人均收入26204元，同比增长7.8%。农村常住居民人均收入两年来均高于GDP

增速和城镇居民人均可支配收入增速，城乡居民收入差距稳步缩小。一是农业生产能力加快提升。扎实推进高标准农田建设，全市已累计建设高标准农田面积66万亩；加大农机全程机械化技术推广应用力度，扩大农机具购置补贴政策实施范围和规模，农业机械化作业水平稳步提升，全市主要农作物耕种收综合机械化率达90%。二是联农带农机制日益完善。大力推进"公司＋基地＋合作社＋农户"的产业化发展模式，健全联农带农机制，做强产业龙头，带动农民增收。全市被认定为襄阳市级以上的农业产业化龙头企业42家，其中国家级1家、省级11家，襄阳市级30家。全市家庭农场726家、农民合作社803家。三是特色产业渐成规模。因地制宜发展"畜牧、水产、水果、中药材"四大特色产业，建成现代畜牧、水产、水果三个省级产业园，实现了一个产业一个园区，推进特色产业集聚发展。2024年前三季度生猪、牛羊、特色淡水产品、林果四大产业链产值分别达75亿元、16亿元、15亿元、15亿元，预计全年可分别达100亿元、25亿元、20亿元、17亿元。四是产业链建设步伐加快。生猪、牛羊、特色淡水产品、林果"四大产业链"建设取得新成效。老河口牧原200万头生猪屠宰加工项目快速推进；仙人渡智能化生态循环渔业产业园、光化现代渔业产业园、薛集万亩渔业产业园基础设施日益完善，高效设施渔业蓬勃发展；连片高标准精品水果基地持续扩张，水果加工业向精深化迈步。五是品牌创建成效突出。全市"二品一标"认证证书达29个，其中绿色认证2个、有机认证23个、地理标志认证4个。

（三）聚焦民生保障，破解城乡二元难题

一是在全域全学段推进教联体建设。出台《推进教联体建设实施方案》，全市义务教育教联体建设覆盖率已达到100%，并逐步向学前教育、特殊教育和高中阶段延伸，已建成1个省级示范性教联体。实行联盟化管理，通过教育理念、教育资源、教育成果和教育品牌的共建共享，推进教育优质均衡发展，振兴乡村教育。二是持续提升农村基本医疗保障水平，构筑"城乡基本医保＋大病保＋防贫保＋慈善救助基金"的多层次医疗保障体系。四个乡镇被评为"省级卫生乡镇"，李楼镇荣获"国家卫生乡镇"称号。精准对接民生需求，率先实现妇女"两癌"免费筛查、婴幼儿计划免疫、妇女叶酸服用、孕产妇"围检"四个全覆盖。三是推进医养结合体系建设，新建失能半失能特困供养老人集中养护中心、特困供养服务中心（失能半失能）。创建居家养老（日间照料）站并提档升级，全市共有养老机构14家，床位数近3890张，护理型床位占比60%以上。四是推进农村特殊群体"三留守"关爱服务体系建设，完善工作机制，统一工作项目，实施精准共享，定期探访慰问，开展慈善捐助、结对帮扶、心理辅导等工作，推进"三留守"关心关爱服务做实见成效。五是推进村级综合服务设施提升工程，全市217个村级综合服务设施覆盖率达到100%。开展区域性村级公益性公墓示范点建设。组织开展"百佳村民委员会""百佳社区居民委员会"创建活动，推进村（社区）提高服务村民质量和效益。

（四）加强社会治理，推进建设和美乡村

一是健全党建引领机制。健全市"四大家"基层党建联系点制度，制定市乡党组织书记三个履职承诺和村党组织书记"五个一"工程。推动"红色头雁"培育工程，持续加强乡村干部队伍建设，选优配强两委干部。推动实施"两回两带"工程，构建"引育用留"全链条机制，推进人才回归、资金回流、企业回迁。实施农村集体经济倍增计划，持续壮大集体经济实力，全市村级集体经济收入连续多年保持10%以上增速，2024年全市217个行政村集体经营性收入均超过10万元，普遍达到20万元。系统总结王府州联合党委经验做法，积极探索推行"两带一建"模式，增设李楼镇白莲片区联合党委试点，推动区域连片抱团发展，示范带动周边13个村策划优质产业项目，做大做强特色产业，营造了竞相发展的良好氛围。二是健全

▲ 近代印染记忆——老河口仙人渡镇李家染坊村

乡村法治建设机制。实施"五强创示范"工程，深入推行党建引领"三治融合"智能支撑的社会治理机制。实施乡村"法律明白人"培养工程，开展"律师进社区、乡村"活动，实现法律服务全覆盖，社区、乡村依法化解矛盾纠纷能力显著提升。完善乡村公共法律服务机制，建成公共法律服务中心1个、乡镇公共法律服务工作站10个、村（社区）公共法律工作室255个，形成覆盖城乡居民的公共法律服务体系。三是健全乡风文明推进机制。对新时代文明实践阵地进行了提档升级建设，中心村新时代文明实践基地建设全面实现了提档升级，其余村因地制宜，全部实现标准化建设全覆盖。全力推进文明村镇建设，建成3个国家级文明村镇、8个省级文明村镇、22个襄阳市级文明村镇。四是共同缔造落地见效。探索推行"七张清单"台账，推行"周末夜访"、线上"云走访"等形式多样的党员群众"连线活动"，因地制宜开展"一村一品、一村一景"村庄建设，打造油房湾村、张庄村等12个共同缔造示范点，努力创造人人参与、人人尽力、人人享有的美好环境和幸福生活。

三 经验启示

（一）党建引领是基础

坚持党的领导，才能凝聚强大工作合力。在全市层面实行"市级统筹、部门配合、镇村实施"和"一个试点一名市领导挂帅、一个部门包保、一个专班蹲点主抓、一套实施方案推进"，秉承"三级书记"抓乡村振兴不动摇，形成市级统领、部门主抓、乡镇落实的齐抓共建工作格局，为实施强市工程提供了坚强的领导和组织保障，确保了全市上下"一盘棋"。在村级层面，农村基层党组织担负着把党员组织起来，把人才凝聚起来，把群众动员起来，把乡村发展起来的职责和使命，是推进乡村振兴至关重要的基础，老河口市通过强化党建引领，进一步建强农村基层党组织，村干部谋事干事能力普遍提升，示范引领作用显著增强，逐步发展为带领带动农民致富的生力军。

（二）科学规划是前提

科学调查，规划先行，为各地各部门有序推进描绘了施工图。省第十二次党代会后，老河口市委、市政府在充分调研的基础上，出台《关于全面实施强市工程加快推进乡村振兴的意见》，明确了实施强市工程的指导思想、目标任务，从市域主体功能空间布局规划，加强中心城市服务能力建设，促进农村一二三产业融合发展，拓宽农民增收渠道，推动市乡村公共服务均等化，推进农村美好环境建设，构建政府、社会、村民共建共治共享的治理体系等七个方面制定重点措施、路径图和项目库，为加快推进以县城为重要载体的就地城镇化和以县域为单元的城乡统筹发展，促进城乡要素、公共资源合理配置，形成工农互促、城乡互补、全面融合、共同繁荣的新型工农城乡关系做好顶层设计。

（三）改革创新是动力

把开展试验示范和典型选树作为全面推进乡村振兴的重要手段，辐射带动全域。老河口市每个乡镇（街道）、市直各部门至少培育1个示范点位，以点带面整村整镇推进创建工作。总结推广王府洲、李楼镇白莲片区抱团发展经验，推进各乡镇连片建设和美乡村；总结推广20个省级美丽乡村示范村建设经验，推动"一带两片三线"各村打造示范点、建设示范片；总结推广油房湾村、张庄村等12个共同缔造示范点建设经验，因地制宜开展"一村一品、一村一景"村庄建设，努力创造人人参与、人人尽力、人人享有的美好环境和幸福生活。

（四）优配要素是支撑

把保障要素供给、优化要素配置作为坚实底盘，用好用足人、财、物、地要素，发挥最大效益。老河口市策划乡村振兴项目300余个，已开工项目287个。拟总投资额100亿元，通过积极引导金融资本、社会资本投向乡村振兴建设，并采取政府购买服务、以奖代补、先建后补等办法，现已完成投资62亿元。持续推进"两回两带"工程，构建"引育用留"全链条机制，推进人才回归、资金回流、企业回迁。累计吸引回乡就业10178人、回乡创业1378人，新增各类经济实体投资重点项目93家、投资总额39.98亿元。

（五）群众参与是合力

在向现代化迈进的进程中，人的现代化是一个关键的因素，而我国最多的人口是农民，农民的现代化与否将最终影响我国的现代化进程。践行共同缔造理念，搭建更丰富便利的平台，深入践行全过程人民民主，引导广大群众转变思想观念，树立主人翁意识，成为和美乡村的共同缔造者，进而促进农民的现代化和乡村治理的现代化。老河口市将每月最后一个周五定为本市的"村庄清洁日"，推进村庄清洁行动常态化开展，2023年3月老河口市荣获2022年度全国村庄清洁行动先进县市。共同缔造深入开展，成立以基层党组织牵头的村级自治组织、兴趣小组、集体经济组织等平台70余个，让群众参与基层事务管理。在试点村带动下，全市255个村（社区）成立了义务巡逻队、互助小组等1300余个自治组织，8000余名志愿者常态化参与基层治理，通过开展美丽庭院、道德模范、文明户等评选活动，邀请老党员、乡贤、热心群众等不同群体参与打分，有效增强了人民群众参与建设和美乡村的积极性、主动性。

（作者：王晶晶，中共老河口市委党校；黄施施，中共老河口市委党校；肖丰，中共老河口市委党校）

因地制宜谋发展
共同富裕筑梦来

——谷城县堰河村以特色产业实施乡村振兴的实践与探索

【引言】产业兴旺是乡村振兴的重要基础，是解决农村一切问题的前提。党的二十届三中全会强调，壮大县域富民产业，培育乡村新产业新业态。运用"千万工程"经验，健全推动乡村全面振兴长效机制。2024年1月，中共中央、国务院出台《关于学习运用"千村示范、万村整治"工程经验有力有效推进乡村全面振兴的意见》，明确指出要提升乡村产业发展水平，促进农村一二三产业融合发展，有力有效推进乡村全面振兴。我国有56%的人口生活在山区，偏远山区村如何在乡村全面振兴中不掉队，走出一条符合自身地域特色和资源禀赋的实践路径，对实现山区高质量发展、推进全体人民共同富裕的中国式现代化具有重要意义。

【摘要】30年的团结奋斗，堰河村从普通的偏远小山村蝶变为乡村旅游业的国家AAAA级景区、国家级生态村（2011年）和全国乡村治理示范村（2019年），蹚出了一条"走绿色路、吃生态饭、挣环境钱、发旅游财"的山区可持续发展之路。堰河创造了从"一方水土难养一方人"到"一方水土富裕一方人"的发展奇迹，它的实践路径与千万工程乡村产业振兴经验不谋而合，为全国偏远山区村探索乡村产业振兴提供了典型示范。

【关键词】堰河村　乡村振兴　实践探索

一 背景情况

　　堰河村地处襄阳市谷城县五山镇西南山区，版图面积16平方千米，山区面积占比80%，有"八山半水分半田"之称，距县城车程近1小时，是典型的偏远山区村。20世纪90年代，堰河村一直是耕地少、无产业、收入低、村集体负债的状况，村民们出行靠双脚，吃粮靠供应，用钱靠砍山，住房"干打垒"。在30多年的艰苦奋斗中，村集体和全村村民坚持因地制宜、茶旅融合、商业强村，让堰河从负债20多万元的偏远贫困山村发展成为如今村集体资产累计超亿元、村年总收入达到322万元、农民人均年纯收入达到3.8万元的富裕村。

二 主要做法

　　牵住乡村产业振兴的"牛鼻子"，着眼构建现代农业产业体系，堰河村以做好优势产品、培育特色旅游、推动农村流通、壮大集体经济的发展方式，走出了一条农文旅融合的绿色发展之路。

▲ 堰河村整体面貌

（一）建基地，育龙头，做好优势产品

一是做大农产品基地建设，形成布局合理的茶园基地。堰河村根据自身山多田少、山高水优的独特优势，经考察气候、土壤等条件，确立发展茶叶产业。全体村民用5年时间开辟茶园1200亩，将荒山变茶园，初步形成布局科学的茶园基地。二是培育茶业龙头企业，推动产品升级。村集体经过统筹谋划，实施土地流转，让专业龙头户承包经销（如天艺茶庄），实行"统一施肥、统一修剪、统一防控、统一采摘、统一收购"的茶园管理模式。不断改革创新，引进生物技术和无性繁殖技术，全村1200亩茶园已有600亩实现了有机化生产，茶产业从面积扩张转向了技术增产，走上了发展有机茶、提升茶品质的新道路。三是发展土特产品牌，推进农产品生产加工协同发展。村集体引导村民充分利用山地资源和生态优势，大力发展特色林下经济。积极对鸡蛋、家禽、药材、山菜等加工改造，制作成堰河特色的炭灰鸡蛋、腊味蹄子、小菜等供游客购买，实现就近就地转化增值。采用市场化运作模式，注册"堰河香"进行品牌营销，从提篮小卖到品牌销售，实现农产品年销售额3600万元，年人均获纯利增幅1000元以上。下一步，堰河计划将旧学校改造成"堰河香"农产品精深加工基地，继续为产业发展夯实基础。

（二）抓基建，寻文化，发展山区旅游

一是完善乡村旅游基础设施。针对堰河村与县城通信不畅，路途遥远，山路崎岖，产品出村难，人员进村难的情况，村两委带领党员多方谋划，争取通信设施，为了让村民过个好年，寒冬腊月栽杆架线。积极选址修山路，抓住"村村通"工程示范乡镇的机遇，先后硬化道路38千米，实现了组组通水泥路。整治卫生，开展绿化，集中地段安装太阳能路灯和多功能垃圾箱，让偏远山村秀起来、亮起来。二是打造乡村旅游特色民俗园。自基础设施完善后，各地游客纷至沓来，更有不少单位把堰河村列为党员

干部教育培训基地。山区偏远不便，游客们累了渴了需要有歇脚和吃饭的地方。奋进务实的村两委敏锐察觉到了新机遇，通过到神农架、河南学习，开始筹办农家乐。2005年，堰河村第一家农家乐"银杏山庄"正式对外营业，经济实惠的价格、地道醇香的农家风味，让前来考察的学员、观光的游客赞不绝口。2006年底，银杏山庄正式被湖北省旅游局评为全省首个"星级农家乐"。自此，堰河村以农家乐为起点，接连打造民俗园一期、二期、三期工程，不断提高山村民宿餐饮品质，实现规范发展。三是创办乡村文化精品活动。堰河村借机实施乡村文旅深度融合工程，编演具有山区特色的竹竿舞、茶舞，依托茶山，开发了茶文化观赏活动和茶文化体验活动。依托本地优秀乡风民俗，开发出年俗文化节、百家宴、乡愁年货节等大型娱乐活动，进一步延长生态旅游产业链，形成了"茶叶＋旅游＋文化"的深度融合发展模式，打造了茶色生香游、田园风光游、道乡寻踪游、红色教育游4条精品旅游路线。

（三）做电商，兴冷链，开通山村物流

一是抢抓农村电商发展新风口。为打响品牌求特色，让"堰河香"走出大山，村里大力实施电商高质量发展工程，开展乡村土特产网络销售。以市场为导向，积极转变销售方式，率先搭建电商平台，充分利用抖音、快手等，打造"网红"线上销售渠道，抓住农旅博览会、党员干部培训教育等活动机遇，开展直播带货、公众号宣传等新模式，让"农民变网民，农田变仓库，手机变农具，直播变农活"。广泛销售各类土特产品，多种方式加大旅游宣传，打造了"数商兴农""电商＋旅游"的新发展模式。二是实施冷链物流设施建设工程。村两委统筹规划，分级布局，通过盘活闲置土地，在生产加工一线建设小型分散冷藏库，用于储存保鲜农产品原材料和加工制成品，确保农产品产销对接通畅，保障了春节前后每天3辆满载"堰河香"的货车将农产品运往全国各地，实现了供应链稳定可靠。据

统计，仅2024年开年几天，堰河生态旅游经济合作社已发货4586单。三是贯通乡村物流配送全体系。堰河逐步建立县、乡、村三级物流配送体系，在县里设置"堰河香"线下店铺，在乡里建立寄递物流服务点，在村里成立2个快递配送网点，与菜鸟驿站、邮政等多家快递公司合作，便利村民寄送收货，搭建起乡村物流配送"最后一公里"，有效推进了山村的商业体系建设。堰河村持续不断推进"农特产品＋直播电商＋快递物流"融合发展，不仅解决了村里优质农产品销售难的问题，还进一步激发了农村的消费潜力。

（四）强改革，延产业，实现富民增收

一是建立新型农业经营关系。为激发产业活力，堰河村积极改革创新，成立生态旅游经济专业合作社，实施专业化管理方式，坚持"统分结合"原则。以股份合作为主，村民拿自有资金入股，每股500元，首期融资60万元，统一发展生态旅游和开发旅游产品。同时，鼓励农户开发特色菜品，吸引游客稳定流量，对接待的团体游客实行轮流派单制，不断激发农户内生动力。经过探索经营，堰河生态旅游经济专业合作社固定资产已达到8000万元，拥有成熟的"合作社＋产业＋农户"的发展模式。如今，堰河村农户已全部入股，每股收益率达到55%（见表1），易地搬迁户、五保户、贫困户同样可以享受无偿配股，通过设立公益性岗位等形式保障应有利益。二是持续壮大富民增收产业。村集体支持农户发展特色种养、手工作坊等家庭经营项目，成功开发杜仲、板栗、松杉等经济林3000余亩，不断延长农业产业链。健全土地流转机制，建设猕猴桃基地，开办茶艺馆、奇石馆、画室、咖啡馆等特色场所。经过强化产业发展，联农带农，合作经营，堰河实现了"户户有项目、人人有事干、个个有钱收"的可喜成效。农民人均年纯收入从2000元增加到38000元（见图1），村集体年收入从负债增长到322万元（见图2），对比五山镇村民平均收入和村集体经济收入水平，堰

河村的产业发展极大地改善了群众的生产生活条件，增强了群众的获得感、幸福感。

表1 堰河村生态旅游经济专业合作社发展情况

时间（年）	分红比例（%）	入股户数	每股价值（元/股）
2007	15	25	500
2010	35	75	500
2013	50	175	500
2020	55	303	500

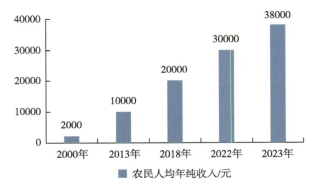

图1 2000—2023年堰河村农民人均年纯收入

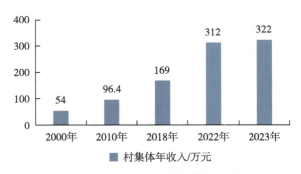

图2 2000—2023年堰河村集体年收入

三 工作成效

堰河村坚持创新发展，改革突破，走出了一条产业兴农、品牌强农、强村富农之路，形成了一批可复制推广的乡村产业振兴的标志性经验。

（一）培育特色农产品，解决产业有没有

偏远贫困山区从一穷二白起家，率先要解决的就是产业"有没有"的问题。堰河村抓住当地气候、土壤特点，引导村民因地制宜开垦茶园、种植茶叶、发展林下经济，培育特色农产品。首先，解决底子薄、无产业、收入差的问题。其次，不断夯实产业基础，做大做强茶园建设，积极探索和开发自身潜在优势，发展有机茶，提升茶品质，培育多个龙头企业，促进全产业链发展。最后，搭建产业发展平台，树立品牌意识，提升产品知名度和市场占有率，使乡村特色农产品成为农民的致富增收密码。

（二）推动山村农文旅，解决产业优不优

偏远山村想要长期可持续收益，必须形成强有力的现代化产业体系，解决产业"优不优"的问题。堰河村以茶为引，通过治理荒山、修通山路、美化环境、完善公共设施，让堰河茶叶走出大山，堰河土特产美名远扬。结合山区特色，推进生态农业与乡村旅游相结合，打造山区休闲旅游，挖掘地区文化，丰富旅游文化内涵，推动山村农文旅产业深度融合，形成一二三产业协同发展的良好局面，实现产业从"有没有"到"优不优"的转变。

（三）发展山村流通体系，解决产业走出去

要将偏远小山村的消费小需求变为全国消费大需求就必须发展山村流通体系，解决走出去的问题。堰河村紧跟时代，推动农村流通高质量发展，逐步发展物流网络、商贸网络和冷链网络，通过数字技术赋能乡村振兴，广泛使用数字媒体平台拓展产业发展空间。借助线上线下的流通体系，让堰河村土特产品、旅游资源、山区民俗文化传播不再局限于实体空间，实现走出县城、走到全省、走向全国。

（四）创新山村集体经济，解决产业为富民

产业发展的最终目的是实现全体人民共同富裕，偏远山村在全面推进乡村振兴中更要跑出"加速度"。堰河村始终围绕农民增收致富做文章，善于抓住机遇，积极响应国家号召，创新集体经济模式。建立生态旅游经济合作社利益共同体，通过收取土地流转金、土地承包费、品牌销售、合作社分红留存等，实现村集体发展壮大；通过股份分红、农家乐、民宿家庭自营、电商直播、合作社轮流派单等，实现个体持续增收，让全体村民过上了幸福生活。

四 经验启示

我国山地区域点多面广、区位约束程度高、产业发展效能较低、生态治理难度较大，要实现乡村全面振兴，推进共同富裕的中国式现代化必须解决好山区的发展问题。总结堰河村的实践经验，形成以下经验启示。

（一）加强党的全面领导，确保乡村振兴方向

党的农村政策是"三农"工作的风向标，一般包含有配套的支持措施，学好用好落实好党的农村政策，可以给当地经济社会带来显著的变化。同时，只有积极作为的地方，才更容易得到政策的青睐和扶持。因此，推进乡村产业振兴，必须积极主动、快速贯彻党的农村政策，把党的政策转化为乡村振兴的生动实践。加强党的农村工作组织建设，充分发挥农村基层党组织的领导作用，定期研究乡村振兴工作，把主要精力放在"三农"工作上，发挥好基层党组织的战斗堡垒作用，为乡村振兴提供坚强的组织保证。

（二）推进乡村建设，夯实乡村振兴基础

坚持实用性村庄建设规划，狠抓乡村"硬件"建设，统筹推进空间规

划、产业规划、土地利用规划、生态保护规划等多规融合，强化山村路网、绿化、供电、通信、给排水、污水处理等基础设施，为乡村产业发展、村集体管理、村民自治夯实基础。完善农村公共服务体系，着力实施农村垃圾治理、污水处理、厕所革命、村容村貌提升"四大工程"，持续推进农村人居环境整治，同时因地制宜合理配置乡村两级医疗卫生资源和教育资源，做好社会保障服务。持续开展山村生态文明建设，坚持"原真性保护、原特色利用、原居式开发、原村庄提升"的基调，做好农业资源环境保护和乡村优秀传统文化的传承与创新。

（三）促进产业融合，激发乡村振兴活力

一二三产业深度融合是乡村产业发展的必由之路。针对山地区域特点，在坚持生态保护的基础上，要善于整合山水特色、绿色康养、地区文化等资源，着力推动乡村产业振兴的新业态发展。做好"农业+制造"文章，推动农产品加工业优化升级，培育龙头企业，塑造特色品牌，打造完整产业链。做好"农业+旅游"文章，向绿色生态要红利，着力培育集"吃住行游娱购"于一体的旅游综合体，整合周边资源，打造全域生态旅游。做好"农业+文化"文章，发掘地方文化资源，策划系列赛事活动，拓宽以赛事促产业、以活动促产业的新发展思路。做好"农业+互联网"文章，大力推进数字经济，开展农村商贸物流体系建设，解决产品出村难、进城难问题。做好线上零售，参与电商直播，用数字赋能土特产品，激发产业发展活力。

（四）创新机制模式，实现农民增收共富

强化农村改革创新，积极开展实践探索和制度创新，不断挖掘乡村振兴潜力。缔结灵活可靠的集体经济利益链，通过构建政府主导、村集体协助和企业、村民共同参与的格局，搭建公平合理的利益分配机制，实现共建共管共享。大力发展集体经济，提倡合作社、家庭农场等新型农业经营主体，坚持集体增富与农民增收一起抓。强化产业发展联农带农，支持农户发展特色种养、手工作坊、林下经济等经营项目，促进企业和农户在产业链上优势互补、分工合作。健全涉农企业扶持政策与带动农户增收挂钩机制，发展农业产业化联合体，让农民更多参与产业发展、分享产业增值收益，实现山区绿色资源和绿色资产的互促转化，不断提高农民的获得感、幸福感。

（作者：胡玲，中共襄阳市委党校；张鸣，中共襄阳市委党校）

发展新型农业主体
破解"谁来种地"难题

——襄阳市襄州区培育新型农业经营主体的实践与探索

【引言】党的二十大报告指出，要加快建设农业强国，扎实推动乡村产业、人才、文化、生态、组织振兴。全方位夯实粮食安全根基，全面落实粮食安全党政同责，牢牢守住十八亿亩耕地红线，逐步把永久基本农田全部建成高标准农田……确保中国人的饭碗牢牢端在自己手中。

【摘要】襄州区是全国有名的粮食生产大区和油料大区。近年来，随着经济社会发展和城镇化进程加快，我国农村空心化、农民老龄化、农业兼业化趋势越发明显。围绕剖解"谁来种地"和"怎样种地"的时代命题，应大力培育专业大户、家庭农场、农民专业合作社和农业龙头企业等新型经营主体。在保障这些经营主体发展机会和应得利益的同时，充分发挥其在带动农民增收、促进农村经济发展上的独特作用，建立更加灵活多变的生产经营模式，建设更加规范化的农业经营主体，提升农民种粮积极性，加大农业新人的培养力度。

【关键词】襄州区　农业主体　种地

一　背景情况

"大国小农"是我国的基本国情农情，也是我国农业发展需要长期面对

🅐 襄州区朱集镇雷庄村汉江绿谷辣椒基地

的基本现实。当前，从市场需求来看，老龄化、兼业化引发农村劳动力短缺，在全面推进乡村振兴和加快农业农村现代化的大背景下，"谁来种地"这个多年来盘旋在现代农业出路问题上的时代之问显得更加突出。

（一）农民进城，留守老人成种田主力

襄州区11个农业镇，总人口61.9万人；农户17.5万户；乡村劳动力40.9万人；乡村从业人员36.1万人，其中，农业从业人员12.8万人，占总人口的20.6%。目前，乡村劳动力逐渐向着老龄化迈进，随着经济社会发展和城镇化进程加快，全区80%的劳动力为农村的留守老年人，他们的年龄居高，年龄在60～80岁，虽然经验比较丰富，但在体力上存在很大不足。如张家集镇何岗村八组章根成一家5口人，子女均在樊城工作，家有16亩地。因体力不足、精力不够，章根成将其中13亩地按照800元/亩的价格流转至幸达鑫农场，自留3亩用于生活口粮。据其介绍，在该村，50多岁就是最年轻的劳动力；20%的劳动力为中年夫妇，这些人大都在60岁左右，由于种种原因不能外出打工，只能利用农闲就近择业。

（二）劳力外流，土地流转呈大势所趋

随着工业化、城镇化的深入推进，城乡收入差距不断扩大，城市凭借着对农村的相对优势吸引着农村人口不断流向城市，当代农村渐渐呈现出资本与劳动力净流出的现象，加之城乡户籍制度差别待遇、农村教育形势严峻等原因，越来越多的年轻人选择在城市落户安居，在家务工的年轻人越来越少，绝大多数新生代进城后不愿意再回农村种地，且具有代际传递的效应，农业经营主体的后继人才缺乏。伴随着进城人员的逐渐增多，在农村劳动力严重不足，大多数人选择将耕地进行有偿转让，既避免了土地撂荒，又增加了一定收入，可以说，土地流转势在必行。同时，经过几年的发展，土地流转逐步由低收入向高效益转变，越来越多的农民更倾向于将土地流转，据农业农村部门介绍，在土地二轮承包时，农民流转土地是为了规避税费，很多土地撂荒无人耕种。随着农业费税取消，农户的土地流转收益逐年攀升，流转价格从当初无偿代耕，到目前每亩500～1000元，越是种植条件优越、效益高的地方的流转价格越高。

（三）因势利导，新型农业经营主体逐渐兴起

农民承包地"三权分置"改革激起了农业生产经营模式的变革，随着农业结构调整和效益农业的发展，以托管、流转形式集中土地的速度正在加快，一些原来的种养大户扩大了经营规模，新的专业大户不断涌现。同时，还产生了一批新的农业生产经营主体，农业龙头企业、农业合作社、家庭农场等新型农业主体顺理成章成为流转土地的受让主体，变身农业生产"主力军"。

二 主要做法

随着农村人口的转移，谁来种地、怎么种好地成为急需解决的问题。习近平总书记指出："发展多种形式适度规模经营，培育新型农业经营主

体，是建设现代农业的前进方向和必由之路。"①近年来，襄州区围绕剖析"谁来种地"和"怎样种地"的时代命题，大力培育专业大户、家庭农场、农民专业合作社和农业龙头企业等新型经营主体，激活了现代农业的"一池春水"，为"三农"工作提供了一些借鉴和参考。

（一）农业生产托管：专业的人干专业的事

近年来，襄州区在不流转土地经营权的情况下，将耕、种、防、收等部分和全部作业环节委托给社会化服务组织，让专业的人干专业的事。目前，张家集镇双丰收农机专业合作社吸纳社员158人，拥有农机454台（套），作业范围覆盖30多个乡镇，共计托管9万余亩田地。通过农机服务组织统一采购农资，降低了生产资料价格和种粮成本；统一除草、防虫、防病的标准，规范使用农药，既降本又有利于生态安全；统一作业集中连片的规模化作业，降低农机作业成本；统一指导让种植更科学，管理更精细，能普遍提高单产。

现阶段，襄州区部分乡镇合作社按照农户的不同需求，确定了3种托管方式：一是全程托管，合作社为农户提供耕、种、收、管、售等系列服务，服务费在粮食收购时结算。二是劳务托管，农户将农业生产过程中的全部劳务项目委托给合作社承担，农户负责种子、化肥、农药、水电等全部投入。三是订单托管，农户将农业生产过程中某个时段的劳务项目委托给合作社，合作社按劳务项目获得报酬。"三道菜"端出来后，农户根据自家情况"点菜"：一部分老年农民选择劳务托管；有劳力、有技术的农民选择订单托管；更多农民选择全程托管。

（二）智慧机器换人：农机耕作解放劳动力

伴随着乡村振兴步伐的加快，物联网、云计算等前沿科技不断应用于

---

① 《习近平谈治国理政》第二卷，外文出版社2023年版，第85页。

农业领域。以无人作业等为代表的数字化、智能化技术纷纷从实验室走到田野，既能助力农业标准化、集约化生产，又为解决"谁来种地"提供方案，成为长远破解农业劳动力老龄化问题的有效对策。近年来，襄州区大力发展"智慧农业"，以新技术、新模式、新业态为抓手，用现代农机装备和技术支撑粮食安全和农业发展，在希望的田野上播撒"科技种子"，让农民从"会"种地到"慧"种地，保障粮食安全，助力乡村振兴。目前，全区农机总动力147.2万千瓦，保有量10万多台。拥有拖拉机80449台，其中，大中型10459台。联合收割机4868台，插秧机2016台，北斗卫星定位终端715台。全区农机"三率"达99%，主要农作物耕种收综合机械化作业率达92.1%。小麦、水稻、玉米等作物实现了全程机械化。可以说，没有农业机械化，就没有现代农业生产，更没有农业农村现代化。

（三）现代农业领航：以市场为导向深耕细作

襄州区坚持在城市化和农业现代化的过程中加强农业适应能力的建设，用现代工业装备农业，用现代科学技术指导农业，用现代管理经验管理农

⚓ 襄州祥瑞丰农机合作社机械化耕作

业，并优化传统农业。

一是以企业集聚与产业集群的叠加效应强化建链延链。全方位布局、一体化推进农业产前、产中、产后各环节，依托经济技术开发区、襄阳农产品加工产业园两大园区，紧盯主导产业、优势产业、潜力产业，打造一批具有竞争力、影响力、支撑力的产业集群、产业基地。形成以正大食品、康福达肉食品为主的畜禽水产品加工集群，以襄阳孔明菜、程河柳编为主的传统特色精深加工集群。2020年，实现农产品加工产值293.5亿元，占规上工业总产值的31.8%。二是以特色产业与龙头企业的品牌效应实现强链固链。聚焦以正大为龙头的生猪产业全产业链、以鲁花为龙头的花生精深加工产业链、以丰庆源为龙头的小麦精深加工产业链、以乐峰为龙头的稻米精深加工产业链、以盼盼食品和卧龙锅巴为龙头的休闲食品加工产业链，建立重点产业链链长制。多层次实施"襄州精品名牌农产品"发展战略，打造一批具有一定知名度和影响力的品牌。三是以科技创新与业态更新的互动效应推动稳链补链。

坚持科技兴农战略，以襄阳国家农业科技园区为载体，大力推进襄阳中泰产业园和"一园一院"等农业产业项目建设，积极提升农业的生产性服务水平。目前，已培育涉农高新技术企业7家，建成院士（专家）工作站6个、省级农业科技创新示范基地1家、省级校企共建研发中心4家、省级"星创天地"1家。同时，精心培育程河柳编、黄龙冬桃、龙王樱花等城郊农业产业。2021年，全区休闲农业经营主体达380家，接待量100多万人次，综合收入20余亿元。

🔵 三 经验启示

农业人口减少已成必然趋势，与之伴随的是各地正在蓬勃发展的新型农业生产经营主体。不仅促进了农业科技推广，助推了耕作技术进步，更延长了农业产业链，增强了农民在市场中的议价权，提升了农业比较效益，从而将生产要素源源不断地引向农业。由此可见，以专业合作社为代表的各种合作组织的出现，解决的将不仅是"明天的耕地谁来种"的问题，更重要的是还能解决"怎样把地种得更好"的问题。

（一）既要"做大蛋糕"，又要"放大效应"

近年来，各类新型农业生产经营主体大量涌现、发展迅猛，为现代农业发展提供了重要支撑。如何在保障这些经营主体发展机会和应得利益的同时，引导他们在农业农村现代化中发挥更大的引领作用，实现"做给农民看，带着农民干""点燃一盏灯，照亮一大片"的社会效应，特别是壮大当地集体经济，是一项值得深入研究的重要课题。在具体实践中，襄州区伙牌镇伙牌社区、程河镇乔庄村、黄龙镇刘岗村等部分村探索出了村企、村社合作共赢的发展模式，是一种有意义的尝试。但必须清醒地认识到，新型农业经营主体是在市场力量的主导下成长起来的，追求经济利益才是其固有的本质特征，要充分发挥其在带动农民增收、促进农村经济发展上的独特作用，必须加以正确引导。尤其是镇一级政府要在其中有所作为，要把农民是否增收、当地村集体经济是否得到实惠作为衡量新型农业经营主体发展成效的重要标准，引导企业与村集体以及农民之间建立更加多元、更加紧密、更加完善、更加稳固的利益联结机制，让当地村集体、农民能够更多分享到发展的增值收益。

（二）既要"种好科技田"，又要"延伸价值链"

当前，土地规模经营发展的速度越来越快，但是在加速聚集的同时，也正在孕育着诸如自然、市场、投资、管理等方面的风险，特别是农业"靠天吃饭"的状况依然没有得到较大改观，遇上天干雨涝、疫病袭击等自然灾害，将生产作为主导业务的新型农业经营主体很可能就会"血本无归"。在调研中发现，以穗岁丰合作社、绿谷丰合作社、幸达鑫家庭农场为代表的部分生产型新型农业经营主体，能够主动提升种植科技含量，拓展业务范围，取得了较好的收益。但在新的发展形势下，新型农业经营主体要想发展，就不能只盯着"一亩三分地"增产量，还要抬头看市场扩销量，打造抗风险能力更强的全产业链，通过品牌塑造和市场营销，获得溢出效益。同时，政府部门也要加强引导，着力支持新型农业经营主体建立更加灵活多变的生产经营模式，帮助新型农业经营主体理顺市场联结环节，全力促进"种养+产+销"，农工贸一体化发展。

（三）既要"立足当下谋"，又要"着眼长远抓"

在调研中发现，新型农业经营主体发展总体态势良好，但在发展过程中，不同程度存在着发展不规范的问题。特别是部分合作社和家庭农场运作管理水平不高、财务管理不规范、资金运行不透明、内部监督机制不健全、利益联结不紧密等问题还较为普遍。随着乡村振兴战略的深入实施，规范化建设必将成为新型农业经营主体可持续发展的"生命线"。政府部门特别是农业农村部门要主动发挥作用，积极争取各级财政资金对规范化工作的支持，做实农民合作社示范社、家庭农场示范场、农业示范服务组织、农业产业化示范基地等创建活动，通过示范带动引导各类新型农业经营主体规范、健康发展。对于有产业、有阵地的，主动引导其依照章程加强民主管理、民主监督，使用规范的生产记录和财务收支记录，提升标准化生产和经营管理水平；对于不经营、不服务、不按章程规范运作的，加强督促检查，提出整改意见，促其规范发展，拒绝整改的，坚决将其清理出去，以促进新型农业经营主体健康有序发展。

（四）既要"提升积极性"，又要"培育新农人"

在大力发展新型农业主体的同时，也要重视普通农户的生产发展，千方百计增加农民务农收入，提升农民种粮积极性，遏制农业接班人危机。一要富裕农民，让农民有动力、让农业有盼头。应进一步加大对农业补贴和保险的投入，既要适时增加补贴金额总量，扩大补贴范围，加大补贴力度，逐步完善农业保险制度，又要持续释放国家扶持粮食生产和保障粮食安全的信号，确保农民收入的提高，以缩小在家务农与外出务工的收入差距。二要传授技术，让农民有能力、让农业有后劲。与传统农民不同，新型农民不仅要有文化、懂技术、会经营，而且要深度参与市场竞争。应加大农业职业教育和技术培训力度，把培养青年农民纳入实用人才培养计划，让更多大中专院校特别是农业院校毕业生扎根农村，才能造就宏大的新型农民队伍，确保农业后继有人。三要扶持农民，让农民有定力、让农业有保障。农业面对自然灾害和市场波动双重风险，政府的支持、保护必不可少。尤其针对农业投入难、融资难等现实问题，需要加大农业投入力度，建立适合农业农村特点的金融体系，为农业发展开辟新的融资渠道。以良好务农条件和环境抗风险、增动力，是稳定务农预期、提振种地者信心的基础。

（作者：杨可芒，中共襄州区委党校；王拓进，中共襄州区委党校）

以思想之变求自我变革
孕育高质量发展新动能

——襄阳高新区推进新质生产力发展的实践与探索

【引言】党的十八大以来，中国经济发展理论概念持续演进，从"新常态"到"高质量发展"，再到"新质生产力"，这些概念不仅反映了中国经济发展的阶段性特征，也体现了中国经济在转型升级过程中的不断探索和创新。新质生产力是创新起主导作用，摆脱传统经济增长方式、生产力发展路径，具有高科技、高效能、高质量特征，符合新发展理念的先进生产力质态。新质生产力的提出是对国内外发展格局与环境动态变化的深刻洞察、积极适应以及前瞻引领的体现，既标志着经济发展的一个重要历史转折点，也预示着新的增长动力与模式的开启。

【摘要】襄阳高新区是1992年11月经国务院批准成立的国家级高新区，经过30多年的发展，现已形成"一城两区三园"的空间发展格局。从建区之初借"东风出山"、三线军工企业转迁集聚的机遇而迈入汽车和装备制造产业，到后来随着新兴产业逐步崛起，襄阳高新区形成了汽车产业、高端装备制造产业、新能源新材料产业、电子信息产业、生物医药大健康产业、节能环保产业、数字经济产业、高端服务业八大主导产业，其中，汽车产业年工业总产值过千亿元。襄阳高新区始终坚持抓住"新机遇"，加快推动现代产业体系建设；用好"新抓手"，探索提升科技创新能力；发展"新变量"，不断优化产业集群布局；抢占"新赛道"，积极培育战略性新兴产业。

经过几年的探索与实践，取得了显著成效，积累了宝贵经验。创新驱动，传统产业蝶变新生；换道领跑，新兴产业蓬勃发展；节能降碳，绿色发展步履坚实；精准招商，重大项目接踵而至；改革开放，外向经济势头良好。

【关键词】襄阳高新区　新质生产力

一　背景情况

新质生产力反映生产力的新性质、新质态。发展新质生产力从一定意义上说是新旧动能的转换。新质生产力概括为新科技、新能源和新产业，以及这3个方面融合发展的数字经济。发展新质生产力的现实途径是科技创新和产业创新在深度融合中发展新兴产业和未来产业，这是中国式现代化所要建设的现代化产业体系的核心内容。当前，新科技和产业革命提供的产业基础是数字化和智能化。新质生产力催生的战略性新兴产业，是新兴科技和新兴产业的深度融合，超前部署和培育未来产业也就是培育和发展新质生产力。适应新质生产力的生产关系突出在建立人才高地，集聚高端创新人才，突出科技企业家的作用。相应地，建立激励发展新质生产力的体制机制，建立科技和产业融合的创新高地。

新质生产力自2023年首次提出，已逐渐成为推动经济发展的核心动力。近年来，各地在推动新质生产力的发展上取得了显著成效，但也面临一些问题和挑战：一是产业转型升级步伐较慢。现有支柱产业（燃油汽车）仍面临较大困难，新能源汽车产业起步较晚、相对优势不足；新兴产业普遍存在产业结构缺陷、龙头企业欠缺等问题，难以承担支撑经济增长的重任。二是供应链体系建设尚不成熟。产业发展存在短板，关键核心技术、高精尖产品供应能力不足，近地化配套率不高，未形成高效协同、自主可控的供应链体系。三是创新能力仍需加强。在核心技术研发、科技成果转化等方面仍有较大提升空间。部分企业在创新投入、人才引进、知识产权保护等方面存在不足，制约了新质生产力的快速发展。四是空间协同联动不够紧密。各类交通运输组织形式空间布局分散，协同联动不足，集约化程度不高；行业发育自发性特点突出，缺少统一规划，公路物流园区"小、散、乱"特征突出，区域性的综合性物流运输企业布局较少，许多专线运输企业零散分布，公路、铁路运力资源集聚效应差。

🔵 二 主要做法

　　襄阳高新区经过31年的发展壮大，已经成为襄阳市经济的主支撑、创新的主引擎、改革的主阵地、开放的主窗口。2023年，全区地区生产总值同比增长5.4%；规模以上工业总产值同比增长4.5%，占全市的比重从2022年的42%提高到2023年的49.4%，工业经济支撑起全市"半壁江山"；固定

🔵 比亚迪襄阳园区一排排智能机器人正在紧张地作业

资产投资同比增长6.8%；社会消费品零售总额同比增长11%。现有各类市场主体8.9万家，其中，企业3万家；"四上"企业1191家；上市公司9家，占全市六成。在全国177个国家级高新区中综合实力排名第34位，在汉江流域8个国家级高新区中排名第1位。

（一）创新驱动，传统产业蝶变新生

高新区依托科技创新，持续提升驱动力、竞争力、影响力，让传统产业焕发生机与活力。一是加快培育优质企业。不断加大优质中小企业培育力度，积极构建全生命周期梯次培育体系。我区规上工业企业中，高新技术企业198家，占比50.6%；国家级专精特新"小巨人"企业20家、省级专精特新中小企业95家，均居全市第一。中航精机、航宇嘉泰、惠强新能源等27家企业入选2023年湖北省科创"新物种"瞪羚企业名单，全区科创"新物种"瞪羚企业达到48家，入选企业数连续3年蝉联全省高新区第二。

▲ 东风股份轻卡总装车间机器人机械臂正在组装轻卡车辆

二是积极搭建产学研平台。高新区拥有各类省级以上科研平台131家，其中，国家级平台19家，省级平台112家；湖北微伞医疗科技公司生物样本库获批科技部人类遗传资源保藏行政许可，成为襄阳市首家具备人类遗传资源保藏资质的单位。隆中创客空间入选国家众创空间，成为当年全市唯一获批的国家众创空间。三是不断提高自主创新能力。高新区支持企业强化自主创新，打好关键核心技术攻坚战，推动原创性科技创新成果竞相涌现，不断形成产业发展新优势、新动能。回天新材研发的锂电池电芯负极用胶，首次实现了国产胶在锂电池领域的核心应用；汇尔杰参与研发的玄武岩纤维，应用于嫦娥六号月面展示的"石头版"五星红旗材料。

（二）换道领跑，新兴产业蓬勃发展

高新区加强前瞻布局，瞄准新兴产业，推动前沿科技成果产业化，为经济发展注入新活力。一是实施强链工程，促进战略性新兴产业扩能提质。围绕全市"144"产业集群，立足《襄阳高新区管委会关于建立高新区八大主导产业高质量发展工作机制的通知》，大力推进补链延链强链工程，着力打造汽车千亿级产业，做大做强生物医药、节能环保和现代服务业，加速构建现代化产业体系。在推动汽车及零部件产业发展的同时，突破发展新兴产业。2023年，以汽车产业为主导的高新区八大产业（六大制造业产业）全年产值同比增长6.4%，高于全区增速1.9个百分点，其中，汽车产业产值同比增长6.9%；装备制造、节能环保2个产业产值分别同比增长13.5%、22.4%。二是加快补齐短板，促进现代服务业突破性发展。制定出台《关于进一步支持高新区现代服务业高质量发展的若干意见》，建立服务业企业成长壮大梯次培育计划，做到成熟一批进规一批，为"四上"企业队伍不断注入新鲜血液。围绕襄阳达安汽车检测中心，打造全省服务业"五个一百工程"重点项目；立足区位优势及产业集群发展基础，创建新能源与智能网联汽车制造和服务全链条产业集群，促进生产性服务业加快发展。三是

聚焦数字赋能，促进数字经济加速崛起。目前高新区5G基站数量突破1000个，已实现重点区域5G信号全覆盖。深入实施制造业智改数转提质工程，推动企业上云用数赋智。2023年，深入实施智能制造工程，组织29家企业开展智能化诊断服务，指导重点企业加快数字化生产线、数字化车间、智能化工厂的改造步伐；高新区美利信、新火炬两家企业获评国家级工业互联网平台；东风汽车股份有限公司等2家企业入选国家级2023年5G工厂名录；新增省级两化融合示范企业5家、省级5G全连接工厂企业3家、省级工业互联网平台企业1家，数量稳居全市第一。

（三）节能降碳，绿色发展步履坚实

高新区坚持走绿色低碳转型发展之路，围绕实现"双碳"目标，着力降碳、减污、扩绿，建立节约资源和保护环境的产业结构、生产生活方式、空间格局，推动产业可持续高质量发展。一是引导主导产业绿色改造。推进汽车及零部件产业低碳化发展，鼓励东风股份、风神等龙头企业牵头组织汽车节能环保技术攻关，突破整车轻量化、混合动力总成、高效内燃机、尾气处理装置等关键技术。二是推动低碳产业发展壮大。依托骆驼股份、大力电工、追日电气等行业领军企业，打造先进储能特色产业集群；依托回天胶业、新华光、汇尔杰等细分领域"隐形冠军"企业，推动回天高端封装和锂离子电池材料、骆驼低碳产业园等"两新"项目建成，为发展循环经济、绿色经济奠定坚实支撑。三是开展重点领域节能行动。实施重点企业能效提升计划，推进东风德纳、襄阳华润等汽车、电力行业重点企业能源管理体系建设，定期开展能源计量审查、能源审计、能效诊断和对标，鼓励企业根据审计结果实施节能技术改造，引导企业部署智能节能系统，推进设备运行、工艺管控、生产流程等方面节能优化。

（四）精准招商，重大项目接踵而至

高新区坚持把项目作为稳增长促转型的动力引擎，围绕产业链谋项目、抓招商、扩投资，用重大项目锻造高质量发展硬支撑。2023年，全区共有157个亿元以上重大项目集中签约、开工、竣工，总投资1221.26亿元。认真落实重点项目服务包保制，全流程、全方位提供服务保障。16个省、市重点项目累计完成投资89.1亿元，超时序进度21.2个百分点。特别值得一提的是，100亿元的比亚迪襄阳产业园自省市签订协议后，全区上下闻令而动、闻令快动，自我革命搞审批，日夜奋战赶工期，推动该项目33天实现"五证同发"、顺利开工建设，刷新了项目建设的"襄阳速度"，树立了襄阳高新区重信践诺的诚信标杆、项目审批流程再造的标杆、特别能吃苦特别能战斗特别能奉献的作风建设标杆和服务企业的"金牌店小二"标杆等"四个标杆"。2022年12月15日，比亚迪第一条产线投产，我区又成功签约比亚迪二期零部件及装备制造项目，交出了一份人民满意、企业点赞、外界感叹的优异答卷。

（五）改革开放，外向经济势头良好

高新区坚持以襄阳自贸片区、襄阳综保区为主体，更好地利用国内国际两个市场两种资源，在开放中降低企业成本、稳定市场预期、促进经济高质量发展。一是深化"放管服"改革。提炼省级第八批制度创新成果，已初步梳理形成54项；知识产权类案件"简案快办"入选全国自贸区改革试点经验，是近3年来湖北省唯一入选成果。襄阳自贸片区制度创新综合指数连续4年在全国内陆地级市片区中位列第一。二是扎实推进"两网建设"。"一网通办"顺利完成，区级政务服务大厅搬迁升级，1233项事项实现无差别受理，可办116个"高效办成一件事"主题；"一网统管"加快应用，区、镇两级城运中心投入使用，硬件标准和体制机制、机构功能整合走在全市前列，聚焦"小而精"开发建成5个应用场景。三是推动外向通道建设。襄阳综保区运营一年来，注册企业达到31家；建好9条国际外向物流大通道，东风新能源汽车整车专列首次发往俄罗斯，跨境电商新业态

强势崛起，累计引进亚马逊、阿里国际站等跨境电商全要素企业157家。

三 经验启示

高质量发展是新时代的硬道理，发展新质生产力是推动高质量发展的内在要求和重要着力点。襄阳高新区在推动新质生产力发展的道路上，不断探索和实践，形成了以下经验启示。

（一）抓住"新机遇"，加快推动现代产业体系建设

现代化产业体系是培育和发展新质生产力的重要载体和平台，新质生产力是现代化产业体系建设的重要动力源，培育和发展新质生产力必须构建与其相适应、相匹配的现代化产业体系。在构建现代化产业体系的过程中，我们应注重产业链的完整性和协同性，推动产业向高端、智能、绿色方向发展。例如，加快企业用数赋智转型步伐，引导企业争创省级以上工业互联网平台、5G全连接工厂等示范项目；构建绿色低碳循环发展体系，建立绿色制造企业培育库，开展"一对一"绿色化改造诊断服务，积极创建省级以上绿色产品、绿色工厂、绿色供应链等绿色制造试点示范等。

（二）用好"新抓手"，探索提升科技创新能力

新质生产力的发展主要依靠以技术和数据等为代表的优质先进要素。科技创新在催生新产业、新模式、新动能的同时，还推动着生产过程的智能化、标准化和高效化。在实践中，我们应注重增强科技研发和成果转化能力，培育创新型人才队伍，推动科技创新与产业创新深度融合。例如，坚持创新驱动，强化核心技术研发，提升产业创新能力，突出企业创新主体地位，注重企业核心技术攻关，夯实产业基础能力，突破一批"卡脖子"难题和共性技术，在省级以上制造业创新中心建设方面实现突破。

（三）发展"新变量"，不断优化产业集群布局

优化产业集群布局是提升新质生产力水平的重要途径之一。我们应注

重结合自身实际的科技创新资源和实力，积极制定现代产业发展规划及其相关政策，因地制宜，发挥区域优势，明确优先发展的产业领域和区域布局，以科技创新引导优质资源要素向优势产业和区域集聚，逐步推动现代化产业集群发展培育，不断优化产业集群布局。例如，发挥产业优势，点对点、针对性开展产销对接活动，着力解决企业供需信息不对称问题，提高近地化配套率；坚持"龙头＋配套"招商思路，聚焦强链壮链补链，建立"产业谋划项目库""招引目标企业库"和"重点在谈项目库"，增强供应链发展主动权等。

（四）抢占"新赛道"，积极培育战略性新兴产业

培育壮大战略性新兴产业是发展新质生产力的核心抓手。我们应注重政策引导和资金支持，推动战略性新兴产业加快发展；推动经济提质增效，培育一批具有核心竞争力的企业和品牌；加强人才的培养和引进力度，为战略性新兴产业发展提供有力的人才支撑。例如，立足当前产业基础，聚焦新一代移动通信、人工智能、新能源新材料等重点产业领域方向，通过技术创新和产业链培育，布局建设战略性新兴产业集群，打造更多支柱产业。

（作者：陈中永，襄阳高新区经济贸易发展局；潘超，襄阳高新区经济贸易发展局；侯晓雨，襄阳高新区经济贸易发展局）

集聚政银企合力
纾解"小微"融资难题

——襄阳市促进中小微企业融资提质增效的实践与探索

【引言】党的二十大报告强调,"支持中小微企业发展","坚持把发展经济的着力点放在实体经济上","高质量发展是全面建设社会主义现代化国家的首要任务,要以高质量发展推进中国式现代化"。指出了构建高水平社会主义市场经济体制的题中应有之义,道明了相关地方政府机构引导非公有制经济发展的正确路径。中小微企业是我国市场经济的重要组成部分,是市场主体中的基础细胞,在稳就业、促创新等方面发挥着重要作用,在经济社会发展中发挥着重要作用。金融作为现代经济的血脉,则是保障中小微企业现金流健康运转的重要组成部分。

【摘要】襄阳市作为省域副中心城市、汉江流域中心城市,近年来,在金融支持中小微企业工作中取得积极成效,2021年,贷款总量突破3000亿元台阶;2022年,贷款增量首次突破400亿元大关;2023年,全市贷款余额突破4000亿元台阶,比年初增长453亿元,贷款增速高于全省平均水平和武汉市。2023年9月,襄阳成功入选中央财政支持普惠金融发展示范区。襄阳市在推进中小微企业融资提质增效方面主要采取以下做法:强化供给保障,强化合作对接,强化创新引领,强化融资增信,优化营商环境等。在取得成效的同时,也存在一些问题,表现形式涉及多个方面。针对融资难融资贵融资慢等问题的表现形式和原因,襄阳市在促进融资方面有几点启示：形成激励约束，汇聚金融工作合力；精准细致抓对接，缓解银企信息不对称；引导协调强监管，共促普惠金融落地；健全体系增信用，不断做大融资担保规模；防范风险优环境，提高银行机构发展能动性；抓实培育推上市，提高直接融资比重；练强内功提能力，拓宽企业融资渠道。

【关键词】中小微企业　融资渠道

一　背景情况

近年来，襄阳市在金融支持中小微企业工作中取得积极成效，2022年，贷款增量首次突破400亿元大关，增速分别比全省、武汉、宜昌高2.62个、3.67个、2.18个百分点。2023年9月，襄阳成功入选中央财政支持普惠金融发展示范区，获得奖补资金3000万元。

截至2023年末，全市存款余额5760亿元，比年初增长606亿元，同比增长11.77%；贷款余额突破4000亿元大关，达4029亿元，同比增长12.66%，比年初增长453亿元，较2022年多增近39亿元，存贷款增速高于全省平均水平和武汉市；余额贷存比超过70%，较2022年同期提高0.56个百分点。其中，辖内银行机构普惠型小微企业贷款余额577.32亿元，比年初增加136.96亿元，增速31.10%，比各项贷款较年初增速高18.28个百分点；贷款户数12.69万户，较年初增加2.99万户；贷款平均利率4.51%，比年初下降0.31%。

二　主要做法

襄阳市从加大供给保障、深化合作对接、加强服务创新、做强融资增信、优化营商环境5个方面针对性做好金融服务实体经济工作。

（一）强化制度供给，服务实体经济质效提升

一是加大政策供给。围绕金融领域的重点工作，出台了《关于促进信贷增量提质的实施意见》《政府性融资担保机构体系建设实施方案》《关于加快构建绿色金融体系的实施意见》《关于加快发展襄阳科创金融的指导意见》《关于加强金融支持文化和旅游产业高质量发展的十六条措施》《关于金融助企纾困发展的若干措施》《关于进一步促进信贷投放支持襄阳都市圈建设的若干措施》《襄阳市进一步优化政府采购合同融资工作方案》《襄阳市金融服务乡村振兴创新示范区建设工作方案》《襄阳市中小微企业应急转贷纾困基金管理办法》《襄阳市本级政府性资金存放管理办法（暂行）》《关于支持地方法人金融机构发展的专题会议纪要》等系列文件，构建"1+N"金融服务实体经济政策体系，激励银行业金融机构加大信贷供给保障。二是扎实开展"民营企业金融服务质量提升年"活动。有序推进重点民营企业金融服务首次对接、尽职调查、授信审批、服务评价、回访督查等工作。截至2023年末，全市民营企业贷款余额959.97亿元，较年初增长15.83%。三是地方金融组织补充作用有效发挥。截至2023年末，9家典当行典当总额1.29亿元，20家小额贷款公司贷款总额9.22亿元，3家融资租赁公司租赁资产5.15亿元，2家商业保理应收保理融资款本金1.86亿元。

（二）强化合作对接，政银企对接精准有力

一是推动金融资源汇聚。市委、市政府主要领导亲自拜访农发行、国开行等省级金融机构，争取信贷资源、金融人才等，深化地银合作。先后举办湖北省金融"早春行"助力湖北建设全国构建新发展格局先行区襄阳现场推进会、深交所湖北基地襄阳都市圈培育中心揭牌仪式及系列活动、湖北省资本市场服务"荆楚行"、湖北省金融支持东津城市新中心建设座谈会、湖北省金融服务乡村振兴示范区建设现场推进会等5场省级大型金融会议，提高金融资源叠加力和可获得性。二是办实政银企对接活动。分行

业、分领域、分区域、分系统、分产业链分别举办全省金融"早春行"等政银企对接活动20场，实现银企签约1081亿元，产业链签约95亿元，与省市银行签署战略合作协议金额达5525亿元；抓重点项目银企对接，先后梳理3批全市观摩项目、全市重大项目及省市集中开工项目4892个，推送各银行开展对接服务。三是持续开展线上对接。发挥"汉江金服网上大厅"功能，为实体企业提供全天候对接服务，网上大厅已入驻金融机构257家，上线金融产品250款，累计放款35662笔、金额321.53亿元。四是加强点对点协调。大力推进农发行等重点项目的融资授信转化，积极协调华侨城、金环绿纤、东润汽车等企业的融资问题。

（三）强化创新引领，金融服务模式不断优化

一是推进重点产业链金融链长制工作。推进产业链金融链长制银行与全市23条重点产业链包链对接，实现链上企业走访对接率、信用评估率、符合条件企业授信率"三个百分百"，相关做法在全省交流推介。二是推进

⊙ 金融"早春行"银企合作协议签署仪式

供应链金融发展。积极推进订单融资、应收账款融资、票据融资等。2023年全市应收账款融资业务办理459笔、金额226亿元；共发放线上"政来贷"158笔、金额4.57亿元。围绕正大上下游产业链，推动建行襄阳分行创新推出正大饲料贷、正大循环贷等信用贷产品，为龙头企业提供一揽子金融服务。截至2023年末，已发放"正大系"贷款8481.2万元，综合利率只有3.82%。三是加大信贷产品创新力度。在全市开展"金融创新产品案例展评"活动，强化科技赋能和大数据运用，推动银行机构创新推出链接贷、襄牛贷、随心贷、"银税发票贷""E秒贷"等38个可复制、可推广的产业链信贷创新产品。

（四）强化融资增信，信用增进体系不断健全

一是推进政府性融资担保体系建设。在全省率先建成市县一体化政府性融资担保体系，全面推广新型政银担合作，推广"荆楚融担码"，增强担保增信实力。2023年，市融资担保集团新增担保业务7167笔、新增金额30.32亿元，同比增幅58.01%，在保余额达38.46亿元，同比增长66.46%。二是加大科技担保力度。充分发挥市融资担保集团科技担保事业部作用，推出科创担保贷、专精特新担保贷、知识产权质押担保贷、技术改造担保贷等一系列精准支持科技型企业的担保产品。截至2023年末，已为159家科技型中小企业发放205笔担保贷款，金额5.53亿元，业务占比18.23%。三是加大"三农"融资担保力度。截至2023年末，省农担襄阳分公司为襄阳市各类涉农经营主体累计提供融资担保6251笔，担保额36.39亿元，在保余额16.56亿元，较年初增长4.72亿元，在保规模居全省第三位。四是加强数据增信。"汉江金服"和"数据增信"双平台融合发展服务中小微企业融资增信建设成果荣获"2023年度信用建设成果观摩会城市组特色单位"称号。

（五）优化营商环境，金融生态环境持续向好

一是实施"四个专项行动"。开展首贷拓展、新一轮"四张清单"（小微企业贷款授权、授信、受理回告、尽职免责）、"楚天贷款码"扫码、小微企业"敢贷愿贷能贷会贷"4个专项行动，持续提升小微企业金融服务能力。二是推动金融机构降费让利。部署落实支农支小再贷款利率下调、个人首套房贷款利率下限下调、存款利率下调等政策，推动金融机构将贷款市场报价利率（LPR）嵌入内部资金转移定价机制，降低各项服务收费，推动企业综合融资成本稳中有降。三是降低小微企业担保费率。引导政府性融资担保机构保持对小微企业和巩固疫后重振成果支持力度不减，截至2023年末，累计服务担保业务14793笔次，为企业减免担保费约6593.63元，全市平均担保费率降至0.19%以下，远低于全省平均水平。

三 问题与原因

随着当前经济下行压力不断加大，针对中小微企业融资难融资贵融资慢等现实问题，我们进一步分析了问题的具体表现形式和原因。

▲ 襄阳市政府性融资担保市县一体化建设运营成果展

（一）问题表现

1."融资难"

一是准入较难。银行判断企业是否准入授信主要依据企业财务数据，但大多数中小微企业财务数据不健全，较难满足银行准入条件。二是抵押担保较难。中小微企业自身规模不大，抵押物较少，信用不足，获取担保也较难。三是享受优惠政策和优质服务不够。中小微企业在与银行打交道中话语权不够，拒贷、抽贷、延迟放贷、减少额度、"长改短"等情况一定程度存在。四是信贷总量结构与需求有差距。银行在各地投放规模结构上与地区实际需求存在不匹配情况。

2."融资贵"

一是中小微企业贷款风险溢价高。中小微企业大多处于产业链末端，市场进入门槛低，竞争激烈，对外部环境变化的抵御能力较弱，天生不足决定了其贷款风险溢价高。二是利率较高。受资金成本不同影响，除国有四大行外，股份制商业银行对中小微企业贷款利率在LPR基础上上浮10%左右，城商行利率上浮20%～30%。三是附加成本较高。中小微企业在银行申请贷款时需要支付一定的担保费、抵质押评估费等费用。

3."融资慢"

一是贷前调查时间较长。受中小微企业管理不规范、财务信息不透明等因素影响，银行在尽调时往往需要花费较长时间。二是审批涉及的制度性流程和环节较多。随着金融科技发展，虽然部分银行推出了线上化信贷产品，但大部分银行授信放贷需要通过线下审批。

（二）原因分析

1.银企双方信息不对称

银企信息不对称是造成银行不能顺利为中小微企业放贷的主要原因。一是中小微企业信息不透明、财务不健全，银行在获取企业相关信息时难度大、成本高。二是银行对个性化信贷产品的宣传深度、广度不够，企业端又缺少与银行等机构进行对接的专业人员，对金融信贷政策产品缺乏了解，无法获得与其经营特点相对应的信贷产品。三是数字金融发育不足。地方企业融资信用平台受制于数据、技术不够等因素，为企业融资提供征信画像能力不足。

2. 银行经营体制问题

一是市级银行机构审批权限较低。为加强风险控制，各商业银行贷款审批权限大都上收到省一级，市级银行基本没有信贷审批权或审批权限较小。二是银行经营管理的风险偏好影响。银行上级行授信政策倾向于支持大型国企、央企、上市公司以及技术实力强、创新能力强、具有市场影响力的企业，偏好于投向大型企业和政府平台项目，部分大型企业授信集中，挤压了中小微企业的信贷规模。

3. 担保增信有短板

一是担保体制不尽合理。襄阳市担保集团是汉江全服子公司，资源投入受制约，管理权限和资本金补充均需提高。二是贷款担保业务总量不大、结构不优。截至2023年底，市融资担保集团在保余额占全市普惠小微贷款余额比重为6.66%，融资担保对普惠小微贷款贡献少，担保杠杆作用发挥不足，支小支农支科力度不够。担保集团单笔业务结构不优，截至2023年末，创业担保贷款24.06亿元，占比62.55%，"4321"单笔项目7.01亿元、"总对总"业务6.06亿元、增信贷0.37万元，占比相对较低。省农担襄阳分公司在部分县（市、区）的政府协议补偿资金未能及时到位，影响农担规模做大。三是部分县（市、区）政府性融资担保公司缺乏担保增信功能。2022年，襄阳市进行市县担保一体化改革，市担保集团在谷城、襄州设立子公司、宜城设立分公司。改革后襄阳市共有14家融资担保公司，部分县（市、区）没有独立的政府性融资担保公司，新成立的谷城、襄州子公司尚未纳入"4321"新型政银担体系。

4.直接融资渠道发育不完善

从市场经济发达地区普遍的规律来看，只有在企业进入成熟发展阶段才依靠银行贷款来扩大生产，前期一般采用风险投资、股权融资等与企业商业活动接触密切的直接渠道进行融资。但受制于资本市场发育不完善、发债等直接融资方式门槛高等因素，实体企业股权融资、债券融资等占比较低，多数企业缺乏资本市场融资意识，经营管理方式落后，达不到发债、上市等直接融资条件。同时，市属国有基金对中小微企业投资要求高、规模小、支持资金少，发挥作用不足，对上市后备企业支持不够。

5.企业自身建设有待提升

一是企业经营业绩欠佳。因疫情余波影响和外需不足、内需乏力，导致部分企业盈利能力下降、财务状况恶化，现金流减少，获得信贷融资能力有所下降。二是短贷长用现象较普遍。企业将获批的流动资金贷款盲目购置企业设备、厂房等大型固定资产，银行流动资金贷款被固定资产投资占用，后续盈利无法保障，致使企业长期发展难以为继。三是部分企业信用意识薄弱，逃废银行债务，缺乏诚信；大多数中小微企业实际控制人、股东或高管等存在不良信用记录，影响银行授信准入。

四 经验启示

缓解中小微企业融资难融资贵融资慢是金融工作的重要使命任务，需要多方共同努力破解，为了更好地发挥政府职能，切实缓解中小微企业融资难融资贵融资慢等问题，提出如下建议。

（一）形成激励约束，汇聚金融工作合力

一是建立工作激励制度。综合运用荣誉表彰、政府性资金存放等工作激励机制，推动在襄各金融机构积极支持配合地方金融发展工作。二是压

实政府性资金存管办法落实责任。2023年8月，襄阳市有关部门联合印发了《襄阳市本级政府性资金存放管理办法（暂行）》，需切实压实财政、公积金、住建部门责任，将市本级资金配置与银行业金融机构对本地贷款的支持挂钩，推进金融与地方经济互促协调发展。三是压实各重点产业链金融链长银行、行业主管部门的银企对接责任，聚焦落实"四张清单"，针对性做好金融服务。

（二）精准细致抓对接，缓解银企信息不对称

一是持续深化银地合作。定期或不定期拜访省级金融机构，争取贷款额度、投放规模、单列指标、直贷项目和专项计划，让更多的金融资源倾斜本市。二是强化线上对接，发挥"汉江金服网上大厅"平台线上融资对接和数据增信功能，打破"数据壁垒""信息孤岛"，破解银企信息不对称难题。三是发挥县（市、区）金融挂职干部在向上争取信贷资源、协调银企问题等方面的优势和作用，提高银地合作质效。

（三）引导协调强监管，共促普惠金融落地

一是完善商业银行考核机制。协调中央金融管理（监管）部门发挥考核指挥棒作用，引导商业银行进一步优化信贷审批流程，切实压缩贷款审批时间。适当提高对战略性新兴产业、高新技术企业和中小微企业贷款不良的容忍度，落实尽职免责制度。二是进一步加大降费力度。协调国家金融监管部门督导银行业金融机构全面执行服务收费政策规定，严格落实小微企业收费优惠政策。进一步规范企业在融资过程中担保、评估、登记、审计、保险等中介机构的收费行为，清理不合理的资金"通道"和"过桥"环节收费。三是加大金融产品创新。引导金融机构创新金融产品、提升普惠小微金融总量、优化普惠小微金融结构，扩大首贷、政采贷、信用贷，积极开展订单贷款、仓单质押贷款业务，不断提高中小企业的信贷规模和比重。四是发挥地方金融组织补充作用。发挥小贷、典当等地方金融组织

小额、短期、快捷、灵活等特点，为小微企业提供灵活多样的融资需求，提升普惠金融服务能力。

（四）健全体系增信用，不断做大融资担保规模

一是多渠道筹措资本，壮大本市担保集团的资本金规模，不断提升增信能力、提升担保集团层级。二是推动做大担保业务规模。优化担保业务结构，大力拓展创业担保贷款总规模，充分发挥担保杠杆作用，撬动银行信贷资金投放，聚焦支小支农支科主业，积极引导担保资源向实体经济集聚，向小微、三农及科技型企业投放，适当有序扩大担保放大倍数，努力缓解中小微企业融资难题。督促县（市、区）政府按照政担合作协议尽快落实政府补偿资金。三是扩大县（市）担保覆盖范围。未加入市县担保一体化体系的县（市、区）加快存量风险化解，积极申报设立政府性融资担保机构。市担保集团尽快推动子公司申报为政府性融资担保机构，融入全省新型政银担合作体系，纳入合作担保机构范围。鼓励县域担保公司大力拓展担保业务，协调各银行金融机构对县域担保公司单独授信，促进银担合作，持续做大新型政银担业务规模。

（五）防范风险优环境，提高银行机构发展能动性

一是积极推进银行不良资产处置。指导银行业金融机构制订分类处置计划，综合采取清收、重组、核销、转让、出售、不良资产证券化、债转股等多种方式，减轻不良资产包袱，让银行轻装上阵。二是加大金融债权执结力度。强化司法部门金融生态责任，建立金融司法联动机制，定期开展金融债权案件专项集中执行活动，提高金融债权案件执结率。三是加大打击逃废银行债务力度。增强银行金融机构加大信贷投入的信心。

（六）抓实培育推上市，提高直接融资比重

一是挖掘上市后备力量。加大上市后备企业的培育力度，充分发挥深交所湖北基地襄阳都市圈培育中心作用，加强上市辅导培训力度，指导企业提升依法合规、透明高效的经营能力，为争取融资创造良好条件。二是发展创业投资和私募股权基金，鼓励投早、投小、投科技、投农业，助推企业发展壮大。三是做好企业上市"后半篇文章"，激励上市公司创新发展，着力放大上市公司集聚效应，更好地发挥资本市场的作用，为经济社会发展助力赋能。

（七）练强内功提能力，拓宽企业融资渠道

一是加强企业内部管理。引导企业建立完善法人治理结构，健全财务制度，规范管理，合规经营。选择符合国家产业政策扶持方向、符合市场经济规律发展要求，科技含量高、市场竞争力强、成长性好的产品，为金融部门向上级银行推荐争取贷款创造条件。二是强化企业信用意识。增大财务信息透明度，消除金融机构的信贷投入顾虑，高度重视金融风险，加强资金管理。同时，积极参与企业征信和外部信用评级工作，为企业融资创造良好的信用条件。三是拓宽企业融资渠道。企业应开阔融资思路，在进行内源融资的同时，注重外源融资，通过银行贷款、发债融资、吸纳创业投资、风险投资等多种渠道进行融资。

（作者：王江林，襄阳市政府办公室）

全域推进四好农村路
强化乡村振兴硬支撑

——襄阳市推进"四好农村路"建设的特色实践与探索

【引言】"四好农村路"指的是把农村公路建设好、管理好、养护好和运营好，这是习近平总书记于2014年3月首先提出的，更是习近平总书记亲自部署推进、推动实践的一项重大民生工程、民心工程、德政工程。这项工程的实施，不仅能够带动农村地区特别是贫困地区经济发展，更能够促进城乡公平普惠，服务乡村振兴，实现共同富裕。其中，"建设好"是基础，"管理好""养护好"是关键，"运营好"是最终目的。2024年5月，习近平总书记对进一步做好"四好农村路"建设作出重要指示，指出："近年来，交通运输部等有关部门和各地区认真贯彻落实党中央决策部署，持之以恒、攻坚克难，'四好农村路'建设成效显著，农民群众获得感、幸福感、安全感不断增强，农村公路成为老百姓家门口的致富路、幸福路、连心路、振兴路。新时代新征程，要持续发力，久久为功，进一步完善政策法规，提高治理能力，实施好新一轮农村公路提升行动，持续推动'四好农村路'高质量发展，助力宜居宜业和美乡村建设，为促进农民农村共同富裕、推进乡村全面振兴、加快农业农村现代化步伐、推进中国式现代化提供坚强服务保障。"

【摘要】"四好农村路"修的是路，系的是党心和民心，巩固的是党在农村的执政基础，做好这项工作使命光荣、责任重大。作为湖北省副中心城市，襄阳市全市上下深入贯彻落实习近平总书记建设"四好农村路"重要指示精神，紧紧抓住实施乡村振兴战略和和美乡村建设的有利机遇，以开展示范创建为抓手，扎实推进"四好农村路"建设。截至目前，全市农村公路总里程达2.98万千米，水泥路（沥青路）突破2万千米。全市已实现行政村100%通硬化路和通客车，20户以上的自然村（撤并村）100%通硬化路，"455"公路安全生命防护工程完成率100%，基本形成以县道为骨架、乡道为支线、村道为脉络的农村公路网络体系，通行能力和服务水平发生了根本变化，为农村经济社会发展提供了强有力的支撑和保障。

【关键词】"四好农村路"　示范创建

⚊ 背景情况

在襄阳全市共同努力下，襄阳全市农村公路总里程达到2.98万千米，通达里程和密度均位于全省前列。从示范创建品牌上看，成功创成全国首

🔺 襄阳市宜城市金罗路——辐射带动周边4镇8村

批"四好农村路"建设市域突出单位、全省首批"四好农村路"示范市，各县（市、区）累计获得"四好农村路"国家级、省级示范品牌33个，创建"城乡交通运输一体化"全国示范县1个、全省全域公交县2个、全国农村物流服务品牌2个，襄阳交通品牌持续擦亮，示范创建成绩位居全省前列。一是高定位推进，凝聚了强大创建合力。全市上下将"四好农村路"建设作为打赢脱贫攻坚战、全面实施乡村振兴战略的基础性、先导性工程，出台了一系列重要政策，重点支持、强力督办，确保工作落地见效。二是大规模建设，构建了全域循环路网。采取建养一体化、PPP、EPC等多种建设管理模式，探索出"八种办法"化解筹资难，为农村公路建设提供了强有力的资金保障，确保了全域创建、全面提升，实现了大规模、高品质建设"四好农村路"。三是全方位明责，健全完善了管养体系。坚持建管养并重，建立了县有管理机构、镇有管养站、村有管养点的三级网络，全面落实农村公路"路长制"，从根本上解决了重建轻养问题。全市农村公路养护资金到位率100%、列养率100%，实现了"有路必养，养必到位"，养护考核成绩连续位于全省前列。四是融合性发展，持续丰富内涵内容。持续巩固"村村通客车"成果，开展农村客运服务提升行动，让340多万农村群众坐上"方便车"。强化物流拓展服务功能，构建起连接县城、覆盖乡镇与村庄的农村三级物流体系，大力发展路衍经济，让农村公路和产业布局、产业要素、产业优势深度融合，路产融合叠加效应显著。

● 主要做法

　　农村公路点多、线长、面广，建设"四好农村路"任务艰巨繁重。襄阳市"四好农村路"的斐然成绩，离不开全市上下凝心聚力、合力攻坚，是各级党委政府、交通运输部门及相关部门共同协作、久久为功的成果。近年来，襄阳市持续完善顶层设计，深化管养体制改革，加快推动落实地方政府主体责任，共同做好"四好农村路"建设。

（一）提升政治站位，高位谋划推进

一是坚持思想引领。习近平总书记多次就"四好农村路"建设作出重要指示，为新时代农村公路高质量发展指明了前进方向、提供了根本遵循、注入了强大动力。襄阳市认真学习领会、贯彻落实习近平总书记重要指示精神，切实增强责任感紧迫感，因地制宜、科学谋划，持续发力、久久为功，不断提高做好"四好农村路"工作的能力和水平。二是加强组织领导。为推进襄阳市"四好农村路"高质量发展，市委、市政府统筹布局，主要领导亲自挂帅，分管领导具体负责，交通部门牵头抓总，相关部门全程参与，形成了统一指挥、部门联动、多措并举的工作格局。市委、市政府每年将农村公路建设列入"十件实事"，主要领导和分管领导多次召开专题会议，深入项目工地实地调研、化解难题，强力推进工程建设创优提速。三是抓好顶层设计。市委、市政府先后印发《襄阳市"四好农村路"三年攻坚战工作方案》《全域推进美丽乡村补短板强弱项建设实施方案》《"四好农村路"示范市创建工作方案》，率先在全国全域推进和美乡村补短板强弱项建设，重点推进农村公路提档升级、循环成网。

（二）紧盯畅安舒美，建设精品公路

一是用活用足政策。积极采取对上争取交通奖补资金、本级财政配套奖补资金、多方整合涉农政策资金、利用土地增减挂钩指标交易资金、政策银行融资支持、资源匹配招商引资、村组农户自愿筹资、企业乡贤捐资"八种办法"化解筹资难题。围绕和美乡村建设，整合农业综合开发、高产田改造、农业水利设施等涉农项目资金8.2亿元，新建扶贫路、改建产业路、大修旅游路，助力全市建成98个省级以上美丽乡村、240个市县级美丽乡村，真正实现了修建一条公路，串联一路风景，带动一片产业，造福一方百姓。二是拓展融资渠道。市县两级政府搭建筹资融资平台，引入社会资本、民间资金用于农村公路建设。襄州区采取EPC、PPP模式，提档升级农村骨干路网276千米、建设美丽乡村路近600千米；宜城、老河口市引入"建养一体化"模式，分别筹资5.3亿元、6.47亿元，新建改建290千米、330千米"四好农村路"；南漳县以交通投资公司为平台，通过政策性银行、商业银行"水毁应急""扶贫过桥"贷款9.27亿元用于农村公路提档升级。三是提升工程品质。将新改建农村公路安防、排水、绿化等附属设施"三同时"落实情况纳入每年市对县农村公路实体质量抽检内容，确保农村公路项目完工一条，成熟一条。通过EPC引进央企开展公路桥梁"三年消危行动"，累计完成农村公路危桥改造近400座，极大提高了农村公路的安全等级。持续开展标志标线专项提升工程，完善公路安全设施，保障农村地区行车安全，农村公路安全事故率大幅下降。连续三年持续评选市级"十大最美农村路"30条，获评省级"十大最美农村路"4条，获评道路受到广大媒体和网友的广泛关注，串起了好山好水好生活。通过高品质建设，实现了农村公路由窄变宽、由通到畅、由畅到美，实现群众出行幸福指数大幅攀升。

（三）建立长效机制，完善管养体系

一是落实主体责任。市政府制定印发了《襄阳市深化农村公路管理养护体制改革实施方案》和《农村公路路长制实施方案》，全市域推行三级管养责任制、三级"路长制"管理模式，构建了以县级政府为主体、镇村分级负责、交通部门实施督导检查考评的"闭环式"管养责任体系，完善了县有管理机构和管养中心、镇有管养站、村有管养点的三级管养网络，组建了县有路政员、镇有监管员、村有护路员的三级监管队伍。全市农村公路养护三级管理机构设置率、机构人员和日常养护资金配套率、农村公路列养率均达到100%。二是完善考核体系。市路长制领导小组制定考核办法，市委组织部将农村公路"路长制"运行情况纳入对各县（市、区）市定

目标考核指标，通过成立考核专班，采取查阅内业资料和现场调研相结合的方式对各县（市、区）农村公路"路长制"执行情况进行调度督查，促进"路长制"的落实。三是创新管养模式。重点解决乡镇管养缺失"痛点"，在全省率先推行交管站体制改革，交管站职能转入农村公路管理，100%建制镇成立了农村公路管养站；突出解决村级公路养护"难点"，在全省率先推行专业化养护，市场化竞争引入大型企业，农村公路养护与建设"捆绑式招标"开展专业化、市场化养护；全力突破自动化检测评定"盲点"，县级自动化检测全面启动，市级两年投入120万元，率先对县级数据进行复核，将实现农村公路100%自检、县道和重要乡村道100%复核，建立完善农村公路基础数据库，为养护计划决策提供科学依据；打造乡村养护站点"亮点"，引导各地积极打造标准化规范化农村公路养护站点；全力化解信息技术运用"阻点"，实现管养人员到岗、路政巡查远程监控。

（四）构建客货网络，提高运营水平

一是构建城乡一体化客运网。继续巩固"村村通客车"成果，开展农村客运服务提升行动，完成186条农村客运线路公交化改造，延伸170多条城乡公交线路，形成了覆盖城区、连接城镇、辐射乡村的一体化客运网，让340多万农村群众坐上"方便车"。二是强化物流拓展服务功能。全市建成农产品深加工、冷链仓储、建材农机等物流园区、仓储基地120多个，构建起连接县城、覆盖乡镇与村庄的农村三级物流体系。依托交邮融合物流服务站、"三农"服务社、"四通一达"物流企业网点，打造乡镇"快递超市"、快递网点992个；整合五部门网点资源，建成村级物流网点4200多处，电子商务平台11万个。大力实施"互联网+物流"工程，谷城县、保康县成为国家级电子商务进农村综合示范县，实现省级示范县全覆盖，襄阳市成为全国跨境电商零售进口试点城市。三是路产融合叠加效应显著。大力发展路衍经济，让农村公路和产业布局、产业要素、产业优势深度融合，发

▲ 襄阳市保康县尧治河路——通过"公路＋物流"方式，让山区村民实现了网上购物、田头销售的梦想

展特色产业基地88万亩，1230多个"特色村"、8840个农民合作社、11005个家庭农场活跃在城乡之间，120多种有机品牌走进大中城市，贫困乡村因路而富、美丽乡村因路而美、乡村振兴因路兴业、旅游发展因路而活，农村公路成为产业布局的大平台、休闲旅游的大走廊、美丽乡村的大窗口。

（五）补齐短板弱项，巩固建设成果

2024年5月，习近平总书记作出重要指示，要求"实施好新一轮农村公路提升行动，持续推动'四好农村路'高质量发展"。襄阳市迅速学习贯彻、研究落实，王祺扬书记主持召开专题会议，研究农村公路补短板工作，会议议定用3～5年时间在全市组织实施农村公路补短板建设。一是精心制订项目建设计划。市政府印发了《襄阳市加快推进农村公路补短板建设实施方案》，计划用3～5年实施4755千米的补短板建设项目，其中，完成1744千米瓶颈路的提档升级、1468千米不通路的路网连通、1543千米破损路的路面改善。二是想方设法拓宽融资渠道。继续采取"八种办法"化解筹资难题，进一步整合发改、农业、水利、文旅等相关部门资源，在规划调整、征地拆迁、项目建设、资金保障等方面给予政策支持。积极对接政策性银行，支持各地开展农村公路补短板建设工作融资。三是督导考核确保完成目标。建立奖惩机制，强化督办考核，把加快推进农村公路补短板建设工作纳入地方政府年度考核体系，确保目标任务顺利实现，为全省"四好农村路"高质量发展贡献襄阳力量。

三 经验启示

襄阳市"四好农村路"建设取得实实在在的成效，农村公路成为推动农村地区交通发展和不断满足农民群众对美好生活向往的成功实践载体。襄阳市把"四好农村路"建设摆在更加突出的位置，绝不是一时的政绩工程，而是深思熟虑、长久深远的利国利民之策。

（一）始终坚持政府主导

农村公路是打通城乡"最后一公里"、服务广大农民群众出行、服务乡村旅游开发、服务农村产业发展的基础保障。要持续完善农村公路体制机制，进一步落实县级人民政府主体责任和公共财政保障机制，建立绩效评估和成效考核体系，健全农村公路管理机构和人员，充分发挥乡镇、村委会和村民的作用，激发和调动社会力量参与"四好农村路"建设的积极性。要提高政治站位，把建好"四好农村路"作为贯彻习近平总书记重要指示的实际行动。要把建好"四好农村路"作为实施乡村振兴战略的有力抓手，把建好"四好农村路"作为构建襄阳综合交通运输体系的基础要求。

（二）始终坚持统筹协调

统筹建设、管理、养护、运输协调发展，更加注重养护、管理和运营，提升资源运营效率，扎实推进新型城镇化和城乡发展一体化。要着力实现农村公路发展从"重增量"向"优存量"转变，推动农村公路由"重建设"向"重养护"转变，推动农村公路由"畅通路"向"美丽路"转变。

（三）始终坚持以人为本

坚持把以人为本作为农村公路工作的出发点和落脚点，以农村公路安全性和通畅性为核心，按照经济发展水平和实际需求差异，深化农村公路供给侧结构性改革，完善农村公路发展政策，全面提升农村公路供给能力和综合服务水平，提高交通基本公共服务均等化水平。

（四）始终坚持绿色节约

农村公路面广量大，涉及的管理主体复杂、资源需求大、环境影响广、不确定因素多，坚持将可持续发展作为基本要求，注重科技的推广应用，不断提高农村公路质量、安全和抗灾害能力，把资源节约集约利用、环境保护和节能减排落实到农村公路发展的各个环节，努力实现农村公路绿色发展。

（五）始终坚持融合发展

路优百业兴，大力发展路衍经济，开展农村客运服务提升行动，不断织密农村物流网络，创新"农村公路＋文化旅游＋特色经济＋美丽乡村＋物流电商"模式，让农村公路成为产业布局的大平台、休闲旅游的大走廊、美丽乡村的大窗口，使农村地区焕发出勃勃生机，人民群众获得感、幸福感大幅提升。

（作者：徐英特，襄阳市交通运输局）

政治建设编

坚持党建引领 让基层"末梢"变治理"前哨"

——枣阳市推进市域社会治理现代化的实践与探索

【引言】党的十九届四中全会和全国市域社会治理现代化工作会议，吹响了推进国家治理体系和治理能力现代化的号角，拉开了全国市域社会治理现代化城市创建的大幕。党的二十大，站在推进国家安全体系和能力现代化的战略高度，对完善社会治理体系作出新的部署。完善社会治理体系是以习近平同志为核心的党中央从推进国家安全体系和能力现代化，坚决维护国家安全和社会稳定的战略高度提出的一项重大任务。我们要坚持以习近平新时代中国特色社会主义思想为指导，按照党的二十大决策部署，完善社会治理体系，提升社会治理效能，以社会治理现代化夯实"中国之治"的基石。

【摘要】2020年，襄阳市启动推进全国市域社会治理现代化试点城市创建工作，2023年10月通过中央验收，被中央政法委命名为"全国市域社会治理现代化试点合格城市"。枣阳市作为襄阳市域副中心城市，举全市之力持续创新基层社会治理，科学构建城乡基层治理体系，深入推进治理能力水平现代化，对照襄阳市委的决策部署，枣阳市科学制定《枣阳市推进全国市域社会治理现代化试点工作指引（2022年版）》，明确共性指标、区域特色指标、负面清单指标等总体要求、基本要求，持续强化政治引领，创新完善党建引领基层社会治理机制；强化法治保障，牢牢守住公平正义的生命线，做到严格执法、公正司法；强化德治引导，深入实施公民道德建设工程，扎实开展抗疫精神宣讲、"枣阳好人""枣阳楷模"评选、道德讲堂等活动，推动形成惩恶扬善、扶正祛邪、扶危济困的社会氛围；做实自治强基，预算总投资3亿元，全力推进市域社会治理补短板强弱项十大重点工程、37项重点任务建设；坚持智治赋能，把"两网"建设工作作为推进社会治理的重要抓手，加大"雪亮工程"建设力度，努力实现全域覆盖、全网共享、全时可用、全程可控。健全市镇村"三级联动"社会治理体系，实现重心下移、力量下沉、资源下沉，以防为先、抓住关键、化在源头、管在平时、落在实处，全面提升社会治理能力和水平。

【关键词】党建引领　基层治理　枣阳市

一 背景情况

枣阳市是襄阳市下辖的县级市，也是襄阳市域副中心城市。曾荣获"2013—2017年度全省综治维稳先进集体""全国法治县（市、区）创建活动先进单位""全国'七五'普法中期先进县（市）"，获评"全省平安县（市、区）"等荣誉称号。

创新基层社会治理是落实中央决策部署的重要举措，是满足人民群众美好生活的现实需要。社会治理关乎人民安居乐业、关乎社会安定有序。2020年，襄阳市启动推进全国市域社会治理现代化试点城市创建工作，枣阳市委率先部署、积极推进，以县域社会治理现代化推进市域社会治理现代化，科学构建城乡基层治理体系，在推进"共建共治共享"基层治理体系的道路上始终步履不停，接续前行。对照试点城市工作要求，也还存在着治理体制机制上部分主体缺位，乡村空心化现象较为普遍；治理体系上部分组织还不健全，群众参与社会治理的意识还不高；治理力量上，部分基层组织的堡垒作用发挥还不够明显；治理支撑上，精细化服务、网络化管理、信息化支撑还需要加大力度，网格员队伍素质、文化程度、激励机制等都还有提升空间等问题。解决社会治理存在的现实问题，是推进市域社会治理现代化的迫切需要，也是满足人民群众对美好生活的现实需要，唯有如此，方能持续提升人民群众的获得感、幸福感、安全感。

二 主要做法

坚持创新社会治理方式，积极推进"五治融合"，明确职能定位，建立市、镇、村"三级联创"治理机制，构建共建共治共享城乡基层社会治理体系，夯实市域社会治理现代化的基层基础。

（一）坚持"五治融合"，打造治理工作新格局

1.突出政治引领，夯实组织基础

坚持和完善基层党组织体系建设，健全完善组织体系，有效实现基层党组织力量由"散"到"聚"的转变。延伸组织触角，建立"街道党工委＋社区党委＋网格（小区）'双报到'党（总）支部＋楼栋（单元）党小组＋党员中心户"的五级城市基层治理组织体系，打通党组织在基层治理中的"神经末梢"；建强街道"轴心"，规范机构设置，在3个街道统一设置6个内设机构、3个直属事业单位，调剂3名行政编制、163名事业编制到街道，将6个延伸派驻机构涉及的经费、资产随机构人员一并划转到街道，做到权随事转、钱随事转。

2.强化法治保障，推动规范有序

法治是治国理政的基本方式，坚持把法治作为推动社会治理体系和治理能力现代化的重要依托，深入开展"法律进乡村"行动，建成一批乡村法治文化广场、公园等法治教育场所，落实"一村一法律顾问""一村一法律明白人"，做到"村村有律师、周周见律师"，全市设立公共法律服务工

作室568个，每村培养1~3名"法律明白人"；深入开展普法宣传，常态化开展村务"法律体检"，提升乡村治理法治水平；深入推进"一居一警、一村一辅"，实现社区民警专职化、驻村辅警专业化全覆盖。

3. 秉持德治教化，弘扬新风正气

坚持以新时代德治思维引领社会治理，深入实施公民道德建设工程，以文明村镇创建和文化小康建设为抓手，累计创建市级以上文明村304个、文明镇14个，深入开展"最美家庭""道德模范"等评选活动，557个村（社区）达到乡风文明标准；组织新时代文明实践志愿服务培训，全市注册志愿者超16万人，成立志愿服务组织769个，累计开展活动1万多次；打造"道德讲堂"品牌，推动"帝乡大舞台"活动向村组延伸，变"讲大道理"为"讲好故事"、变"大家谈"为"大家评"，通过村规民约、家训家风、生活礼俗培育文明乡风，移风易俗，凝聚强大正能量。

4. 坚持自治强基，激发治理活力

完善村党组织领导村级治理机制，健全社区（村）党组织领导、居（村）委会负责、各类协商主体共同参与的社区治理协商工作机制，组建小区业委会（居民自管委）735个，定期召开"三方联动"会议，积极探索村民小组自治等"微治理"模式，发挥全市115个乡贤理事会、556个红白理事会、325个老年协会等自治组织的"组团治理"作用，引进社区、社会组织、社工"三社联动"，实现社区（村）治理民主决策、民主管理、民主监督，也涌现出了"五老"乡贤群体、"三理"说事保平安、"户巷长"制等一批先进典型。

5. 健全智治支撑，提升治理能力

有效利用信息技术创新社会治理，依托智慧城市建设，推动信息技术、数据资源与社会治理深度融合。健全完善市、镇、村三级网格化服务体系，联通网格管理平台与城运中心数据通道，网格员使用手机采集信息、处置

办件，实现基层治理数据信息动态管控；加快政务服务一张网建设，构建县、乡、村三级纵向贯通、各地各部门横向联通的智慧政务云平台，实现"一站式"服务、一窗式受理、一次性告知、一网式办理。

（二）实施"三级联动"，夯实治理体系全链条

健全市、镇、村"三级联动"治理机制，实现重心下移、力量下沉、资源下沉，全面提升社会治理能力和水平。

1. 以防为先，建强阵地

改造市级综治中心，整合公安、司法、法庭、信访、应急管理等部门力量进驻，打造"四位一体"的实战化工作平台；各镇（办、区）新建、改扩建18个乡镇综治中心，规范设置矛盾调解室、信访接待室等功能室，实现"访、调、诉、处""一站式"服务；村（社区）对标对表，全域实施"百米见村（社区）警务室及平安驿站、千米见片区中心警务室、万米见派出所"；投资4400余万元建成4716路"雪亮工程"视频监督，并建设2万多路农村视频监控与襄阳平台联网实现全域覆盖、全网共享、全时可用、全程可控。

2. 着眼重点，配齐队伍

县级组织政法、信访力量及婚姻家庭等10个专业性、行业性人民调委会进驻，配备专职调解员40名，对收集受理的矛盾风险进行调处、分流、交办、转办；镇级组织派出所、司法所、信访等部门进驻，整合治安巡逻队伍及"双报到"党员力量，常态化开展矛盾纠纷排查化解等工作；村级"两委"干部带头，组织网格员、志愿者、"五老乡贤"等力量，帮助群众解决困难纠纷。

3. 化在源头，掌控风险

坚持首问负责、信息监测报告、分析研判、应急处置等工作机制，对群众的反映诉求第一时间登记造册，用心用情用力妥善解决；以镇、村综

治中心为平台，定期开展矛盾纠纷集中排查化解专项行动，定期分析研判社情民意，在重要节点、敏感时段，综治中心统筹协调，各地各单位"一把手"坐镇一线，切实将社会风险化解在萌芽状态。

4.管在平时，拓展"网格+"

深入推进城乡网格化管理，成立市、镇、村三级网格化管理中心，配齐配强专兼职网格管理员，落实经费保障；建立健全网格化管理培训制度及考评制度，把群防群治、矛盾化解、心理服务、扫黑除恶等工作全面入网进格，让网格"办小事、报大事"、部门"办实事、解难事"成为常态。

5.落在实处，压实责任

将创建工作纳入党委重要议事日程，每季度召开常委会研究、定期召开推进会和现场会部署；各地各单位主要负责同志认真履行"第一责任"，定期分析解决工作中的困难和问题，高质量打造迎检点位，以点带面、全域推进；树立"失责必问、问责必严"的鲜明导向，组织5个督导专班，常态化对各地各单位进行暗访督查，形成督查专报报市委阅批，对工作成效显著的单位通报表扬，对工作不力、敷衍应付的单位按照相关规定进行追责问责。先后对8个乡镇进行通报批评，对2个乡镇分管负责的领导进行工作约谈，有效倒逼各地各单位责任上肩、措施上手，用硬作风落实试点城市创建硬任务。

（三）聚焦"关键问题"，健全社会治理新机制

1.构建起横向共治同心圆

落实党委领导体制，发挥好党委总揽全局、协调各方的领导作用；落实政府负责体制，强化政府社会管理和公共服务职能，进一步厘清职能部门与乡镇（街道）之间的社会治理权责；落实民主协商体制，建立"两代表一委员"协商议事制度，落实乡镇（街道）、社区（村）协商机制，完善社区（村）重大事项决策"四议两公开"等民主管理制度；落实社会协同

⚉ 枣阳市开展"红管家"行动，广泛发动群众参与湾组管理和服务，打通联系服务群众"最后一米"

体制，发挥群团组织的桥梁纽带作用，组织全市376个机关企事业单位党支部与社区结对，规范建立"需求清单、资源清单、项目清单"，实现区域治理资源有机整合盘活；落实公众参与体制，全市注册近15万名志愿者，人数占常住人口的15%以上，推行"群众点单、组织下单、志愿者接单"服务模式和志愿服务积分兑换制度，提升志愿服务水平，推动形成人人尽责、人人享有的公众参与新格局。

2. 打造好纵向善治指挥链

增强治理统筹能力，县级层面重在组织实施，围绕市域社会治理目标任务，制定具体实施方案；乡镇（街道）层面重在固本强基，打通市域社会治理"最后一公里"，推动社会治理和服务重心下移基层，资源、服务、管理下沉基层；村（社区）层面重在落实落细，坚持把党建引领作为村（社区）治理的根本，健全完善村（社区）自治制度，建强用好社区党组织书记、社区工作者、社区志愿者"三支队伍"，强化基层党组织的引领保障功能，建强市域社会治理最小单元、"神经末梢"，构建共建共治共享的村（社区）治理格局。

三 经验启示

市域是经济社会发展和现代化的主要承载地，是社会治理体系中宏观和微观的转承点，也是国家治理体系的战略支点。党的二十大报告指出："加快推进市域社会治理现代化，提高市域社会治理能力。"我们必须始终坚持以习近平新时代中国特色社会主义思想为指导，不断深化对市域社会运行规律的认识，把准市域社会治理的时代脉搏，倾听市域社会治理的时代呼声，确保市域社会治理现代化建设行稳致远。

（一）更加注重党的领导，构筑党建引领的治理体系

坚持党的全面领导是坚持和发展中国特色社会主义的必由之路，加快推进社会治理现代化，必须在党中央的统一领导下进行，以党建引领基层社会发展与治理，充分发挥党在社会治理中把方向、谋大局、定政策、促改革的作用；发挥党组织集聚社会治理合力和思想引领功能，不断提升党的组织力、领导力；发挥各级党员干部的先锋模范带头作用、能动作用，不断增强"四个意识"、坚定"四个自信"、做到"两个维护"，坚持把党的绝对领导贯穿到社会治理的各环节全过程，形成党组织"总揽全局、协调各方"的领导体系，才能持续提升人民群众的获得感、幸福感、安全感。

（二）更加注重多元参与，打造开放共建的治理格局

推进社会治理现代化是各级党委、政府和各部门义不容辞的政治责任，健全共建共治共享的社会治理制度，提升社会治理效能，是党的二十大作出的重要部署，共建就是回答社会治理"依靠谁"的问题，也是新时代社会治理的鲜明特征。过去仅靠政法部门一家支撑社会治理的思路，已远远不能适应新时代社会治理的需求，必须要更加注重调动社会各方主体

多元参与，从体制机制入手，发挥好党总揽全局、协调各方的领导核心作用，统筹整合政府、社会、市场等各种力量，有效融入社会治理，建立起党委、政府、人大、政协、人民团体共同参与社会治理的大格局，实现问题联治、工作联动、平安联创的工作机制，方能实现人民安居乐业、社会稳定有序。

（三）更加注重问题导向，强化协作共治的治理理念

健全共建共治共享的社会治理制度，共治是回答"怎么办"的问题，是社会治理所面对的突出问题，也是经济社会发展、民生保障和党的建设中存在的短板和不足。必须坚持问题导向，充分发挥各部门的职能作用，集中优势力量，解决存在的老大难问题，对一些重大矛盾纠纷、疑难信访事件，必须强化系统观念，抓住问题的主要矛盾和矛盾的主要方面；坚持党委领导牵头抓总，政府负责、民主协商、社会协同、公众参与、法治保障、科技支撑，多方联手予以根治。同时要强化系统性思维，正确处理好当前和长远、全局和局部、特殊和一般的关系，不能解决一个问题而留下十个遗憾。

（四）更加注重机制创新，探索与时俱进的治理路径

随着社会主要矛盾转化、经济发展结构转型升级，群众对社会治理和公共服务产品的需求日益提升，给社会治理带来了更大挑战，我们必须把握新时代社会主要矛盾深层次变革的特征，不断创新社会治理的方式方法，才能提升社会治理效能。要坚持和发展好新时代"枫桥经验"，完善正确处理新形势下人民内部矛盾的机制；加强和改进人民信访工作，畅通和规范群众诉求表达、利益协调、权益保障通道；加强和创新社会治理，积极探索中国特色社会主义社会治理之路。同时要尊重地方首创精神，支持和鼓励基层结合实际，因地制宜探索、创新发展基层治理体制机制，实现乡村善治，走好新时代党的群众路线。

（五）更加注重以人为本，实现互惠共享的治理目标

以人民为中心是我们做好各项工作的根本遵循。"江山就是人民，人民就是江山。"健全共建共治共享的社会治理制度，共享就是回答"为了谁"的问题。社会治理中的许多问题都和群众利益密切相关，事关群众的急难愁盼，只有坚持和发展好新时代"枫桥经验"，紧紧盯住"人"和"事"，守牢"为了谁"这一根本宗旨，一切为了群众，一切依靠群众，从群众中来，到群众中去，把党的正确主张变为群众的自觉行动，发动群众积极反映线索、参与化解管控，充分尊重和保障群众的知情权、参与权、表达权、监督权，变"少数人说了算"为"与群众商量着办"，始终把群众合理合法的利益诉求解决好，才能确保人民安居乐业、社会稳定有序。

（作者：胡明珠，中共枣阳市委党校；唐金红，中共枣阳市委政法委员会）

党建引领三圈融合
变"满盘沙"为"一盘棋"

——襄阳北街商圈综合党委建设的实践与探索

【引言】各类商圈市场是城市发展的新兴领域，也是城市基层党建的重要支点。商圈党群服务阵地作为商圈市场开展基层党建、基层治理的重要载体、公共空间，对于整合商圈党建资源、加强党员示范引领、推动商圈繁荣、促进区域发展意义重大。加强商圈党群服务阵地建设作为一项重大的时代命题，需要加强综合设计、系统谋划，需要在自建共建共享、规范运行管理、强化功能作用的发挥上下足功夫。

【摘要】襄城区北街商圈综合党委聚焦服务居民、商户、游客和新业态新就业群体，坚持政治引领和团结凝聚相结合、外力推动和内力激发相结合，探索构建党建圈、服务圈、经济圈"三圈融合"的商圈党建新格局，将北街商圈打造为"红色阵地""服务高地""消费福地"，让老商圈焕发新活力。

【关键词】党建引领　襄阳北街商圈　综合党委

一 背景情况

襄城区古城街道北街商圈作为两新组织聚集区，现有各类商铺304家，从业人员1000余人，含外卖小哥、快递小哥等新就业群体70余人。近年

▲ 爱心商户为环卫工人送腊八粥

来，襄城区委以打造北街商圈为切入点，聚焦"组织共建、党员共管、活动共办、资源共享、发展共议、互利共赢"，积极引导各类资源要素开放共享，共同构建区域化党建新模式，有效将"两新"党建优势转化为商圈发展的智力优势、人才优势、资源优势。

二 主要做法

（一）坚持党建引领，构建多元党建圈

1.建强组织体系

商圈党委在北街商圈党支部、鼓楼商圈党支部的基础上，全面摸排商户、从业人员、新就业群体中流动党员的情况，针对北街商圈从业人员行业跨度大、流动性强的特点，又成立了新业态新就业群体流动党支部，引导商户、从业人员、新就业群体、流动党员安心"找组织"，纵向构建"街

道党工委—商圈党委—三新党组织"三级组织架构,形成一贯到底、强劲有力的"动力主轴"。配强党组织队伍,选优配强北街商圈综合党委专职副书记,联合辖区共建力量,配备1名政治素质高、党建业务精的兼职党务工作者,共同负责商圈两新组织党建工作。每年开展党建指导员和"两新"组织书记培训,提升党建业务水平。

2.强化政治领航

北街商圈综合党委深入学习"四下基层"制度,以"宣传党的方针政策下基层"为抓手,探索建立了"三会一课"集中学、送教上门结对学、线上推送互动学、联系实际专题学的"四学"机制,推动理论学习走深走实。通过"行走党课""网络课堂"等生动鲜活的方式将理论学习形式盘活创新,打好理论学习"组合拳",让党的声音传达到"神经末梢",使党的方针政策化为商圈党员的自觉行动,切实增强推进古城保护与利用的使命感、责任感,奋力打造襄阳文旅核心IP。

3.整合商圈资源

最大限度地整合资源,成立北街商圈党建联盟,采取"党建+"的模式,党建引领和商圈发展"两手抓",实现党员群众在哪里、党的组织和工作就推进到哪里。积极构建北街商圈沿线机关企事业单位、商户、学校、金融网点、群团组织、社区等单位协同配合的"1+N"商圈党建工作体系,整合民政、工会、共青团、妇联、社会组织等多方资源,将"红色驿站""爱心驿站""零工驿站"等纳入商圈大党建成员,团结引导各类商户共同做好北街商圈建设、发展、管理、服务相关工作,形成"组织共建、资源共享、难题共解、活动共办、品牌共创、发展共商、和谐共治"的工作格局。

(二)完善多元共治,共建便捷服务圈

1.搭建平台,织起"互助圈"

按照"机关+社区+非公企业+社会组织+商户+志愿者"模式建立党

员志愿服务队，结合自身职能特长推出特色服务，发动民政、司法、市场监管、劳动人事等单位"双报到"党员进驻商圈，提供政策咨询、人才招聘、矛盾调解、生活缴费、证件代办等服务，为商圈党员群众提供多元化的便捷服务，承接政策下沉、资源下沉、服务下沉。

2. 暖心服务，扩大"朋友圈"

开创北街商圈红色驿站暨小哥加油站"周三有约"系列活动，采取"群众有需要、活动我们办"的方式，每月根据商圈从业人员的实际需求，邀请上级相关职能部门、辖区企事业单位、群团组织开展青年联谊、健康讲座、技能培训、维权咨询、事项协调、矛盾调解、心理疏导等服务活动。通过凝聚多方力量，推动形成"你中有我、我中有你"的集聚融合，变红色驿站"各自管"为"合力管"，让红色驿站活动有声有色，形式丰富多样。

3. 精准对接，打造"服务圈"

北街商圈是襄城经济活跃区，也是基层治理的薄弱点，北街商圈综合党委积极引导"三新"组织成员履行社会责任，既做城市管理员，又做游客服务员，发动商圈广大党员、商圈从业人员参加文明城市创建、安全隐患排查、文化旅游等志愿服务，将商圈党建优势转化为城市基层治理优势，凝聚起共建共治共享的强大合力。节假日期间，发动区直机关党员、职能部门、"双报到"党员、大学生志愿者下沉襄阳古城开展志愿服务，为游客提供交通疏导、来访接待、行李寄存等服务，提升商圈综合服务水平。

（三）畅通互动渠道，共享诚信经济圈

1. 支部亮旗帜

北街商圈综合党委坚持"把服务做进去，把作用带出来"，始终以"一个引领、两类群体、三圈融合、四个一线"为理念，聚焦"三新"组织发展，使党员冲在一线、活动办在一线、阵地建在一线、党旗飘在一线，带动商圈内各要素相互融合、相互促进、相互衔接。把驿站作为宣传党组织、

号召党员向党组织报到的红色阵地,让党员在享受党组织服务的同时、在工作休息的间隙找到组织、主动参与商圈建设。

2. 党员亮身份

积极引导商圈党员经营户主动亮身份、亮承诺,开展"立足岗位作贡献"活动,评选出3家党员示范岗和4家诚信示范店,实行挂牌上岗,以点带面督促商户严格自律,用实际行动践行党的宗旨,维护党员形象,形成典型示范效应,在商圈中持续掀起创先争优热潮,不仅帮助商户树立良好的商誉和形象,而且使周边居民、消费者得到了实惠。实现基层党建工作与辖区经济发展互惠共赢。

3. 服务亮承诺

按照"区级统筹、街道主管、社区共建"三级联动方式,充分依托北街商圈大党委工作机制,协调争取300平方米场地作为"红色驿站"阵地,

⊛ 党员志愿者为户外工作人员开展免费体检

有效解决"小哥"、游客饮水难、休息难的实际问题。以红色驿站为阵地，开展党员承诺践诺活动，组建党员志愿服务队，形成群众"点单"、商圈党委"派单"、商户"接单"的"三单机制"，实现了从群众"找服务"到服务"送上门"的转变。

三 工作成效

（一）齐心协力，商圈党建取得新突破

在古城街道党工委、北街商圈综合党委的领导下，成立"北街商圈联盟"，通过联盟将商户紧紧团结在一起，通过召集商户代表开展联席会议，倾听商户一线声音，深入开展共同缔造，明确权利和义务，要求商户在享受商圈资源和服务的同时，从文明经营、诚信守法等方面提升自我要求，规范经营行为，为商圈经济增光添彩，为新业态新就业群体、沿线群众、游客提供精细化、精准化的定制服务，北街商圈综合党委也为商户做好积极宣传，通过服务宣传来带动商户经济效益的提升。

（二）同心发力，基层治理实现新提升

北街商圈综合党委依托商圈爱心商户，选取了8家"小哥"群体消费频次高的商户，给予"小哥"一定的消费折扣，"小哥"们凭爱心卡消费能够感受到实实在在的优惠，形成商户爱心服务典型带动效应，享受"爱心"服务的"小哥"也通过发挥自身走街串巷的优势，在口耳相传中对爱心商户的诚信经营、特色食品进行宣传，提高商户的知名度和经济效益，形成互帮互助、公益宣传的良性互动机制。

（三）暖心助力，赋能发展打开新局面

发挥古城国家4A级旅游景区、北街国家级夜间消费集聚区、国家级旅游休闲街区以及商圈沿线社区紧密联系居民的优势，广纳民意、精心谋划，联合古城游客中心、区文旅局等相关部门单位，结合北街特色，组织策划

全年常态化文旅特色活动、旅游季推广等活动，推出古城、北街特色文旅产品，进一步提升北街旅游吸引力，擦亮北街金字招牌。

四 经验启示

（一）加强组织领导是根本保证

商圈党建涉及各领域、各单位、各行业，是系统建设、整体建设工程，绝不能"单打独斗"。各级党委要充分发挥牵头抓总作用，有效联结有关部门单位和行业，把加强政治引领作为首要任务，扩大党的组织覆盖和服务覆盖，增强党在"三新"领域的号召力和凝聚力，形成党委主导、部门协同、社会参与、齐抓共管的工作格局。

（二）深化联动融合是关键之举

商圈从业人员整体呈现年轻化、知识化、个性化的特点，许多90后、00后生活新潮、思想前卫，团结凝聚在一起不容易。所以，必须更新工作理念，打破行业壁垒，以商圈党组织为核心，协调推动各领域党组织共驻共建、互联互动，充分汇聚和有效整合商圈内各方面资源力量，充分发挥群团组织的优势，有针对性地提供个性化等服务，推进党建和服务深度融合，最终把他们团结凝聚到党的周围。

（三）推动发展共赢是目标导向

互利共赢是互联互动的有效支撑。商圈党建要注重需求导向，将商户、从业人员、游客的需求作为商圈党建工作的出发点和落脚点，不断增强商圈党建工作的针对性、实效性。大力推动商圈与辖区企事业单位共驻共建，建立健全"三个清单"，统筹解决各自实际需求和问题，实现党建和发展共赢，不断营造"党建搭平台、商户唱大戏、群众得实惠"的和谐商圈环境。

（作者：胡志宏，襄阳古城街道办事处；余轶，襄阳古城街道办事处）

点燃"四领四同"新引擎
激发商圈党建新活力

——襄阳市领秀中原商圈党建的探索与实践

【引言】中组部要求"要进一步抓好非公有制企业党建工作，总结推广在楼宇、商圈、园区等建立党组织的做法，不断健全基层组织、理顺隶属关系、优化工作机制"，为切实提升全市两新组织集聚区党建工作质效，襄阳市委组织部积极谋划、大胆创新，探索了以樊城区领秀中原商圈"四领四同"党建工作模式为代表的商圈党建新路径，为激发商圈新活力、推进党建与发展融合提供了有效借鉴。

【摘要】近年来，城市基层治理水平的不断提升、国内外经济环境的深刻变化，使商圈党建面临着一系列新问题和新挑战。面对商圈党组织作用发挥不畅、流动党员难组织、党员作用难发挥、商圈经营发展受困等问题，襄阳市樊城区领秀中原商圈充分发挥党建"助商、聚商、兴商"的"红色引擎"作用，成立领秀中原商圈综合党委，着力开展以"四领四同"模式为特色的商圈党建工作，以党建引领商圈发展，推动组织与工作"两个覆盖"、企业与支部思想共融、党建与发展同频共振，为繁荣市场经济、激发商圈发展新活力提供了有益探索。工作案例经验先后在《湖北日报》《襄阳日报》《领导参考》《党员生活》刊发，案例入选全国"年度百个两新党建创新案例"、2022年全省"荆楚杯"社会治理创新十大案例。

【关键词】商圈党建 领袖中原商圈 四领四同

一 背景情况

领秀中原商圈位于襄阳市樊城区中原路中段，建成于2009年11月，是襄阳市首个现代化大型专业商场式建材卖场，包括领秀中原装饰建材城、写字楼两大部分，商圈承载商户和企业近300家，有各类经营业主和从业人员近千人，现有中共党员83人。在商圈形成之初，仅依托装饰建材城商管公司成立了襄阳市居美物业管理有限公司党支部。

近年来，城市基层治理水平的不断提升，国内外经济环境的深刻变化，使商圈党建面临着一系列新问题和新挑战。一是商圈非公经济组织众多、门类各异，依照传统模式设置党组织，存在单建难、联建散的问题，导致商圈党组织作用发挥不畅。二是流动党员占商圈党员总数的2/3，存在流动党员难组织、作用难发挥的问题，一定程度上党员先锋模范作用有形无实。

🔷 党员联盟凝聚商户力量，变商户"单打独斗"为抱团群暖

三是受新冠疫情、经济形势的影响，商圈发展面临着严峻挑战，商圈党建助推商户经营发展遇到新的瓶颈。四是商圈处于襄阳市火车站、汽车站"两站"辐射重叠区，人员流动性大、从业群体复杂，商户同质竞争、消费矛盾纠纷等问题时有发生，导致治理任务重、难度大。

二 主要做法

（一）红色堡垒领航，组织效能同提升

立足商圈经营管理实际，突出务实管用，创新组织设置，将实体党组织架构与功能型党组织相结合，推动商圈"两个覆盖"扩面增效，建强新时代商圈党组织战斗堡垒。一是优化整合，建"实用型"党组织。全面摸排商圈流动党员情况，实行流动党员与商圈自管党员"同亮相、同活动、同联系、同培养、同关怀、同表彰"的"六同"管理机制，共同参与党员教育管理各类活动。根据商管需要，划分门店出资人、店长和店员、写字楼企业以及商管公司4个类别，设置建材城党支部、商盟党支部、写字楼党支部、居美企业管理有限公司党支部4个党支部，覆盖商圈187家商户和110家企业，将流动党员全部纳入党支部管理，并在此基础上成立商圈综合党委。二是链条合纵，建"发展型"党支部。针对商圈内小微企业、个体商户集中，单打独斗，发展力量薄弱的难题，商圈综合党委聚焦商户经营销售实际，将不同产品门类、不同厂家品牌的党员商户进行链接，组建了8个功能型销售链党支部，每个销售链党支部所属党员商户包含地板、瓷砖、洁具、门窗等家装建材所需不同的商品门类，推动支部党员商户相互推介，共享客户资源和销售渠道，助力共同发展。三是楼层连横，建"服务型"党小组。商圈综合党委在商场卖场实行党员商户"星级管理"制度，评选挂牌63家党员示范商户覆盖每个楼层，并聚焦营销服务提质，以楼层为单位组建6个党小组，隶属于商盟党支部。楼层党小组负责本楼层消费纠纷

和商户矛盾的调解，接受消费者投诉，监督同层商户的经营行为，定期收集商户的意见建议，及时向商圈综合党委反馈市场经营中遇到的困难。

（二）红色先锋领路，党群携手同进步

以凝聚商圈党员先锋力量、发挥党员商户带动作用、辐射商圈从业人员为核心，探索建立党员帮带、店主成长、订单服务等机制，进一步提升党组织在商户、员工中的凝聚力、组织力和服务力。一是建立党员商户"帮带"机制。实行商圈党员"亮身份、亮岗位、亮承诺"机制，划分5个党员责任区，设立10个党员示范岗，结合"我为群众办实事""我为商圈发展献一计"等活动，引导党员积极投身商圈建设。广泛开展"一帮一带"活动，即一名党员帮助一名入党积极分子共同进步，一家党员商户带动周边商户共同发展。由党员确定帮带对象，作出帮带承诺，明确帮带措施，经所在党支部和商圈综合党委审定后向群众公示，结合自身资源优势，帮助解决周边商户在经营销售、安全生产、消费纠纷等方面遇到的困难和问题。对党员和党员商户"一帮一带"成效，党组织定期进行总结讲评，以此作为考核党员和评比党员示范商户的重要条件。二是建立党员店主"育苗"机制。商圈综合党委重点关注店长和店员群体，优先从就业稳定性较好的店长中培养发展党员。在商圈出现商铺空缺时，优先从现有的党员店长中挖掘潜在的店主（门店出资人），由各党支部推荐给商圈综合党委，商圈综合党委帮助其联系和选择熟悉领域的代理品牌、沟通生产厂家、拓展销售渠道。遇到资金困难，商圈综合党委还帮助寻找合伙人，解决创业中遇到的难题，逐步形成了"把店员培养成店长、把优秀店长培养成党员、把党员店长培养成店主"的"育苗"机制。三是建立党组织服务"点单"机制。商圈综合党委依托商圈"红色驿站"建立商圈党群服务站，围绕商户群众需求、门店发展难题，搭建部门和银企直通车，启动"不打烊"政务服务事项，为商圈商户和员工提供政策咨询、员工培训、就业招聘、困难帮扶等多元化定制服务，确保商圈服务有人员、有场地，实现服务商户、服务党员、服务群众零距离，优化商圈营商环境，打造商圈党组织服务品牌。

（三）红色联盟领衔，商户抱团同发展

以商圈综合党委为核心，突出党建引领，将商户凝聚到党组织周围，推动商户协同发展，合作共赢。一是支部牵头建联盟。按照家装全流程的需要，结合商品品牌、价位和风格，针对不同消费档次、不同市场群体，以8个销售链党支部为骨干，分别吸纳20～30家不同商品门类的商户组建8个党建联盟，覆盖172家商户、企业。每个党建联盟由销售链党支部书记担任联盟会长，负责联盟商户的日常联系沟通，统筹整合联盟商户资源，为客户提供最合适的消费服务方案，帮助实力较弱的小门店一起发展。二是集群营销强联动。党建联盟内实行营销"带单还单"机制，推动联盟商户共享客户信息，扩大联盟客户群，并组建渠道、销售、策划各类团队，带领联盟商户开展营销活动，把一些商户的坐销、等销，变为走出去找客

⊛ 红色驿站建在商圈，打通联系服务群众"最后一公里"

户的主动营销，先后组织策划联盟商户开展自我营销、联合营销、线上营销等各类营销活动300余次，做到了月月有活动，周周有效果。党建联盟发动商圈年轻党员带头组建直播带货小组，每年开展9场大型直播，为联盟商户免费网络直播带货，开辟销售渠道，帮助商户解决新冠疫情期间线下销售难的问题。同时，每个党建联盟根据联盟商户的需求，组织开展营销集训、管理培训、员工素质拓展等各类活动，不断提升联盟商户的财务能力、管理能力和营销能力。三是践行公约促联心。每个党建联盟引导联盟商户订立联盟公约，对联盟商户既明确权利，由销售链党支部提供诚信"背书"，享有联盟内各类营销便利、渠道和资源，也明确义务，从安全生产、文明销售、诚信守法等方面规范自身的经营行为。建立联盟退出机制，制定退盟负面清单，党建联盟定期对联盟商户遵规守纪等情况进行评估，对问题严重、影响较大，且整改不到位的，联盟予以除名，并由商圈综合党委和商管公司直接跟踪督办、引导转化。通过联盟公约让商户模范遵守市场各项管理制度，推动形成商户自治体系，促进商户凝心聚力维护党建联盟的整体形象和荣誉。

（四）红色商圈领跑，区域融合同治理

通过引导多方资源下沉、示范带动周边区域协同共治，将强化党组织功能和创新治理有机结合，实现"大小事务不出商圈，区域治理互通融合"。一是政府资源下沉商圈。将商圈综合党委纳入社区"大党委"成员单位，通过每季度定期召开社区"大党委"联席会议，商圈与社区形成了良好的沟通互动渠道和共促共建的工作机制，同时架设了商圈与政府各职能部门之间沟通的桥梁，市场监管、安全生产、疫情防控、减税缴税、用工引才等20多项政府公共服务资源下沉商圈，为商圈健康发展提供不竭的动能。二是商圈治理辐射周边。充分发挥商圈综合党委"建设一个支部、影响一批党员、服务一群商户"的示范引领作用，打通从商圈管理层到企

业、商户及员工的"治理脉络",依托街道"大工委",将商圈治理经验逐步向周边商圈区域拓展,结合不同商圈实际,领秀中原商圈附近的乐福天下商业广场商圈、火车站商圈等商圈区域纷纷复制引入积分制管理及优秀商户评定挂牌等制度,带动周边商圈治理得到全面提升。三是区域拓展协同共治。社区党委通过推行"三方联动、多元共治"机制,联合商圈综合党委和附近小区、公寓楼"双报到"党组织,搭建社区、小区业委会、物业公司、商圈等多元参与的协商平台,将商圈党员活动室打造成区域治理红色会议室,以召开联席会议、举办"幸福夜话"等活动为载体,解决社区、小区治理中遇到的问题,推动商圈党组织自觉承担社会责任,发动商圈党员群众主动参与基层治理,深入开展美好环境与幸福生活共同缔造活动。

三 工作成效

(一)商圈党组织由"功能不强"变"坚强有力"

领秀中原商圈自实行"四领四同"党建模式以来,从商户经营发展的实际出发,探索创新"一横一纵全覆盖"务实管用的组织体系,把商圈61名流动党员全部纳入党支部管理,实现党员组织安家、思想安心、岗位安业。通过组建销售链党支部,把组织建在商圈发展的一线、建在商户需求的一线,充分发挥党组织在商圈发展中的领航作用,得到了商圈党员的全力支持、鼓励了流动党员主动作为、吸引了群众积极靠拢。各楼层党小组累计接收各类消费投诉、纠纷124件,能够解决的纠纷当场解决,难以解决的问题提请商圈综合党委和商盟党支部调解,实现了"小纠纷不出楼层,小矛盾不出市场,问题解决在商圈"的目标。通过建强组织构架,将党的政治优势转化为商圈商户的组织优势,商圈党组织提升了组织力,增强了政治功能和组织功能。

（二）商圈管理由"商管推动"变"党建赋能"

领秀中原商圈通过发挥党组织战斗堡垒和党员先锋模范作用，切实增强党员的身份意识和责任意识，商圈党员群体中逐步形成了浓厚的争先创优氛围，在点上打造党员示范店、在线上打造零投诉示范楼层、在面上打造诚信商圈，改变了过去依靠商业行为管理市场的模式，推动基层党建为商圈管理赋予红色动能。通过开展"一帮一带"让83名党员和46家党员示范商户领任务、亮承诺，结对培养入党积极分子21人，党员商户累计帮助解决周边商户在经营销售、安全生产、消费纠纷等方面遇到的困难和问题47个，让每名党员成为一面旗帜，成为商圈经营管理中的骨干力量，在引领发展、调解纠纷、规范经营等工作中时刻发挥模范带头作用。通过党员店长"育苗"机制，商圈不仅将90%以上的商户成功留在商圈经营10年以上，也极大地提升了党组织的吸引力和党员的荣誉感，促使商圈的年轻店主纷纷递交入党申请书，3年来商圈共接收入党申请46人，新发展党员8名，一批优秀商管、店主和店员加入党员的队伍中来，为商圈党建的发展奠定了坚实的基础。

（三）商户关系由"单兵作战"变"抱团发展"

领秀中原商圈综合党委切实承担起维护经营秩序、促进和谐发展的职责，把党建工作与助推经济发展、维护经营秩序紧密结合，以销售链党支部为基础，把商圈内松散的经济实体紧密凝聚在一起，中小商户从"单兵作战"变成"抱团取暖"，打开商圈经营销售新格局，不断提升服务客户质量，增强商户发展的竞争力。在党建联盟的带动下，商圈逐步形成党员争做先锋强服务、商户诚信经营讲信誉、商圈整体发展上台阶的良好局面。近年来虽然受到新冠疫情、市场形势的影响，但绝大多数商户没有出现明显业绩下滑的现象，部分企业甚至实现了不降反升。充分发挥联盟公约的监督约束作用，建立健全商户自治机制，不断规范联盟成员的经营行为，形成优质的联盟服务信誉，促进联盟商户销售提升的良性循环。

（四）基层治理由"单向管理"变"多元共治"

商圈作为城市经济发展的源泉，在为城市发展创造大量财富的同时也成为城市基层治理的重要组成部分。商圈繁荣则经济平稳，经济发展带动社会和谐。通过"四领四同"党建模式，搭建了推动基层治理与繁荣商圈经济的桥梁，社区与商圈先后开展各类共建活动12次，解决涉及企业安全生产、文明创建、群众文体活动等各类问题16个。根据商圈的经营状况、发展规划和需求，通过街道"大工委"、社区"大党委"搭建平台，市场监管、应急管理、人社等部门协同配合，新冠疫情期间共解决商圈商户问题和诉求23项，提供就业岗位40多个，减免商户房租约750万元，扶持小额担保贷款400多万元，做到了"有求必应、无事不扰"，改变了过去基层治理多元主体"各管一摊"、力量分散的局面，为城市基层社会治理增添了动能，商圈商户和群众的获得感、幸福感、安全感显著提升。

四 经验启示

（一）商圈党建必须把强化政治引领作为首要任务

商圈综合党委的政治引领是核心，强化商圈党建的政治功能是首要任务，通过商圈综合党委的引领，逐步提升商户的政治意识和思想认识；通过成立商圈党建联盟、挂牌党员示范商户，激发商圈党组织和党员想对策、解难题、促消费的主观能动性；通过党员的模范带头和积极奉献，引导商圈员工、周边群众积极参与商圈建设、基层治理，不断增强党在商圈中的号召力和凝聚力，把商圈党建作为商圈招商引资的亮丽名片。

（二）商圈党建必须坚持与商家生产经营相互融合

抓党建就是抓发展，抓好党建等于抓住了高质量发展的"牛鼻子"。商圈党组织设置、党的工作覆盖都必须紧密结合商圈经营发展实际，满足商家的经营发展需求。商圈党建只有在与商户生产经营的融合中才能获得商户负责人（出资人）的认可，支持党建工作，才能赢得商户和员工的拥护，团结在党组织的周围，使商圈党建更具生命力，深入持久地发挥政治引领作用，彰显凝聚共识的力量。

（三）商圈党建必须在不断探索和创新中寻求破题之策

商圈各类经营业主量大面广，不同行业、不同业态的经营方式各异，传统的非公有制企业的党建方法和党组织设置方式不能适应商圈生产经营的需要，必须结合商圈经营发展的特点和经营业主、从业人员的需求实际，深入商圈商户生产经营过程，找出党组织发挥作用的结合点，根据需求探索和创新党建工作方法，增强党建在商圈发展中的生命力。

（作者：胡若晨，樊城区政协）

党建引领"为老事"
托起幸福"夕阳红"

——襄阳市推进"党建引领老年人关爱行动"的实践与探索

【引言】党的二十大报告提出:"实施积极应对人口老龄化国家战略,发展养老事业和养老产业,优化孤寡老人服务,推动实现全体老年人享有基本养老服务。"2023年5月29日,襄阳市委常委会专题研究通过《关于深入实施基层党建"强基赋能"工程的方案》,印发《关于实施党建引领老年人关爱行动的方案》,决定在全市开展"党建引领老年人关爱行动"。力争通过3年努力,构建市养老服务指导中心、县(市、区)养老服务指导中心、街道(乡、镇)综合为老服务中心、社区(村)养老服务驿站、居家养老家庭五级养老服务网络,所有街道和有条件的乡镇至少建设1处具备全托、日托、上门服务等综合功能的社区养老服务设施,社区日间照料设施覆盖率达到100%,"一刻钟"居家养老服务圈基本建成,基本养老服务体系持续完善,老年宜居的社会环境初步建立,养老服务供给结构不断优化,养老服务质量持续改善。

【摘要】近年来,我国人口老龄化呈现出总体规模庞大、进程明显加快、高龄人口剧增等特点,襄阳市老龄人口占比高于全国、全省的平均水平,老龄化程度正在持续加深,这对襄阳市老龄工作和养老服务工作带来了一系列新问题和新挑战。面对为老服务政治引领亟须加强、服务能力亟待提高、关爱帮扶亟需精准、老有所为亟待发挥等问题,襄阳市以习近平新时代中国特色社会主义思想为指导，贯彻落实习近平总书记关于老龄工作的重要指示精神，坚持党对养老服务工作的全面领导，发挥基层党组织战斗堡垒作用和党员先锋模范作用，强化政治引领，提升服务能力，开展关怀帮扶，促进老有所为，全面推进我市养老服务工作高质量发展，让老年人共享改革发展成果、安享幸福晚年。经过探索、实干、创新，成效初显。省民政厅党组书记杨泽发、厅长李丽给予充分肯定，《党建引领"为老事"托起幸福"夕阳红"》荣获2023年度全省民政领域改革创新案例。相关做法先后在人民日报、经济日报、中组部组工信息、学习强国等刊发，2024年8月29日《中国社会报》在头版以《党建引领"为老事" 托起幸福"夕阳红"》为题对襄阳市进行了专题报道。

【关键词】党建引领 老年人关爱服务

一 背景情况

根据第七次人口普查数据，截至2020年10月底，襄阳市60岁及以上老年人108.90万人，占总人口的比重为20.70%，老龄人口占比高于全国、全省的平均水平，老龄化程度正在持续加深。市委、市政府对养老服务体系建设和养老服务工作高度重视，建立健全了"襄阳市养老服务联席会议制度"，"党委领导、政府主导、民政牵头、部门联动、社会参与"的基本养老服务体系逐步完善。先后将养老服务体系建设列入"2014—2016年改善民生三年行动计划"和2018年、2020年至2024年市政府民生实事项目，市委改革办每年将养老工作列入改革任务清单。印发《襄阳市养老服务体系建设"十四五"规划》《襄阳市"一老一小"整体解决方案》《襄阳市基本养老服务清单》。原省委常委、市委书记王祺扬亲自领办"党建引领老年人关爱行动"，强调要坚持党建引领，坚持人民至上，站稳群众立场，关

◉ 老人们在"幸福食堂"愉快进餐

心关爱老年群体，加快基本养老服务体系建设，确保老有所依、老有所养、老有所医、老有所乐。

　　为推动"党建引领老年人关爱行动"扎实有效开展，市委组织部将关爱行动纳入年度党建考核内容，建立健全了组织部门统筹协调，民政部门牵头负责，发改、财政、卫健、老干、人社、住新、①自建、②医疗保障等部门分工负责的工作机制，并实行月调度月晾晒、季观摩季交流、常态指导督办。

二 主要做法

　　以解决老年人的急难愁盼问题为出发点和落脚点，从4个关键环节发力推动，通过健全组织体系来强化政治引领，夯实基层基础来提升服务能

---

　　① 市住房和城市更新局。
　　② 市自然资源和城乡建设局。

力，实施"银发暖心"来开展关爱帮扶，激发银发力量来促进老有所为。

（一）健全组织体系，强化政治引领

一是扩大组织覆盖。加强养老服务机构党组织建设，发挥好战斗堡垒作用。倡导机构内党员职工发挥模范作用，争做养老服务先锋。成立襄阳市养老服务业协会，在养老机构、为老服务组织、社会公益团体等搭建形成"社会组织综合党委－为老服务联合党总支－养老机构党支部"的组织架构，使党的组织和工作有效覆盖全市养老机构和为老服务组织。

二是加强政治引导。组织引导离退休干部党员深入学习习近平新时代中国特色社会主义思想，深刻领悟"两个确立"的决定性意义，增强"四个意识"、坚定"四个自信"、做到"两个维护"。以老年人喜闻乐见的方式，充分阐释党的创新理论，全面展示辉煌发展成就，号召老年群体听党话、感党恩、跟党走。对年老体弱、行动不便的老党员，运用短信、微信等平台开展"微课堂"式送学上门。

三是深化教育管理。加强养老服务机构内老党员教育管理，通过机构内老党员自愿选择党组织关系转接或原党组织隶属关系不变，加入养老机构所在党支部接受教育管理"双通道"模式，建立对老党员的共管机制。充分考虑老党员年龄差异、身体条件、心理需求等情况，结合实际抓好"三会一课"、支部主题党日、民主评议党员等制度落实，整合资源建立老党员驿站等学习活动阵地，就地就近就便开展组织生活。

（二）夯实基层基础，提升服务能力

一是加强养老服务设施建设。深化公办养老机构兜底保障作用，大力发展民办养老机构，采取多种方式促进社会化养老服务快速发展。在新建居住（小）区，严格按照"同步规划、同步建设、同步验收、同步交付使用"的要求，落实每百户不少于建筑面积20平方米的养老服务设施配建标准。对没有规划养老服务设施的老旧小区，纳入城市更新和完整社区建设，统筹整合和充分利用国有办公用房、厂房、商业设施等各类闲置场所和资源，按标准补齐配套养老服务设施。大力扶持医养结合、康养一体的养老设施建设。实施居家适老化改造工程，加快推进无障碍环境建设和老旧小区加装电梯等适老化改造。建设"家庭养老床位"，健全建设、运营、管理制度，提升居家社区养老品质。持续完善以居家为基础、社区为依托、机构为补充、医养相结合的养老服务体系。

二是推动养老服务资源下沉。推进养老服务阵地与党建服务阵地资源融合共享，在党群服务中心统一设置为老服务标准功能。整合"红色驿站"、老年学校、社会工作站（未成年人保护工作站）等资源，共用活动场所，共享运营资源，因地制宜开展助医、助养、助餐、助学、助洁、助行、助急"七助"服务。设置政务服务终端，推动医保、养老金、高龄补贴、老年卡办理等服务前移。

三是拓展"智慧养老"应用范围。推进襄阳市五级智慧养老服务平台建设，构建市、县（市、区）、乡镇（街道）、社区（村）和居家养老家庭五级全覆盖的智慧养老服务平台。依托服务平台为有需求的老年人提供"一键呼叫"等服务，实现"线上+线下"居家和社区养老服务方便可及。加强互联

▲ 2024年7月，市恒泰·悦居工作人员热情服务老人

网和生物识别技术的运用,探索建立老年人补贴远程申报审核机制。加强老年人身份、生物识别等信息安全保护。

（三）实施"银发暖心",开展关爱帮扶

一是解决就医难问题。推进医疗资源下沉社区（村）,推动养老服务机构与医疗卫生服务机构同址或临近设置,配足医疗保障人员,每个社区（村）至少配备1台自主健康监测设备。落实为65周岁以上老年人提供一年两次免费体检项目。探索发展居家护理服务,推进基层医疗卫生服务机构和医务人员与老年人家庭建立签约服务关系,对特殊困难老年人提供"一对一"家庭医生服务。巩固提升老年友善医疗机构建设成果,推进老年人就医优待服务全覆盖,70周岁以上老年人免收普通门诊挂号费,改善老年人就医体验。

二是解决就餐难问题。依托社区养老服务驿站、星级养老机构、农村幸福院、社会餐饮企业等,整合资源、因地制宜加大幸福食堂建设力度,实现中心社区幸福食堂建设全覆盖,居住集中、需求较大村组建设全覆盖。开展老年人助餐行动,合理规划建设老年助餐点,支持已建成的幸福食堂规范管理运营,加强老年人助餐服务。支持符合条件的餐饮企业运营幸福食堂（老年助餐点）、设置老年餐桌。鼓励居民区内的养老机构为周边老年人提供就餐和送餐上门服务,着力解决老年人就餐难问题。

三是解决就学难问题。推进老年大学向基层延伸,整合各类服务阵地,嵌入老年教育和为老服务,2023年实现乡镇（街道）老年学校全覆盖,60%的社区建有老年学校,到2025年覆盖80%的社区、40%的村。鼓励养教结合创新实践,支持社区养老服务机构建设学习点。推动服务平台下基层,市、县老年大学提供"老年开放大学""网上老年大学"服务,用好市级教学直播平台、多媒体网络资源。推进优质资源下基层,在市、县两级老年大学开办基层辅导员班,为基层老年学校培养后备教师,动员和鼓励优秀教师、骨干学员常态化巡回开班授课，提高基层办学质量，满足老年人多样化精神文化需求。

四是解决救助难问题。以社区（村）为单元，建立独居、空巢、留守、失能、重残、计划生育特殊家庭等困难老年人基本信息库，对生活困难的老年人及家庭给予临时救助。组建以帮扶救助老人为重点的志愿服务组织，推动党员下沉小区（湾组）与养老志愿服务深度融合，积极开展结对帮扶活动，为老年人提供生活照料、精神关怀、需求转介、出行帮扶、权益维护等服务。充分整合社区（村）、社会工作者、社区社会组织、社区志愿者、社区公益慈善资源，建立积分奖励等激励机制，组建多元参与的志愿服务队伍，广泛开展老年人关爱服务工作。鼓励开展邻里互助型志愿服务。关注老年人心理健康，及时提供心理疏导干预，加强精神关爱。

（四）激发银发力量，促进老有所为

一是鼓励老年人发挥作用。发挥老年人智力、经验、技能优势，引导老年人根据自身情况，主动参与家庭、社区和社会发展。组织老党员、老干部、老专家、老军人、老模范、老教师等群体在参与基层治理、移风易俗、民事调解、文明创建等方面积极发挥作用。建立老年人才信息库，为有劳动意愿的老年人提供职业介绍、职业技能培训和创新就业等方面的便利和服务。组建医院老专家志愿巡诊团到社区（村）流动开展医疗巡诊、健康教育等活动。推广"时间存折"等志愿活动方式，加快老年志愿服务组织健康发展。

二是积极培育优秀典型。宣传"老有所为"老年人典型，深挖优良作风、精神传承和感人事迹，用典型教育激励广大老年人以及中青年和少年儿童。宣传推广最美敬老爱老助老示范社区（村）、最美敬老爱老幸福家庭、最美敬老爱老助老模范人物、最美长者、最美养老护理员等"最美"典型。

三是营造老年友好环境。开展人口老龄化国情市情教育，持续开展

"敬老月"活动，加强孝文化宣传教育，营造尊老、敬老、爱老、助老的社会风尚。加强老龄政策法规教育，强化老年人自尊、自立、自强、自爱意识。丰富老年人的精神文化生活，建立健全老年人教育体系。推进老年人权益保障普法宣传，提高老年人维权意识和能力。建立涉老矛盾纠纷的预警、排查、调解机制，依法严厉打击针对老年人的违法犯罪活动。

三 工作成效

在市委组织部的统筹领导下，民政部门认真牵头负责，发改、财政、卫健、老干、人社、住新、自建、医疗保障等部门各负其责，市、县两级同心同向、协同推进，"党建引领老年人关爱行动"成效初显。

（一）党建领航夯实基层基础

2024年6月，在市委、市政府的重视关心下，经市委编委会研究同意设立襄阳市养老服务指导中心，为襄阳市民政局所属的公益一类事业单位，核定事业编制5人。各县（市、区）也相继成立了本级养老服务指导中心。由市养老服务指导中心、县（市、区）养老服务指导中心、街道（乡、镇）综合为老服务中心、社区（村）养老服务驿站、居家养老家庭组成的五级养老服务网络构建工作取得重要进展。同月，襄阳市养老服务业协会成立暨党建指导员选派大会举行，特聘请湖北文理学院原党委副书记、襄阳市助老联合会党支部书记王化凯作为协会的党建指导员，111家养老机构、养老企业、居家养老服务组织、医养结合的医疗机构将按照"两个覆盖"要求做好党建工作，并立足自身实际推动"党建引领老年人关爱行动"各项具体任务的落实落地。

（二）"银发暖心"破解"四大难题"

解决就医难题，推动落实完善一个医疗服务中心、配备一批医疗仪器、建立一套居家健康养老基本服务保障制度"三个一"要求，提高村（社区）

层级医疗服务保障水平。解决就餐难题，在中心社区加快幸福食堂建设，依托社区养老服务驿站、星级养老机构、社会餐饮企业等多种方式提供老年人就餐服务，因地制宜建设幸福食堂107个。解决就学难题，建成463所基层老年学校，实现乡镇（街道）老年学校全覆盖，招收学员5.7万余人；建立全市老年教育师资库，开办30期基层老年学校辅导员班，4780人次参训，培养450余名后备教师，1860名师生骨干在基层开班授课，让更多老年人在家门口就能上大学。解决救助难题，发挥党组织引领作用，以"五社"联动、"结对"互助等多种形式，清单化、体系化、常态化对特殊困难老人进行生活救助和心理关爱，建立特殊困难老人包保帮扶关系1.2万余对，设立老年心理关爱项目点25个。

（三）民生实事赢得群众肯定

2023年，襄阳市统筹推进省市民生实事项目，新建街道（乡、镇）社区养老服务综合体10个，改造提升农村互助照料中心19个。继续实施"一户一策""无申享"和全程监理，为全市2000户特殊困难的老年人家庭进行适老化改造。推进全国居家和社区基本养老服务提升行动项目，在全市范围内建成3863张家庭养老床位，为7727名老人开展上门服务24万余次。2024年继续实施养老服务民生实事项目，全市将对2000户特殊困难及低收入老年人家庭实施适老化改造。新建街道（乡、镇）社区养老服务综合体11个，改造提升农村互助照料中心20个。根据2024年一季度湖北省公共服务质量监测报告显示，襄阳市在养老服务领域排名全省第三，高于全省平均水平，比2023年第四季度（排名第6）提升3个名次，以民生实事项目为抓手的党建引领老年人关爱工作赢得了广大群众的肯定。

四 经验启示

"党建引领老年人关爱行动"是一项意义重大的探索创新举措，第一位在强化党建引领，思想上必须树牢宗旨意识，工作中必须坚持系统观念，行动上要突出精准关爱。

（一）必须强化党建引领

习近平总书记反复强调，党政军学民东西南北中，党是领导一切的。加强养老服务工作，离不开党的坚强领导。推进"党建引领老年人关爱行动"，关键是要发挥党组织总揽全局、协调各方的领导核心作用，构建党委领导、政府主导、社会参与、全民行动的工作格局，为推进养老服务工作排忧解难，切实把党的政治优势、组织优势转化为养老服务工作高质量发展的优势。

（二）必须树牢宗旨意识

我们党自成立之日起，就把为中国人民谋幸福、为中华民族谋复兴作为自己的初心使命，让老百姓过上好日子是我们一切工作的出发点和落脚点。老有所养是全体中国人民的夙愿。实施"党建引领老年人关爱行动"，必须牢固树立宗旨意识、增强民本情怀，秉持"民政为民，民政爱民"的理念，用心用情解决好老年群体的"急难愁盼"问题，真正把习近平总书记提出的为民造福政绩观更好地践行下去。

（三）必须坚持系统观念

系统观念是具有基础性的思想和工作方法，是贯穿习近平新时代中国特色社会主义思想的重要认识论、方法论。推进"党建引领老年人关爱行动"是一项复杂的系统工程，涉及领域广、事项多、人员众，必须坚持系统观念，市、县联动、统筹谋划、协同推进，构建横向到边、纵向到底的工作体系，实现市委编办、市委宣传部、市委老干部局等20个成员单位全覆盖，确保各项工作分工明确、协作紧密、稳步推进。

（四）必须突出精准关爱

党中央提出"要完善养老基本服务体系建设"，基本就是要做到"兜底线保基础", 对老年人必须保障到位, 这是必须兜牢的底线。鉴于老年群体需求多元化、利益诉求比较复杂, 必须坚持精准服务, 聚焦老年人反映强烈的就医、就餐、就学、救助难题, 精准施策、精细关爱, 让老年群体看到变化、见到实效、得到实惠, 真正有获得感、安全感、幸福感。

（作者：曹黎，襄阳市民政局；施海潮，襄阳市民政局；张平，襄阳市民政局）

党建引领强基础
为老服务"三下沉"

——襄阳市优化老龄工作体系的实践与探索

【引言】党的二十大报告指出："实施积极应对人口老龄化国家战略，发展养老事业和养老产业，优化孤寡老人服务，推动实现全体老年人享有基本养老服务。"随着我国人口老龄化进程的加快，加速发展为老服务，增加为老服务的资源，提高为老服务的质量，已经成为推进民生领域改革发展的重要内容。当前，随着老年人口持续增加，人口老龄化程度不断加深，给公共服务供给、社会保障制度可持续发展带来了巨大挑战。老干部工作部门作为积极应对人口老龄化国家战略的重要参与力量，在推进为老服务方面，应当走在前、作表率。

【摘要】2021年10月13日，习近平总书记对老龄工作作出重要指示，要求加大制度创新、政策供给、财政投入力度，健全完善老龄工作体系，强化基层力量配备，加快健全社会保障体系、养老服务体系、健康支撑体系。市委老干部局按照党建引领老年人关爱行动的总体部署，突出思想引领、提升精准服务，以老干部工作高质量发展助力党建引领，老年人关爱行动取得新成效，老干部队伍整体呈现出康乐有为的新时代新老年新风貌。经过实践与探索，我们积累了宝贵经验，取得了显著成效。强化党建引领，提升基层组织"战斗力"；建好服务阵地，提升为老服务"行动力"；健全工作机制，提升为老服务"协作力"；优化精准服务，提升为老服务

"亲和力"。

【关键词】为老服务　平台建设　精准服务

一 背景情况

2022年8月31日，襄阳市印发《襄阳市关于推动资源服务平台下沉的实施方案》，聚焦当前人民群众和市场主体普遍关注、获得感较强的服务事项，着力解决基层资源有限、力量薄弱、服务能力不足等突出问题。襄阳市"十四五"养老服务规划提出，对14个城市公办养老机构提档升级、建设80个示范性社区居家养老服务中心、30个规范性社区嵌入式养老机构，以具体项目推动老干部服务阵地向基层延伸。市委组织部、市委老干部局以此为契机，推动党建引领为老服务资源服务平台下沉基层，提升包括广大离退休干部在内的老年人服务保障水平。

二 做法成效

襄阳市坚持以习近平总书记关于老干部工作的重要论述为根本遵循，服务大局，守正创新，高标准、一体化推进老干部工作高质量发展。截至2023年底，全市共有离退休干部7.6万人，占老年人口的6.9%；离退休干部党员4.2万人，占党员总数的11.9%。近年来，市委老干部局按照党建引领老年人关爱行动的总体部署，突出思想引领，提升精准服务，以老干部工作高质量发展助力党建引领为老服务资源服务平台下沉，取得良好成效。

（一）强化党建引领，提升基层组织"战斗力"

认真贯彻落实市委《关于加强离退休干部党的建设工作的实施意见》精神，围绕"强基赋能"工程，深入开展离退休干部党建工作攻坚行动。一是抓实政治建设。坚持用习近平新时代中国特色社会主义思想凝心铸魂，针对离退休干部实际健全完善"四个以学"长效机制，组织离退休干部学习贯彻党的二十届三中全会精神，开展党纪学习教育，市、县两级举办8次离退休干部党支部书记（委员）培训班，分层、分类举办培训班、宣讲会、报告会380多场（次），培训离退休干部党员2.3万人次。组织3.2万名老干部参加"赞辉煌成就·聚银发力量"专题调研，市老年大学"银发智库"高级研究班围绕项目建设、银发经济、老旧小区改造等重点工作献计献策，为党委政府提供决策参考。二是抓实思想建设。发布8期《离退休干部党支部学习指南》，制作发布"我和共和国共成长"微宣讲视频，先后2次组织6.9万人次收看"全国离退休干部网上专题报告会"。组织800多个"风范长者"宣讲团、1200多名老同志进社区、进机关、进学校开展"讲好中国故事"宣讲活动1500场次，听众达12万人次。襄阳军分区原司令员田国基和80名市老年大学学员党员参加全市"公开党课我来讲·学习榜样有

▲ 谷城县退休干部叶华程开办"劝学图书馆"

力量"活动，充分展现"银发先锋"亮丽风采。倾心开办"劝学图书馆"10余年的谷城县退休干部叶华程入选2024年第二季度"中国好人榜"。三是抓实组织建设。按照应建尽建要求，把党支部建在老年大学班级、涉老协会、老干部居住地，全市共建立983个离退休干部党组织。按照"六好"标准，扎实推进"六好"离退休干部示范党支部创建，南漳县李庙镇机关退休党支部被确定为全国离退休干部先进集体候选对象，确定10个省级示范党支部候选对象，示范带动全市各级离退休干部党组织对标对表、创先争优，将广大老同志始终凝聚在党的旗帜下。

（二）建好服务阵地，提升为老服务"行动力"

认真落实襄阳市基层党建"强基赋能"工程要求，积极参与推进"银发暖心"行动，将老干部学习活动阵地建设与社区（村）养老服务设施建设有效衔接、融合推进。一是大力推进老年大学向基层延伸，建设"1+N"综合为老服务体系。认真落实省市政府民生实事项目要求，推动建成529所基层老年学校，16所乡镇（街道）骨干老年学校和22所村（社区）骨干老年学校，扎实推进老年大学向基层延伸量的覆盖、质的提升"双见效"。以老年大学为中心，依托党群服务中心、为老服务中心、红色驿站等，推进资源服务平台下沉N个老年学校，形成以老年教育为基础，融合党建、文体、医康、助餐等功能的"一刻钟为老服务圈"，推进养老服务与各类阵地资源融合共享，有效解决老年人就医、就餐、就学、救助难等问题。由市委组织部指导建成的襄阳古城综合为老服务中心，采取"政府主导、国企参与、公建民营、社区共建"模式，建设兼具公益性居家养老和机构养老相结合的为老服务综合体，配套建设老年学堂、幸福食堂、老党员课堂、康乐驿站等公益服务设施，提供助学、助餐、助浴、助洁、助医等服务，周边3个社区、1700多名老年居民每天来此学习活动。二是有效整合资源，探索推进"社区+家庭"养老服务模式。围绕"我为老干部办实事"主题，深入开展"进老干部门、知老干部情、解老干部难"活动，建立"一人一策"服务台账。搭建"笑颜义工""时间存折"志愿服务平台，常态化开展"送学习、送温暖、送健康"活动。整合涉老部门资源，为近500名老同志提供"家庭养老床位""适老化改造"等"微服务"。襄城区真武山街道将"社会+社区"资源整合，真正实现老年群体"床边养老不离家、身边养老不离亲、周边养老不离群"，满足长者多样化养老服务需求，同时有效利用周边适老资源、生活配套设施，打通养老服务"最后一公里"。三是搭建服务平台，开辟"党建+养老"新模式。创新离退休干部党组织设置，把党支部建在老年大学班级、涉老协会、老干部居住小区和楼栋里。开展"暖流汇襄"行动，建立离退休干部流动党员登记备案、定期汇报思想、常态组织学习等机制，线上推送学习资料、线下寄送"红色包裹"，用好共享式"老党员驿站"等阵地，让流动党员及时参加学习、就近开展活动。南漳县

🔺 襄阳市"风范长者"宣讲团成员梁发双开展宣讲活动

运用"党建+"小阵地发挥大作用，邀请讲政治、能力强、阅历深、见识广、经验足、有专长的老同志就地就近担任党建指导员、"红色屋场长"站长，当好红色宣讲员、关爱帮扶员、科技服务员、矛盾调解员、健康服务员、文化宣传员，用"党旗红"托起"夕阳红"。

（三）健全工作机制，提升为老服务"协作力"

一是完善工作机制。开展老干部工作制度建设年和制度落实年活动，完善一系列打基础管长远的制度和办法，形成政策问答、精准服务案例等一批汇编、指南、手册、标准和体系，为老干部工作提供政策支撑和工作路径。近年来，襄阳市先后完善离退休干部党的建设、困难帮扶等6项工作制度，细化工作标准和服务措施。二是实施提能工程。将老干部工作纳入市级干部培训计划、列入各级党校主体班课程、作为基层党务干部必学知识，通过培训让老干部工作政策在基层落细落实。2023年7月，举办全市老干部工作推进会暨全市老干部工作人员"学习二十大·奋进新征程"示范培训班，对党的二十大精神、加强新时代离退休干部党的建设和老干部业务政策进行专题辅导，邀请市民政局、市人社局、市医保局等相关部门业务人员进行涉老政策讲解，持续提升老干部工作人员的能力素质。三是加强考核调度。将老干部工作纳入各级领导班子考核、深化改革任务、干部培训计划、党组织书记述职评议的内容，坚持从严从实对全市老干部工作月督办、季调度、年考核，闭环落实。联合市委组织部评选首批30个离退休干部党建、老干部学习活动阵地示范点，给予80万元资金奖补。

（四）优化精准服务，提升为老服务"亲和力"

一是优化为老服务事项。襄阳市将优化为老服务环境作为改革突破项目纳入全市工作大局，面对面征求老干部意见，到现场进行沉浸式体验，持续优化改进服务质量。以"高效办成一件事，打造全省最优、老干部最满意的服务环境"为目标，全面梳理41项为老服务事项，选择老干部丧事办理、医药费报销、优待证办理等17个高频、普惠事项，打造为老服务襄阳质量标准体系。二是优化为老服务体系。将落实离休干部政策待遇与为部门减负、简化工作流程、无申请兑付相结合，主动担当、一体对接财政、养老、医保等部门，统筹做好离休干部护理费提标增发、离休补贴落实等工作，实现资金直达单位、待遇直达个人。建立干部荣誉退休、优化优待事项、开展慰问帮扶、"一人一策"精准服务的"暖心服务链"，打造医保政策宣讲、开展健康体检、伴随就医"走流程"的"健康守护链"，将老干部优待工作贯穿老干部生活全方位，畅通优待服务"最后一公里"。三是拓展为老服务渠道。将为老服务作为"双报到"重要内容，推动下沉党员积极参与养老志愿服务。探索"物业服务＋养老服务"模式，推动物业服务企业及其员工积极为困难老人提供帮助，鼓励低龄健康老人开展对失能老人的互助照料活动。深入开展"笑颜义工"助老志愿服务，组建1个服务总队、11个县（市、区）分队、50多个社区志愿服务站，注册志愿者5600余人，确定了家政服务、医疗保健、精神慰藉、法律咨询4类32项志愿服务项目，组建了法律咨询、医疗保健、家电维修、文艺表演等8支专业服务队，建立了以"时间存折"为主要方式的志愿服务时间记录体系，常态化开展志愿帮扶活动。

三 经验启示

　　党建引领为老服务资源服务平台下沉能够有效促进为老服务向基层延伸，更好地满足老年人的需求。在实践过程中仍然存在一些问题需要切实加以解决，取得的经验需要我们进一步总结思考，为今后形成制度规范筑牢基础。

（一）完善服务机制，平衡分配为老服务资源

　　将推进为老服务资源服务平台下沉作为老干部工作融入基层治理的切

入点、关键点和落脚点，完善服务机制，加强工作沟通、信息共享、数据归集、系统对接，形成各司其职、各负其责、密切配合、齐抓共管的良好工作格局。整合组织、宣传、老干、文旅、民政、人社、卫健等多部门服务职能，统筹将为老服务资源向基层延伸，避免基层同质化建设和供给路径重叠。通过政策引导和资源整合，提升基本养老服务领域均等化水平，解决区域发展不平衡、城乡差距较大的突出问题。

（二）丰富服务载体，拓展智慧养老服务渠道

坚持需求导向，紧盯老年群体差异化需求，科学合理谋划，找准工作切口，以更大力度、更快速度，让更多更精准的服务事项、更优质的服务业态下沉到老年人身边。将各类信息系统整合到"一张网"，把各部门的服务功能集成到一个基层阵地，确保数据"不打架"、群众少跑腿、服务更方便。建立完善的信息传递平台和渠道，通过社区工作人员上门宣传、老党员驿站、老年学校、老干部工作微信公众号等多种方式，向老年人传递为老服务资源信息。持续推进老年大学向基层延伸，把老年学校办到老年人家门口，针对老年人需求，开设智能手机应用课程、讲座，帮助老年人跨越智能化、数字化带来的"数字鸿沟"。同时，运用现代信息技术手段，推动建设和优化老年人适用的信息化服务平台，例如，整合民政服务资源、老年大学教学资源、基层卫生健康资源，建立为老服务综合平台，提供老年教育教学、生活困难救助、适老化改造、居家养老、远程医疗等涉老服务，让老年人可以一个平台、一个渠道、一种方式轻松便捷地获取相关服务和信息。

（三）整合服务资源，提升精准为老服务能力

整合政府资源和社会资源，在为老年群体服务的基础上，激发广大老同志参与社会活动的积极性和能动性，提升为老服务资源平台下沉的社会效益。在服务阵地建设上，可以采取政府部门、社会组织、爱心企业共同

参与的方式，充分发挥各方优势，在有条件的村（社区）先行先试，对农村福利院、村（社区）卫生服务中心、农家书屋等现有公共服务机构进行功能整合和设施改造，设立集供餐、医疗、健身、教育、娱乐和心理疏导等功能于一体的为老服务阵地，提供经济供养、生活照料和精神需求"一站式"服务。在服务队伍建设上，要以乡镇（街道）、村（社区）为重点，发现、培育一批为老服务的志愿团队和专业人员，给予业务指导、人员培训、经费扶持，提升基层为老服务队伍的专业素养和服务水平。在服务方式上，要针对老年人的不同需求，创新服务模式，提供更加多样化的服务项目，既要开展助学、助餐、助洁等生活服务项目，也要开展健康讲座、心理慰藉、康复训练等精神服务项目，通过整合利用现有公共文化服务资源，统筹开发符合新时代老年人和当地文化传统的文化娱乐形式，推广健康老龄化、积极老龄化理念，满足老年人不同类别、不同层次的需求。要依托美好环境与幸福生活共同缔造活动，积极开发老年人才资源，激励老年人积极参与村（社区）治理，满足老年人的社会参与需求，以"情暖夕阳"的温度成就"银发生辉"的热度。

（作者：谢襄生，襄阳市委老干部局；彭舰，襄阳市委老干部局；杨秋益，襄阳市委老干部局）

文化建设编

放大文旅融合发展效应
助推文旅产业提质增效

——襄阳市推动文旅产业高质量发展的实践与探索

【引言】文化是历史的烙印，是城市发展的精髓和灵魂；旅游是休闲娱乐的重要方式，承载着人们对美好生活的向往。习近平总书记指出："文化产业和旅游产业密不可分，要坚持以文塑旅、以旅彰文，推动文化和旅游融合发展，让人们在领略自然之美中感悟文化之美、陶冶心灵之美。"[①]在推进中国式现代化襄阳实践的征程中，如何贯彻落实习近平总书记重要指示精神，推动文旅深度融合，激活发展动能，更好地满足人民群众对美好生活的向往，是一项重大的时代命题，需要立足襄阳资源禀赋、现实条件，在创造性转化、创新性营销、多业态融合上下足功夫。

【摘要】襄阳市坚持文旅融合主线，坚持做强文化优势，不断激发文旅融合高质量发展的内生动力；做优公共服务，构建"主客共享"的现代旅游休闲城市新模式；做大产业市场，加快培育经济增长新动能；做好宣传营销，持续提升襄阳文旅影响力和传播力，推动文旅产业高质量发展。

【关键词】文旅融合 提质增效 高质量发展

---

① 《习近平谈治国理政》第四卷，外文出版社2022年版，第311页。

一 背景情况

党的二十大报告提出，坚持以文塑旅、以旅彰文，推进文化和旅游深度融合发展。襄阳是国家历史文化名城，楚文化、汉水文化、三国文化主要发源地，全市共有名胜古迹近千处和51家A级旅游景区，文旅资源富集。近年来，襄阳市坚持融合主线，努力放大文旅融合效应，在"千帆竞发"的文旅格局中闯出了一条襄阳文旅产业高质量发展的特色之路。

二 主要做法

近年来，襄阳市立足丰厚的历史文化资源，坚持"做强文化优势、做优公共服务"双措并举，推动优秀传统文化创造性转化、创新性发展；聚力"做大产业市场、做好营销推广"双管齐下，推动文旅产业发展壮腰强基，加速打造国内外知名旅游目的地。

▲ "百戏倾城" 2023抖音戏曲文化艺术节在襄阳唐城盛大开幕

（一）做强文化优势，不断激发文旅融合高质量发展的内生动力

2800年的历史文化是襄阳文旅发展的丰厚资源，但开发利用和呈现体验供给缺乏，创新不足，"大文化小景点"现象突出。襄阳市坚持走文旅文创融合发展之路，推进文化发掘成果转化，在文化传播、文创开发、文旅演艺和主题IP领域不断出新出彩，为旅游赋能。如引导华侨城奇幻度假区打造奇幻烟花光年、大型互动光影秀"山海奇趣夜"等沉浸式旅游升级产品，推出"国潮文化节"；古隆中核心景区推出"诸葛亮大婚"等拳头产品，带旺三国文化游；盛世唐城景区大型夜游项目《大唐倚梦》持续焕新升级，被行业权威组织评为"中国最佳夜间旅游项目"，汉城景区《汉颂》剧目入选国家文旅部全国旅游演艺精品剧目；打造襄阳·米公祠西园雅集"宋词·满庭芳"新春游园会，让古典文化之美照进现代生活。围绕重大时间节点、重点领域、国家和省、市重大战略，推出《远山丰碑》《滚灯谣》《黄河绝唱》等具有襄阳文化特色、奏响时代强音的精品剧目和艺术作品。积极开展戏曲展演和京剧演出交流活动，焕新襄阳"戏窝子"历史美称。鼓励精品剧目、戏曲表演、体育赛事进景区，营造更丰富更有文化内涵的旅游体验。加快推进襄阳古城保护和利用，推进"万里茶道""明清城墙"申遗，完成单家祠堂、襄王府、仲宣楼、长门、小江西会馆等陈列布展，积极推进荆楚大遗址传承发展工程，推进凤凰咀和雕龙碑文化遗址公园建设，让更多文物资源活化为旅游资源。深化文物、非遗文创产品开发，推进博物馆原创IP和非遗工坊建设，积极开展非遗宣传周、"非"要"遗"起玩等创新性传承活动，增强市民游客与文化遗产之间的互动性，拓宽文旅融合新路径。

（二）做优公共服务，构建"主客共享"的现代旅游休闲城市新模式

随着旅游进入全面发展的新阶段，旅游目的地不仅是传统景区、酒店和旅行社构成的封闭空间，也是包含城市基础设施、公共服务和商业环境

等文旅融合发展的主客共享美好生活新空间。襄阳市持续推动公共服务资源聚合,推进从"旅游城市"向"城市旅游"转变,形成城乡一体、覆盖全域的城市旅游服务体系,实现本地居民和外来游客共享,为打造全国重要的旅游目的地夯实基础。持续加快推进市文化艺术中心、市博物馆新馆、襄阳全民体育运动中心及各县(市、区)在建或更新的公共文体场馆建成开放,拓展鱼梁洲中央生态公园、凤林古渡生态公园、水淹七军公园、襄水源文化新公园等城市根脉型主题文化生态公园和城市河滨休闲廊道旅游功能,打造更多城市书房、民间博物馆、全民健身场地、休闲街区、市民剧场等小而精的"公共文化新空间",创新开展阅读推广、艺术普及、时尚演艺、品牌节赛等活动,让城市公共服务空间成为旅游的新场景、打卡地。同时,以承办全省旅游景区及度假区工作培训班、全省第十四届导游大赛,举办全市文化旅游高质量发展培训班、A级景区服务技能展演活动为抓手,健全假日市场管理机制,完善旅游标识标牌建设,进一步提升行业服务水平,增强留客能力,优化游客旅游体验,整体促进城市旅游休闲能级和品质提升,努力让游客乐享"襄阳好风日"。

(三)做大产业市场,加快培育经济增长新动能

在大众旅游从观光旅游向集休闲、度假、体验于一体的综合性旅游转变的行业趋势下,襄阳市积极优化文旅产业布局,积极"做优古城、做强新城、做特县城、做美乡镇",统筹擘画"襄阳好风日"文旅康养新产业。打造彰显襄阳文旅特色和优势的产业体系,重点发展以襄阳古城为代表的历史文化开发(三国文化、古城文化、汉水文化、诗书文化)、以东津文旅新城为引领的现代都市休闲(主题乐园、文旅商夜经济、影视文创开发)和以山水林田资源为依托的农文体旅融合(体育运动、乡村旅游、康体疗养)三大主线10个链条,坚持招商引资与招才引智并举,不断引入新项目、丰富新业态、释放新需求、创造新供给。加强"吃住行游购娱"全要素培

育，实施"襄遇有礼"文创产品开发，引导市场主体开发187件具有文化特色的旅游商品。挖掘襄阳美食文化，培育204家星级农家乐及旅游特色餐厅。加大头部旅行服务商招引与合作力度，串点连线成片，完善旅行服务业供应链条。积极推进文旅品牌创建与提升，强化旅游高等级景区序列建设。持续发挥好市推进文化和旅游产业高质量发展领导小组作用，加大统筹协调，工程化推进、项目化实施，完善政策和组织保障。推进"引客入襄"等支持市场主体政策出台，扎实推动《襄阳市文化和旅游产业高质量发展三年行动方案（2022—2024年）》落实落地。

（四）做好宣传营销，持续提升襄阳文旅影响力和传播力

城市营销作为文旅行业复苏的催化剂，起到了激发旅游者动机需要和提升旅游目的地吸引力的重要作用。襄阳市持续加大宣传营销力度，叫响"襄阳好风日"文旅品牌，提升市场占有率。积极开展海外文旅交流、宣传推广等活动，办好诸葛亮文化旅游节，开展城市形象歌曲、文旅宣传口号及logo标识等征集评选和宣传推广工作，推出襄阳最具人气热门景区、最佳旅居康养目的地、最旺人气打卡胜地、最浓乡愁美丽村镇、最受热捧精品演艺、最富品质酒店民宿、最美特色旅游餐厅、最具"襄味"襄阳礼物8个"最襄阳"系列；进一步扩大"襄阳好风日"品牌影响力。加大高铁站、机场、地铁等重要交通站点的广告投放力度，组织人员参加深圳文博会、中国（武汉）文旅博览会等知名展会，策划丰富多元的旅游精品线路，在重要客源地和潜在客源地城市开展旅游推介活动，打好"三国文化牌""金庸武侠牌"，组织"隆中F4""郭靖黄蓉"等旅游推介官频频亮相国内各大推介会，不断增强"襄阳好风日"品牌的独特性和辨识度，持续推进"引客入襄"。深入开展区域交流合作，通过抱团发展争得更大竞争优势，推进"襄十随神南"文化旅游协作行动规划实施，携手打造"襄十随神""南襄盆地"精品线路和产品，推进市场共建共享，促进区域文旅产业协作融合。

打造"襄十随神南"文旅合作联盟体系，开展"襄十随神南"及汉江流域悦读行、"文旅走亲"、艺术联展等区域合作交流系列活动，将辐射、引领、联结、带动作用体现在文旅发展之中。

三 工作成效

通过以文塑旅、以旅彰文，持续放大文旅融合发展的化学反应，襄阳文旅产业呈现出极具爆发性的成长态势，全域游客增速领跑全省，文旅品牌创建成果丰硕，城市品牌营销屡屡出圈。

（一）强劲增长，文旅发展迎来新里程

根据全域监测数据，襄阳全年旅游人次、旅游收入分别同比增长73.29%和60.77%，同比增速位居全省前列，全市全域游客接待量实现破亿的"里程碑"，全市提前1年完成了市委、市政府文旅产业发展三年行动确定的8000万人次、700亿元的目标任务。2023年9月，湖北省政府印发通报，表扬襄阳为"文化产业和旅游产业发展势头良好、对经济贡献度高、文化和旅游企业服务体系建设完善、消费质量水平高的地方"，襄阳市在全省旅游工作会议和全省文旅局长会议上，在武汉之后作交流发言，全市文旅产业发展受到省委、省政府及省文旅厅的高度肯定。

（二）创新突围，城市营销塑造新热度

2023年以来，从年初的"南阳挣钱襄阳花"到"五一"假期"一房难求"，从首届抖音戏曲艺术节全网破4亿流量到"零差评"的襄阳国际马拉松赛，再到"人民的盛会"——诸葛亮文化旅游节，从《诗画襄阳》、首部RAP歌曲《襄阳taste》等系列文旅音乐宣传片到《一口襄阳》等网络"爆款"视频，从借助Facebook等海外媒体发布动态超180篇、推文覆盖人数310万到大型涉外主题宣传，襄阳文旅发展始终处于舆论的中心和焦点，持续保持高热度，成为现象级话题，被新华社、人民日报、国家文化和旅游

🔺 襄阳唐城不夜城夜景

部、"学习强国"学习平台、央视等中央级媒体广泛关注和报道，更不断经历着"人红是非多"的"成长的烦恼"。

（三）提质升级，品牌创建再上新台阶

通过推动既有文旅项目提质升级，指导项目单位晋A升级、创牌提质，仅2023年，襄阳市新增国家级、省级文明旅游示范单位3个，AAAA级旅游景区1家、AAA级旅游景区5家，省级全域旅游示范区2家，省级夜间消费集聚区4家，国家甲级民宿1家、四星级旅游饭店3家，湖北旅游名镇、名村、名街4家，全国旅游演艺精品项目1个，襄阳文旅供给更加丰盈，"有说头、有看头、有吃头、有玩头、有买头"的产品体系基本形成，"近悦远来，主客共享"的文旅新场景加速形成。

四 经验启示

襄阳文旅产业基础薄弱，从排名原来全省五六位，与省域副中心城市地位极不匹配，到现在补短强弱，拉近与传统旅游强市的差距，逐步发展成为全市新兴的战略性支柱产业，在这个后发赶超的奋斗征程中，有3点启示弥足珍贵。

（一）坚持内容为王是襄阳文旅突围发展的"必杀技"

文旅产业的发展，归根结底靠项目、靠产品、靠创意，在以"老祖宗""老天爷"等自然山水禀赋为代表的文旅1.0时代，襄阳远远落后于宜昌、十堰等城市，在以智慧型沉浸式旅游为主要特点的文旅4.0时代，襄阳迎来了后发赶超的绝佳机遇。襄阳市持续焕新升级传统项目、推出一批新兴项目，丰富文旅产品供给，提升文旅产业发展核心竞争力，在文旅行业疯狂内卷的竞争中，走出了一条城市休闲旅游的差异化发展之路。

（二）坚持服务至上是襄阳文旅赢得市场的"最优解"

发展环境犹如阳光雨露之于森林，襄阳市文旅产业在突破性成长的路上，始终坚持服务至上的理念，构建"大文旅"格局，用心维护来之不易的发展局面和良好势头。市文旅产业高质量发展领导小组定期指挥调度，全市性文旅产业发展大会连年举办，市级领导"一对一"包保重点文旅项目，文旅行业获得150亿元信贷支持，金融赋能文旅力度空前，连续4年投放8630万元文体旅消费券，一点一滴，积小胜为大胜，襄阳文旅发展在市委、市政府的统筹调度，在各部门、各地区的聚力推动下，逐渐获得市场的认可。2023年春节期间，美团平台上，襄阳酒店预订量省内仅次于武汉；去哪儿旅行平台上，景区订单全省排名第一，襄阳古隆中、中国唐城上榜湖北省最热景点；"五一"假期，根据12306票务平台数据显示，襄阳跻身全国游客净流入主要目的地，仅次于苏州、保定，位居第三。

（三）坚持营销推动是襄阳文旅扩大影响的"扬声器"

面对求变求新的文旅竞争局面，襄阳市一改过去不重视营销、抱守残缺、闭关自守的旧思维，围绕擦亮"襄阳好风日"文旅品牌，久久为功、持之以恒地开展品牌营销和建设，着力推动"引客入襄"呈现新气象。通过传统的宣传推介到抖音、小红书等新媒体营销，从过去文旅部门一家"孤军奋战"到全面整合襄阳市网络达人、文旅推介官等资源开展"大兵团"作战，从与兄弟市州抱团营销、串点成线到与市交通部门、商务部门、教育部门有机联动，唱响"襄阳好风日，最美相逢时"品牌，襄阳城市营销成效初现，被列为中国30大长红城市第24位，城市品牌更加响亮。

（作者：赵承智，襄阳市文化和旅游局）

打造"襄十随神"文化馆联盟
推动区域共享文化硕果

——襄阳市推动公共文化服务体系创新发展的实践与探索

【引言】湖北省委紧扣本省实际提出大力发展襄阳都市圈，制定出台《襄阳都市圈发展规划》，提出到2025年，襄阳引领汉江流域发展、辐射南襄盆地的核心增长极建设取得重要突破。襄阳都市圈发展综合实力跨越跃升，常住人口城镇化率达到65.5%，经济总量突破7000亿元，力争达到8000亿元，襄阳都市圈一体化发展取得明显进展，高质量发展水平显著提高。襄阳市城市能级实现新跨越，中心城市经济量级、产业层级、城市能级跨越跃升，"引领、辐射、联结、带动"作用显著增强，汉江流域、南襄盆地高质量发展标杆示范作用显著增强，综合实力稳居中西部非省会城市前列。

【摘要】"襄十随神"文化馆联盟旨在推进"襄十随神"城市群公共文化服务一体化发展，以"1"个联络机制为基础、"3"个区域赛事为平台、"三大机制"为突破，共同打造支撑全省文化高质量发展的北部列阵，推进公共文化服务共建共享，为襄阳都市圈一体化发展探索文旅之路。

【关键词】襄阳都市圈　品牌文化活动　公共文化服务

一 背景情况

根据文化和旅游部关于印发《"十四五"公共文化服务体系建设规划》

中关于"推进公共文化服务区域均衡发展"的发展要求，认真贯彻落实湖北省第十二次党代会和《襄阳都市圈发展规划》精神，襄阳作为第二批国家公共文化服务体系示范区，抢抓"加快建设以武汉、襄阳、宜昌为中心的三大都市圈，增强中心城市及城市群等经济发展优势区域的经济和人口承载能力"契机，以"惠游湖北·四季村晚"重点突破，探索实践中西部地区非省会城市群文旅融合发展模式新路径。

▲"襄十随神"文化馆联盟成立仪式暨襄阳市尧治河"村晚"演出

　　2021年4月26日，"灵秀湖北·四季村晚"——"襄十随神"文化馆联盟成立仪式暨襄阳市尧治河"村晚"演出在国家生态旅游示范区、中国十大最美休闲乡村尧治河村成功举办。截至当年11月，"四季村晚"已在四地举办赶大集活动10场次，深受各地群众喜爱。

二　主要做法

　　"襄十随神"文化馆联盟旨在推进"襄十随神"城市群公共文化服务一体化发展，共同打造支撑全省文化高质量发展的北部列阵，推进公共文化服务共建共享，为襄阳都市圈一体化发展探索文旅之路。

（一）以"1"个联络机制为基础，不断深化合作交流，推动四地群文一体化建设向更高、更深、更广层次发展

一是每年举办一次群艺馆馆长联席会议，四地分管副局长到会指导，共同商定当年的工作思路和重点。二是分专业（包括音乐、舞蹈、戏剧、曲艺、书法、美术、摄影）建立交流平台，及时沟通协调、共享信息资源、开展常态化互动，推动群文工作协同发展。

（二）以"3"个区域赛事为平台，加强区域内城市间合作交流，为区域经济发展进一步增添动力、汇聚合力

一是"我要上村晚"选拔赛。根据"四季村晚"的规定要求制定规则，每年举办一次四地"我要上村晚"选拔赛，为各地"四季村晚"正式演出选拔优秀文艺节目。"襄十随神"文化馆联盟以襄阳尧治河"春季村晚"、十堰房县"夏季村晚"为起点，四地巡回互动，秋季在随州，冬季在神农架，由属地牵头主办，其他三地协办，致力于打造国家级公共文化服务品牌。二是办好文艺作品创作大赛。每年举办一次"襄十随神"文艺作品（包括音乐、舞蹈、戏剧、曲艺、书法、美术、摄影）原创作品创作大赛，对根植本地土壤进行艺术生态培育，不断促进四地群文优秀作品创作生产，推出一批"叫得响、传得开、留得住"的群众文艺精品。三是举办群文干部技能大赛。为了提高"襄十随神"四地文化馆（站）干部的专业化水平，每两年举办一次专业技能大赛，让四地群文干部同台竞技，通过大赛提高群文干部的专业化能力和水平，为全省群文干部技能大赛打基础、作铺垫。

（三）以"三大机制"为突破，打通地域壁垒，实现资源互通、优势互补、产业互促，提供优质、高效的群众文化供给服务，为区域一体化融合发展提供有力支撑

一是建立活动共办机制。四地巡回举办"四季村晚"，共建大舞台，共

▲ "襄十随神"城市群民间文艺展演启动仪式

办大村晚。同时，定期或不定期地邀请四地基层文化部门、文化企业参与本地举办的惠民文化活动以及文化旅游项目展演展示、重大节庆等活动，支持本地文化演出团体和文化企业参与其他地区开展的各类文化惠民、消费促进活动，推动文旅融合发展。二是建立信息共享机制。我们通过信息简报、专项研讨、考察调研等方式，及时交流分享促进群众文化繁荣的政策举措、经验成果，共同研判群众文化发展趋势，乃至在国际国内联合策划、承接承办"走出去""引进来"的文化艺术交流活动，守正创新扬正气，凝聚共识促发展。三是建立资源共通机制。乡村要振兴，文化必先行。"襄十随神"同属汉水流域和秦巴山区重要节点城市，地缘相近、人缘相亲、文脉相通，无论过去和现在都有着相同相近的风土人情和历史文化背景。我们通过建立文化资源共通机制，进一步加强优秀文化资源的有效流通、文化市场的开放共荣、文化消费的协同共进。通过共建文化惠民和文化资源库、跨区联动互惠机制等，实施"文化+""非遗+"战略，厚植湖北"北部列阵"高质量发展的"软实力"和"硬支撑",通过市场机制,加大资源整合力度,充分发扬各地师资、设备、场地等资源优势,扬长避短,促进公共文化服务提质增效。

三 工作成效

历经多年,"襄十随神"文化馆联盟机制越来越健全,特色活动越来越丰富,极大地促进了"襄十随神"都市圈区域文化资源和一体化发展,成为支撑襄阳都市圈高质量发展的示范样板之一。

(一)四地文化馆联盟助力文旅融合高质量发展

襄阳是一座历史悠久、底蕴深厚的文化之城,是有着2800多年建城史的全国历史文化名城,是荆楚文化发祥地、三国文化之乡和汉水文化核心区,文旅资源丰富。2021年4月26日,"灵秀湖北·四季村晚"——"襄十随神"文化馆联盟成立仪式暨襄阳市尧治河"村晚"演出在国家生态旅游示范区、中国十大最美休闲乡村尧治河村成功举办,来自襄阳、十堰、随州、神农架四地共计14个节目约600余人齐聚尧治河。该场活动通过国家公共文化云、中国文化网络电视、湖北省数字文化馆等平台进行了直(录)播,共23万线上观众参与其中,拉近了与万千线上群众的距离,湖北日报、湖北卫视等新闻媒体广泛宣传,通过文化馆联盟活动,尧治河村奇峻秀美的景色、极富乡土气息的人文风貌、精彩纷呈的文艺演出、独具特色的旅游商品得到有力推介,更好地吸引外地游客前来观光旅游。

(二)四馆联动提升区域文化活力

推动"襄十随神"城市群协同发展,是省委、省政府实施中部崛起战略的重要部署,也是提升区域文化竞争力的重要载体。在尧治河"村晚"演出之前,襄阳市代表十堰、随州、神农架林区宣读了《"襄十随神"城市群协同推进群众文化建设的倡议书》,并在省群艺馆的见证下,举行了简短的"襄十随神"城市群文化馆联盟成立仪式，活动结束后，"襄十随神"文化馆联盟旗帜成功移交十堰市。2022年10月15日，十堰市也成功举办了"灵秀湖北·四季村晚"暨"襄十随神——文化走亲"活动。今后四地文化馆将在"一主引领、两翼驱动、全域协同"的战略部署下，携手并进，主动承担起公共文化服务的使命与担当。

（三）师资共享让群众共享优质资源

在全省文化馆总分馆制的保障下，以省群艺馆为指导、以四地市州文化馆为中心、县级馆为总馆、各乡镇分馆为基础，借助四地文化馆联盟，推广延伸师资资源共享机制、课程资源共享机制、教学资源共享机制，强化交流培训、共建共享，进一步加强跨地域优秀文化资源的有效流通、文化市场的开放共荣、文化消费的协同共进。四地将每月定期组织音乐、舞蹈、戏剧、曲艺、书法、美术、摄影等各领域优秀师资力量通过网络App和线下辅导相结合的方式进行教学授课，通过四城一体的数字化服务实现师资共享。通过公共文化服务资源的大力整合，区域文化资源流动和一体化发展将得到更加广泛深入的融合，也必将有效破解公共文化服务不平衡、不充分的问题，最终让基层群众共享活动硕果。

四 经验启示

襄阳、十堰、随州、神农架四地文旅部门，以文化馆联盟形式的具体实践，共同丰富活跃乡村文化、形成都市圈文化联动、打造区域文化品牌，为奋力推动襄阳都市圈高质量发展跨越新台阶贡献了文旅智慧和力量，形成了一些值得借鉴的经验。

（一）丰富活跃乡村文化，是推动乡村振兴的重要抓手

乡村文化是中国传统文化繁衍传承、生生不息的精神家园。挖掘乡村文化，搭建沟通桥梁，联结城乡纽带，以乡村文化振兴助力乡村振兴，是

时代赋予我们的重要使命。"灵秀湖北·四季村晚"活动是省文化和旅游厅在省委、省政府的领导下，贯彻落实习近平总书记关于推动乡村文化振兴讲话精神，高质量完成中宣部、文化和旅游部相关工作部署的具体举措，对丰富湖北省乡村群众文化生活、传承中华优秀传统文化、推进文旅农商融合发展、引导基层人民群众移风易俗、推动乡村振兴等方面具有重要意义。

（二）都市圈联动，是一体化高质量发展的重要推动力

成立"襄十随神"文化馆联盟，四地联动开展"村晚"演出，充分彰显了省、市、县、乡、村五级公共文化服务体系的紧密聚合力，是贯彻落实省委关于"襄十随神"城市群协同发展战略布局，构建区域文化旅游融合发展新格局的创新举措；是省内跨区域优秀传统文化交流互鉴，凝聚孕育乡村公共文化意识，打造村民精神文化空间，保障基层群众文化权益的有效探索；是创新服务方式和服务手段，促进区域文化资源共建共享和服务提质增效的有益实践。

（三）打造区域文化品牌，是公共文化服务提质增效的重要手段

不断夯实基层文化阵地作用，推进城乡公共文化服务一体化建设，创新实施文化惠民工程，广泛开展群众性文化活动等，责任重大，使命光荣。都市圈城市文旅部门持续强化"襄十随神"文化馆联盟规范管理，紧紧围绕"大地情深"乡村文化惠民活动、"大地欢歌·荆楚四季春晚"示范活动、"文化力量·民间精彩"群众文化活动，以"襄十随神"文旅走亲为抓手，推进四地深入协作，提供优质高效的群众文化供给服务，全面提升各地交流展演、展览、文艺精品创作、品牌文化推荐等各项工作水平，促进公共文化服务提质增效，进一步加速跨区联动互惠机制，使人才队伍共同提升、文化事业开放共荣。

（作者：赵亮，襄阳市文化和旅游局；张天玥，襄阳市群众艺术馆）

古城新韵好风日
文旅"镶"阳咏流传

——关于管家巷文化休闲街区文旅特色融合发展的实践与探索

【引言】文化是旅游的灵魂，旅游是文化的载体。随着人们生活水平的提高，对高品质精神文化需求的提升，我国旅游消费正由观光型向体验型转变，游客的注意力由原来欣赏迤逦风景转变为更在意旅游过程中的文化体验、风土人情。以旅游为载体，植入本土文化，围绕"吃住行游购娱"全要素培育，精心打造更具地方特色、文化内涵、人文精神的旅游业态和旅游产品，打造特色文化街区，推动文化和旅游深度融合发展，让游客在旅游过程中更好地感悟当地文化、丰富精神生活、满足情绪价值，既符合广大游客期待，也是进一步促进文化和旅游优势互补，塑造旅游消费的崭新格局和多元样态，释放旅游消费潜力的必然之举，蕴藏着巨大的发展机遇和空间。

【摘要】从昔日城中陌巷"淬火新生"到当前网红新宠"火爆出圈"，管家巷树立了文化资源"活化"的新典范，为推动历史文化传承、历史资源活化、旅游业态丰富、旅游品牌塑造的影响力和吸引力提供了可复制、可推广的理论和实践经验。基于此，在借鉴其成功经验的基础上，采取更加有力的措施，结合襄阳文化资源，打造更多融合地方元素的特色文旅园区，丰富旅游业态，进一步助推襄阳文旅产业高质量发展。

【关键词】管家巷　文旅融合

一 背景情况

党的二十大报告提出，"坚持以文塑旅、以旅彰文，推进文化和旅游深度融合发展"。准确贯彻党的二十大精神，打造文旅深度融合发展新格局，既是应对当下文化和旅游产业深刻转型变革的现实需要，也是充分发挥襄阳文旅资源优势、以文旅产业高质量发展丰富中国式现代化襄阳实践的必然选择。在2800多年的岁月涤荡中，屹立于汉水之滨的古城襄阳涌现出了一批又一批的历史人物和英雄事迹，代代相传着"三顾茅庐""夫人守城""岳飞抗金"等家喻户晓的故事，充分利用好这一资源，打造特色文旅休闲街区，对于培育文旅消费新热点、撬动内生消费、促进经济社会发展具有重要作用。

🔻 管家巷结合襄阳历史文化，邀请专家团队共同定制《侠义襄阳》《诗画襄阳》等10部特色剧目，图为特色剧目表演

二 主要做法

管家巷作为承载着襄阳记忆的千年古巷，通过将历史文化与现代商业需求相结合，打造成为极具特色的文化休闲街区。自2023年底开街以来，就迅速爆火"出圈"，元旦、春节等假期客流量日均突破6万人次，销售额日均突破50余万元，成为八方游客来襄的"第一打卡地"，也是襄阳在文旅融合发展方面的重要名片之一，这一成功经验对于推动文旅深入融合发展具有重要的示范效应和借鉴价值。

（一）秉承"双创"理念，打造传世精品文化街巷

千年襄史古城里，市井烟火管家巷。管家巷文化休闲街区项目自启动策划以来，市委、市政府高度重视，以"推动中华优秀传统文化创造性转化、创新性发展"为指引，提出"打造传世精品""五年建成文物"的高标准要求。一是设计理念上以保护古城文化为核心，按照"尊重历史、科学修复"的理念，将历史文化传承与现代游客需求有机结合，以"形态、业态、文态、生态"四态融合，设立了闹街、慢巷、闲院三大功能分区，积极融入夜经济、云购物、云逛街等文旅消费新模式，保证管家巷内既有浓浓烟火气又有高端消费业态。二是在建设理念上坚持"建旧如旧、建新如故"的原则，将明清建筑特色做法与襄阳独有文化特征相融合，复原古城的历史街巷肌理，选用带有"历史痕迹"的古砖古木，彰显古韵古色。三是在细节打磨上追求精致、精益求精。在戏台、门窗及马腿等关键位置处，邀请非物质文化遗产东阳木雕手工艺人进行纯手工雕刻，细节之处尽显匠心独运；山墙、墀头等处的墨画，先由专家精挑细选，再由襄阳美术老师现场执笔描绘。守护为主的设计理念、古物新用的建设原则、追求极致的工作态度，使得这座"真古董"得以在依山傍水的古城襄阳中越显毓秀，

游客一入巷中便能感受到扑面而来的古邑盛景和袅袅诗韵。

（二）厚植"襄"土文化，时时处处彰显"襄阳特色"

文化是旅游的灵魂，旅游是文化的载体。管家巷深入推动"文化＋商业＋旅游"的融合发展模式，提升在地文化挖掘展示及非遗项目商业转化力度，推动"烟火气"与"文化味"同行。一是融入非遗文化。以"最襄阳"为指引目标，按照"一店一品""百店百态"的招商原则，持续引进襄阳三县三市非遗特色美食。在此基础上，逐步丰富非遗业态，对非遗演艺、非遗戏曲、非遗技艺、非遗传承人等进行深度挖掘、传承、创新和再造，让管家巷文化休闲街区成为襄阳非遗文化的聚集地，推动非遗文化与游客之间的"双向奔赴"。二是传承历史文化。管家巷结合了襄阳独有的楚文化、汉文化、三国文化的特色，邀请中央戏剧学院专业演绎创作团队定制创作了《诗画襄阳》《侠义襄阳》等10部最具襄阳韵味的特色剧目，全年常态化免费演出并定期对演出内容进行换新，演绎30多位与襄阳有关的历史人物如诸葛亮、刘秀、孟浩然、米芾等人的故事，他们走街串巷、演艺互动，让游客沉浸式体验梦回千年前襄阳的盛世场景。三是嵌入本土文化。围绕襄阳八大景等城市IP形象，研发制作了100余款文创产品。通过设置多处互动景观空间，运用虚实结合手法和交互艺术表现形式再现襄阳的市井文化等，全方位展现襄阳美食和人文特色的同时，满足游客全方位需求。

（三）强化运营管理，服务保障管家巷爆火"出圈"

专业化、规范化的景区运营管理与景区的基础条件、硬件设施共同构成了景区"出圈"的基础前提。管家巷秉承"专业人干专业事"的理念，积极引进第三方力量，依托强大的专业能力、先进的运营理念、丰厚的资源能力，进行文化休闲街区项目打造。一是专业团队策划运作。邀请湖北襄投置业有限公司负责投资建设和运营管理，由专业团队潜心研究襄阳本土建筑风格，深度挖掘古城历史文化，同时聘请专业旅游管理公司作为咨询顾问，协助开展营销策划和运营维护。二是丰富创新管理模式。在运营上采用自营、联营及租赁相结合的模式，扶植孵化本土品牌，打造文旅产品。为加强商户之间的统一管理，管家巷首创了"品牌推广、招商选品、物业管理、采购配送、出品管理、服务监督、收银结算、洗消管理、信息化管理、品牌输出"等十大统一的商业管理模式，为游客和消费者提供视觉、味觉、听觉飨宴，焕新古城业态体验。三是注重"双线"联动推介。围绕"曲巷画卷　烟火百态"的推广语，线下积极投放户外广告、开展文娱活动，线上通过湖北日报、襄阳日报等主流平台进行宣传报道，街区新产品及特色活动第一时间通过汉水襄阳、管家巷休闲街区公众号及小程序进行推送，与抖音、小红书、微博等社交媒体平台合作，通过策划话题、集中投放等方式冲榜引流，吸引更多用户"种草打卡"。

三　工作成效

从昔日城中陋巷"淬火新生"到当前网红新宠爆火"出圈"，管家巷树立了文化资源"活化"的新典范，在推进文旅深度融合发展、特色街区打造上形成了丰富的实践经验。

（一）围绕核心文化IP集群化发展

集群化发展作为产业发展的重要理念之一，近年来被多地应用在文旅产业发展上，展现出有效推进资源整合、提升区域旅游产业整体竞争力等显著优势。襄阳古城是襄阳国家历史文化名城的核心区，是襄阳文化的根和魂，是襄阳的核心文化IP，也是外来游客必打卡点之一，2012年以来，为进一步加强襄阳历史文物保护，恢复古城历史风貌，管家巷的改造便拉开了序幕。管家巷作为襄阳古城的一部分，本身就具备了古城所蕴含的文化特质和历史底蕴，也因为其独特的地理位置一经开街就承接了来自北街的大量流量，直接推动经营团体的资金回流与文旅产品再创造。管家巷在做好夜游、夜购、夜娱等古城主流产品供给的同时，注入了更多与襄阳本土文化及非遗文化相融合的文旅产品，打造了不同于北街的旅游业态，为游客提供更多选择，随之而来的是以大量流量回馈北街，在这种"以老带新""以新促老"的良性互动中，推动了古城地区的流量呈井喷式增长。

（二）紧紧抓牢年轻消费群体

"马蜂窝"发布的《2023年旅游大数据报告》显示，2023年，00后和90后出游人群占比高达68%；2024年元旦假期，00后和90后出游人群占比高达66%。鉴于此，要做大做强文旅产业，就必须盯紧年轻人这个旅游市场的主力军和旅游消费圈崛起的新势力。管家巷针对年轻群众的出游偏好、消费习惯、消费取向，推出餐饮美食、互动工坊、文创购物、休闲娱乐、沉浸演艺五大业态。以新媒体矩阵开展线上营销，如通过抖音、微博、小红书等各大平台推出热门讨论话题引流宣介，线下植入沉浸式、年轻化、可重复的消费业态，如刺激味蕾的牛肉面，仙气飘飘的汉服妆造，美轮美奂的"襄遇有礼"文创产品，夹杂着RAP的舞台剧目等，浓浓的烟火气无不吸引着来自五湖四海的游客，满足着年轻人的情绪价值。特别是在全国第七届大学生艺术展演活动期间，襄阳政府的周到服务、襄阳人民的热情好客，以及参演学生自发的潮汕英歌舞"炸街表演"，为千年古城吹来了"青春旋风"，也让这所历史名城走入更多年轻人的视野当中。

（三）深耕本土文化丰富项目特色

当下，我国旅游消费正由观光型向体验型转变，游客更在意的是旅游过程中的文化体验、风土人情，如同淄博和哈尔滨的爆火"出圈"一样，管家巷自开街以来爆火至今，也正得益于其始终坚持以特色文化IP为街区发展的核心支撑。如，在街区打造上注重融入襄阳老建筑文化元素；在店铺选择上放弃了全国连锁知名品牌或网红店，而是严格深挖立足本土资源，引进具有当地特色本土文化和非遗文化的商家；在节目表演上，更注重节目内容的"襄"土化，以讲述传统文化为主线，以历史故事为载体，通过一场场"书香"与"烟火"交织的盛世大戏，展楚天文化、颂梁甫雅歌、演三国智谋、弄舞墨书香，多维度讲述襄阳风流豪情，既让游客闲步于街道感受到襄阳的浓浓市井风情，又能感受到来自数千年历史积淀所留下的"文化味道"。

（四）选聘专业团队打造文化街区

相较传统旅游业，高品质文旅项目要求质量更高、分工更细、涉及领域更广、业态交叉融合更多，只有将专业的事交给专业的人来办，才能走对路子、早见成效。管家巷正是通过引入湖北襄投置业有限公司，利用其在设计、建设、运营、保障等方面的过硬专业能力，丰富的文旅资源，强大的人才队伍，深度挖掘古城历史文化，结合现代文旅现实需要，将管家巷打造为集非遗体验、襄食好物、文创潮玩、沉浸演艺等于一体的"襄阳历史风貌街区"，成为襄阳在文旅产业融合发展方面的重要名片之一。

🔺 夜晚的管家巷游客如织，已成为襄阳在特色街区打造方面的一张亮丽名片

● **四 经验启示**

当前，"襄阳"在外知名度越来越高，"管家巷"也逐渐爆火"出圈"，但就襄阳旅游整体而言，在相关景点景区的开发利用、体验供给存在数量不多、质量不强、位置分散等情况，这就需要我们打造更多更好具有鲜明特色的文旅园区，让人们能想到襄阳、想来襄阳、再来襄阳，最终形成以文促旅、以旅促商、文旅商融合式发展的新格局。

（一）树立"一盘棋"思想，共同推动文旅园区集体"出圈"

文旅"拼"流量，也"拼"服务，更"拼"合作。要想在全国文旅产业发展的大潮中"出圈"登顶，在充分挖掘好本土文化资源的基础上，政府支持引导、专业市场运作、有效宣传推介、旅游体验提升等保障要素缺一不可。要以"政府主导、企业主体、市场运作"的模式，成立工作专班，健全各部门协同配合、全市共同推进的工作机制，将文旅特色园区打造作为一项重要工作来抓，探索文化产业投资基金、社会资本参与投资等多元化的投融资体系。围绕地域文化等设置主题观光路线，将各景点之间串珠成链，以优质旅游景点流量带动整体发展；加大"襄阳好风日"文旅消费券投入力度，趁着大艺展余温犹在，推出"大学生来襄专属福利"，融入"吃住行游购娱"等自选元素优惠，推动线上"流量"转化为线下"留量"。

（二）注重供给侧需求，深入挖掘巧妙活化襄阳文化资源

文化资源保护的目的不是要维持原状，而是要在守住历史文脉、文化精粹的基础上，立足现代发展需求推陈出新，将优秀传统文化内涵与现代生活元素融合创新，从而更好地全面彰显、生动传承其所包含的精神价值和时代意义，打造特色文化街区亦是如此。可邀请省内外专家、业内大咖，组织文旅、媒体从业人员参与相关文旅研讨会、征文等活动，共同提炼、挖掘和阐释好文化精神，并融入景区景点打造、文创产品供给、影视作品

创作等方面，推动传统文学、小说影视化、动漫化，实现"一部剧带火一座城"；优化文创产品设计，做好"襄遇有礼"系列产品。加强文创产品设计的创意性、实用性、时尚性。在文创产品设计上要注重美观性与实用性、多样化与个性化相统一，结合动漫IP、游戏IP开发一些具有时代感、现代气息和地方特色的、为现代大众所喜爱的文创产品，在与游客、网友的互动中迭代升级。同时推动"品牌价值"向"经济价值"转化，赋予产品更高的附加值。一方面，要加强对襄阳市汽车、航空航天等工业突出领域资源的利用转化；另一方面，在具有唯一性的品牌上做文章，如金庸武侠、孟浩然诗歌、米芾书法等，这是襄阳的独特优势，在市场上具有一定的竞争力，有助于增加消费品市场的有效供给。

（三）围绕宣传推介，"双线发力"打造更多文旅IP爆点

正如管家巷正式开街前就已经通过半开放式的"探街"等方式在抖音、快手等媒介平台上逐渐预热，我们要注重拓展"媒体+""直播+""网红+"等宣传渠道，推进线上线下有机融合，户外演出和网上直播双管齐下，实体店营销和直播带货同时进行，对襄阳进行全方位宣介；在宣介短视频创作中要注重创意性、趣味性，加入年轻人喜闻乐见的"影视台词""梗文化"，以不同于传统的宣传方式实现"弯道超车"。线下用好关键时间节点、重要事件、重大主题进行宣传引导，可借鉴开封的"清明文化节"、宜昌的"端午文化节"等打造方式，在做优做强现有节庆主题活动的同时，积极开发更多"引客入襄"的节庆活动，或举办相应题材的活动来聚集客流、讲好襄阳故事。

（四）注重提升旅游体验，把旅游"流量"变襄阳"留量"

管家巷在开街前对游客规模等信息进行了预测并做好了预案，但由于其爆火程度远超预期，仍出现了游客等待时间偏长、高峰期拥堵等影响旅游体验问题。因此，我们要加强智慧互联平台建设，推动各景区之间数据

的互联互通，优化集开发、服务、营销、管理于一体的智慧旅游体系，开发更加实用性的小程序为游客提供全域旅游服务及建议等便捷服务。设置"服务追溯评价"二维码，落实黑名单制度，倒逼市场主体规范经营行为。通过地方文化生态、人群好客程度、城市综合管理等方式统筹提升，为游客提供宾至如归的服务体验，以满足游客的情感需求和情绪价值，把"头回客"变成"回头客"，把旅游消费"流量"变成襄阳发展"留量"。

（作者：杜莲波，中共襄阳市委党校）

党建引领医院新文化
激发医疗服务新动能

——襄阳市中心医院以特色文化引领高质量发展的实践与探索

【引言】习近平总书记在《正确把握推进健康中国建设的重大问题》中指出："坚持基本医疗卫生事业的公益性，要不断完善制度、扩展服务、提高质量，让广大人民群众享有公平可及、系统连续的预防、治疗、康复、健康促进等健康服务。"公立医院是医疗服务体系的主体，在保障人民群众生命安全和身体健康方面发挥着重要作用。因此，要增强推动公立医院高质量发展的责任感、使命感，以高水平医院建设为抓手，着力筑高峰、建体系、强基层、补短板，用心用情提供优质高效的医疗服务，不断增强人民群众的获得感、幸福感、安全感。

【摘要】省第十二次党代会赋予了襄阳更高的目标定位和新的战略任务，提出大力发展襄阳都市圈，支持襄阳打造引领汉江流域发展、辐射南襄盆地的省域副中心城市，辐射带动"襄十随神"城市群发展。近年来，襄阳市中心医院认真贯彻落实《关于加强公立医院党的建设工作的意见》，紧跟国家政策，把建设新文化作为推动公立医院高质量发展的战略性工作，发扬"红色基因"，以"使命文化、品质文化、励新文化、树人文化、关爱文化"五大文化建设工程为抓手，全面落实高质量党建引领高质量发展，医院在党的建设、学科发展、科研教学、科技创新、人才培养、基层帮扶、关心关爱等方面取得显著成效，开创了各项工作新局面。

【关键词】市中心医院　新文化　党建　高质量发展

一　背景情况

襄阳市中心医院始建于1949年7月，是刘邓大军二次解放襄阳时，由3名复员转业军人用17包棉花从武汉换回药品和器械创建的，是襄阳地区首家公立医院，前身叫襄阳专署直属医院。当前，襄阳市中心医院已经发展成为集医疗、教学、科研于一体的大型综合性三甲医院，是湖北省首批三级甲等医院、国际爱婴医院、国际紧急救援中心网络医院、国家药物临床试验机构，是国家区域医疗中心依托医院，湖北省卫生健康委重点建设的省级区域性医疗中心，综合实力名列湖北省医疗行业"十强"。现有规模分为南院区、北院区、东津院区，共有建筑面积43.5万平方米；在岗职工4400余人，其中，高级职称485人，博士、博士后110人，硕士1082人。近年来，中心医院党委发挥市级龙头医院作用，以打造人文型、研究型、智慧型的区域医学中心为战略愿景，不断深化改革，改善医疗服务，聚力提升服务效能，不断加强基层服务能力建设，努力提升人民群众健康的获得感和幸福感。2022年医院的医疗工作质量、平均住院日等综合指标均已超过十堰市太和医院，"国考"荣获A级评分，综合排名上升59名，高质量发展各项指标持续向好。

二　主要做法

多年来，在党建引领下的市中心医院的文化建设取得了阶段性成果。医院先后荣获全国先进基层党组织、全国抗击新冠肺炎疫情先进集体、全国三八红旗集体、全国五四红旗团委等荣誉。涌现出了"全国先进工作者"廖晓锋、"全国三八红旗手"邢辉、"中国好医生"曹锋生、"全国抗疫最美

🔵 庆国庆

家庭"李娜家庭、"湖北省先进工作者"袁国林等一批先进典型。"跪地手术"的暖心医生李江平、"怀抱患儿，边输液边工作"的奶爸医生陈明、将"万元红包充入患者住院费"的血管外科主任陈德杰，他们的先进事迹先后被央视、人民日报、新华社等媒体报道，在社会上引起了极大关注和反响，通过优良作风树立了行业榜样，和谐了医患关系，展示了新时代医务工作者的良好风貌。

（一）抓政治建设，把稳文化建设之"舵"

2024年2月，国家卫健委印发《公立医院党建工作评价指标（体系）》，作为公立医院党建工作的原则指导和评价依据。市中心医院党委始终坚持以党的政治建设为统领，深入实施"红色引擎工程"。通过党的领导进章程、党建工作进规划、决策程序进制度、工作融合进机制，全面落实党委领导下的院长负责制，把党的领导融入医院治理各环节，把稳医院前进方向。医院各级党组织抓党建的责任意识进一步增强，构筑起"业务等于党建，进而等同医院文化"的氛围，以奋斗姿态推进人文型、研究型、智慧型的区域医学中心战略院景。

（二）抓思想建设，补足文化建设之"魂"

一是抓实理论学习。严格落实"思想引领，学习在先"机制，实施"三个一"工程（即每月安排1名班子成员结合分管工作讲院级专题党课、班子成员每月以党员身份参加支部主题党日、每月到联系支部和分管科室调研）。此外，"党委书记讲医院文化"已成为每年新职工入职的特色课程。通过带头示范，进一步增强了全院党员干部职工"围绕中心抓党建，抓好党建促发展"的意识，使学习型、研究型医院建设与医院发展同步。二是用活平台载体。坚持"请进来、送出去"，常态化邀请标杆医院、知名高校及党政部门专家学者来院传经送宝，常态化选送优秀人才外出学习、考察。分类组织全院职工开展"医学人文"培训，分批次组织700余名党员骨干赴井冈山、红安等地开展"重走红军路·永远跟党走"红色教育。搭建医院"网上党校"、创办"医心爱党"微信公众号，做到实事热点有推送、政策法规有宣传、专项活动有报道，让党员群众可以实时学、随地学，有力提升教育质效。

（三）抓组织建设，筑牢文化建设之"基"

一是建强红色堡垒。医院党委充分考虑行政组织构架和人、财、物运行单元，组建10个党总支、72个党支部、87个党小组，临床医技科室全部实现"支部建在科室""党小组建在医疗单元"。大力实施"双培养"工程、"双带头人"培育工程，党员科室主任全部担任党支部书记。制定科务会议事规则，明确支部书记、纪检委员参加科务会，参与科室管理。推行党建积分制考核，纳入中层干部年度考核，压实党建工作责任。创建"一支部一特色"党建品牌，开展"一年全覆盖、两年促提升、三年见实效"活动，全院在职党支部形成了"医路助行""医心验真"等63个党建品牌，每年下沉社区、学校、农村、企事业单位等开展健康义诊等志愿服务活动100余场，有效激活"神经末梢"，将党建与医院文化建设"触角"延伸到基层治理最前沿。二是凝聚群团合力。坚持"群团姓党"第一原则，将群团工作纳入年度党建工作重点任务，积极开展独具医院特色的党建文化活动，着力打造"职工之家""青年之家""妇女之家"。成立"向阳花"志愿服务队，招募职工、出院患者、社会人士担任志愿者；开展"医师节""护士节""教师节"大型庆祝活动，营造浓厚节日氛围，增强职工的职业获得感、幸福感；开设职工"解铃心理工作室"、离退休职工"就医便捷通道"，开展迎新晚会、"三八"时装秀、"襄青相爱"青年联谊会、"欢迎老前辈回家"座谈会、老专家"口述历史"等活动，让每个人被看见、被听见、被关怀，以文化强党建、聚人心、促发展。

（四）抓内涵建设，彰显文化建设之"本"

医院党委把"打造有温度的医院、提供有品质的医疗、培育有情怀的医者"作为职责和使命。

1.打造有温度的医院

2023年，在全院范围内开展"暖心服务·实践行"活动，推出一批暖心实事。一是服务"人性化"。开展"服务承诺2.0"行动，让服务更亲民。门诊全流程精准主动服务，推出"亲情陪诊"服务，全程陪同、服务免费，破解特殊群体患者无人陪同就医的难题。全场景住院服务改造，开通一站式入出院服务，医保登记智能对接，财务移动服务站全覆盖，破解"一人住院全家忙"的难题。增设超声、内镜午间门诊，开设特色门诊、罕见病门诊、融合病房，病人一次可解决多个科室就诊问题，有效缓解"检查难"。配置"小白兔""大白兔"便民服务车，增设透析患者专线，将摆渡车"开"进患者心坎里。二是服务"智慧化"。推进互联网医院建设，开发院内导航系统，设置门诊"一站式"服务中心、入院服务中心、随访中心、"一站式"报修平台，推出自助开单、智慧结算，设置"移动护士站"，让信息多跑路，患者少奔波。实施SPD管理，实现高值耗材使用全周期可追溯，保障患者权益。与基层30余家医院签订《远程医学影像合作协议》，促进优质资源下沉，医院"隔空阅片 精准帮扶"案例被评为"全国十佳典范"。三是服务"舒适化"。启用全新标识系统，设置便民储物柜，建成多元化便民停车场，在患者休闲区设置书吧、咖啡吧、超市，放置钢琴，让人文氛围成为舒缓患者身心的"良药"，让医疗服务更贴心、更暖心。

2. 提供有品质的医疗

一是构建学科评价体系。在综合分析教育部学科评估指标体系、教育部重点学科评估标准、国家临床重点专科建设项目评分标准以及各大医院学科评估指标体系的基础上，通过查阅国内外临床学科相关文献和到南京、上海等地的顶级医院实地学习考察等方法，结合临床科室调研情况，采取专家访谈、小组讨论、头脑风暴等方法，构建了符合我院发展需求的学科评价体系，并对院内所有临床科室和医技科室开展学科评价。并根据学科评价结果，按照"分层建设、分级支持、连续考核、动态管理"的建设原则，将全院业务科室划分为4个层级（领军学科、优势学科、骨干学科、潜力学科），按照不同力度给予资源倾斜和政策支持。一方面，立足领军学科优势，充分发挥领军学科的关联性拉动作用，以此带动其他学科齐头并进发展，建设一批领军学科和优势学科群，创建品牌特色，增强医疗卫生服务的辐射能力和服务水平。另一方面，科学规划，促使各学科认清学科发展现状、明确学科发展方向、激活学科发展动力。二是推动临床专科能力建设。打破传统医学学科和诊疗科目壁垒，聚焦一个病种，组建肝病介入融合病房、脑血管病融合病房、呼吸介入融合病房、继发性甲状旁腺功能亢进融合病房，将多个团队融入一个病房，优化整合医疗技术，全程、实时参与患者诊疗，实现了"患者不动专家动"。同质化管理重症病房，建立"危重患者病房早期预警标准"，组建重症医学MDT团队，定期开展死亡病例讨论，指导全院重症患者的诊断和治疗，提升了重症患者的救治效率。推出康复早介服务，制定专病早期康复诊疗规范，组建康复早期介入团队，康复医技驻扎临床科室，全周期规范康复管理，提高了患者的术后康复效果。三是病种分类管理。结合卫生健康行政部门总体规划和医院的学科建设规划聚焦心脑血管疾病、恶性肿瘤、呼吸系统疾病、代谢性疾病等发病率高且严重危害人民群众健康的重大疾病，以临床需求为导向，大力开展体现本学科发展导向的战略病种，带动提高本学科疾病诊治能力。四是高精技术攻坚。启用襄阳首台第四代达芬奇手术机器人，创新开展普外科、骨科、神经外科、妇科、耳鼻喉科机器人辅助手术，微创外科手术治疗迈入"智能化""精准化"新时代，大力提升了医院外科系统的学科建设水平，襄阳市及周边患者"不出远门"就能享受国内一流手术的优质医疗服务。

3.培育有情怀的医者

党的二十大报告指出，教育是国之大计、党之大计。医学教育决定

⒜ 智慧服务中心

着医学卫生健康事业的未来。襄阳市中心医院2010年成为湖北文理学院附属医院，目前开设有临床医学、护理学和医学检验技术3个医学本科专业，同时，在"一带一路"沿线国家招收临床医学本科留学生，在校医学生1300多人，2022年获批临床医学硕士专业学位授权点，2023年正式招生13名，培养武汉科技大学临床专业硕士研究生109名。2023年底投入使用的临床医学院新院，投资2.7亿元，占地31亩，建筑面积5.6万平方米。医院始终坚持以"培养人民满意的好医生"为使命，致力于培养具有"救死扶伤的道术、心中有爱的仁术、知识扎实的学术、本领过硬的技术和方法科学的艺术"的应用型医学人才。14年来，已为社会培养了1870名临床医学、护理学和医学检验技术本科专业人才。医学生在全国性医学学科和技能大赛中取得了诸如二等奖、三等奖乃至单项第一名的佳绩。

（五）抓作风建设，涵养文化建设之"气"

一是开展清廉从业教育。结合"惩教结合，以教为主"原则，将法律法规、党纪党规、行业规章制度纳入党员培训、新职工培训、新提拔干部培训等医院各类培训。将警示教育作为支部主题党日固定板块，全面开展九项准则宣教。对于行业内、医院内发生的违纪案例，分层级开展"一案一教育"活动，用身边事教育身边人，进一步增强全体党员干部、医务人员遵纪守法守责意识。二是推动清廉文化建设。落实清廉医院建设"进院区、进楼栋、进病区"要求，突出"以清为美、以廉为荣"的清廉主题，打造清廉文化长廊，举办"清风寄语 亲情助廉"廉政寄语征集活动和"清廉医院 你我同行"廉洁文化书画作品展，使"清廉种子"在干部职工心中播撒、生根，融入日常工作中去。三是以群众评价检验成效。坚持问效于民，聘请12名医德医风社会监督员，每季度召开座谈会征集意见。组织干部职工开展"假如我是患者"就医体验活动，以角色互换进行全流程就医体验，立查立改难点、痛点、堵点问题。通过第三方满意度测评机构每月收集意见、每季度系统评估，患者及职工满意度持续提升。

三 经验启示

市中心医院传承"红色基因"，推动党建引领医院新文化体系建设的实践充分表明，要把建设新文化体系作为推动公立医院高质量发展的战略性工作，全面落实高质量党建引领高质量发展。面对新形势、新要求，公立医院要紧跟国家政策，坚持继续大力推进"以治病为中心"向"以健康为中心"的转变，践行"公益性"和"以人民为中心"的理念，在改善群众看病就医体验上持续发力，全力带动区域医疗、教学、科研、预防和保健服务水平提升。

（一）聚焦能力提升，以学科"专业化"引领高质量发展新趋势

公立医院建设规模各有差异、专业各有所长、医疗水平各有不同，但仍要因地制宜实施"科技兴院、人才强院"战略。特别是一些规模较大、示范性较强的公立医院要按照《"十四五"国家临床专科能力建设规划》要求，鼓励先进、合理布局、整体规划、分步实施，在人才培养、临床诊疗技术研发和关键设备购置等方面持续发力。积极探索建立健全医院人才培养制度体系，积极探索专业前沿技术，引进高精尖技术，铸造一流品牌专科，落实"临床科研提升行动"，加快促进创新型医院转型。

（二）聚焦国考航标，以管理"精细化"提升高质量发展新效能

正如习近平总书记所强调，一流城市要一流治理，要注重在科学化、精细化、智能化上下功夫。医院作为一流城市的主要功能和重要组成部分，要不断完善以提高诊疗水平、提升服务效率、调整收入结构、优化病种结构、调整学科结构为体系的医疗服务顶层设计，着力构建更精细的质量和运营管理体系。强化"控费+增效"联动，打出降本增效"组合拳"，持续规范临床路径，加强诊疗项目的科学性、规范性，避免过度检查、过度用

药等；以标准化、信息化建设为抓手，提升监管效能，规范医疗服务行为；结合药占比、耗材比等DIP医保服务质量评价指标，建立药品、医用耗材闭环管理和考核机制，加强带量采购监管，加速临床医用耗材使用监管信息化，打造医用耗材管理规范示范基地。

（三）聚焦患者体验，以导向"人性化"丰富高质量发展新内涵

医疗服务作为人民群众最为关注的热点问题，要严格落实《改善就医感受提升患者体验主题活动方案（2023—2025年）》要求，以切实改善人民群众看病就医感受为目标，坚持守正创新、问题导向、系统思维，全面梳理医疗服务流程，充分运用新手段、新技术、新模式，打通人民群众看病就医的堵点淤点难点。将"以病人为中心"贯穿医疗服务各环节，整体提升医疗服务的舒适化、智慧化、数字化水平，推动形成流程更科学、模式更连续、服务更高效、环境更舒适、态度更体贴的中国式现代化医疗服务模式，进一步增强人民群众就医获得感、幸福感、安全感。

（四）强化使命担当，以党建"硬实力"做足高质量发展新支撑

习近平总书记指出，树立和践行正确政绩观，要"解决好政绩为谁而树、树什么样的政绩、靠什么树政绩的问题"，而树立和践行正确政绩观，起决定性作用的是党性，前提在于卓有成效的党建工作。市中心医院党委按照"组织强则党建强、制度优则管理优、队伍健则发展健、文化兴则医院兴"的思路，持续推进"四有"党建品牌建设，推进"一支部一特色"党建品牌创建常态化制度化，实现了党建引领发展、党建聚能与医疗提质深度融合。因此，无论是医疗领域或者其他行业，都应认真履行全面从严治党主体责任，杜绝错误认识、着力化解"两张皮"等问题，因地制宜打造特色党建平台，推动党建工作与主责业务深度融合，进而提升党建工作在本领域（本地区）高质量发展水准与成色。

（作者：杨超，襄阳市中心医院）

社会建设编

夯实"数字"发展底座
赋能都市现代治理

——襄阳市推进城市数字公共基础设施建设实践与探索

【引言】党的十八大以来，以习近平同志为核心的党中央高瞻远瞩，抓住全球数字化发展与数字化转型的重大历史机遇，系统谋划、统筹推进数字中国建设。2021年10月，习近平总书记在中央政治局第三十四次集体学习时强调，要加快新型基础设施建设，加强战略布局，加快建设高速泛在、天地一体、云网融合、智能敏捷、绿色低碳、安全可控的智能化综合性数字信息基础设施。湖北省委、省政府坚持"国家战略统筹地方发展、地方实践丰富国家战略"理念，创新提出开展城市数字公共基础设施建设，把城市数字公共基础设施建设作为落实数字中国战略的湖北行动，作为流域综合治理和四化同步发展的"新引擎"，作为全省经济社会转型发展的"新动能"，作为建设全国构建新发展格局先行区的"新赛道"，以信息化赋能推进四化同步发展，大力推动"数化湖北"，持续推进城市数字公共基础设施建设，加快建设数字经济、数字社会、数字政府。

【摘要】2022年9月，襄阳市被列为全国城市数字公共基础设施首批试点城市。试点工作开展以来，襄阳市认真贯彻落实党中央、国务院决策部署和省委、省政府工作要求，聚焦CIM平台、"一标三实"系统、编码赋码系统为核心的基础平台建设，围绕中心城区953平方千米，充分整合云、网、算、数、物联等基础资源，全力推动部门应用体系化标准化建设，建立了数据实时采集、动态更新、赋能应用的相关规范，探索形成了多项工作机制，达到试点工作预期成效。工作中多次获得省领导和省专班的肯定与表扬。省公安厅授予襄阳市数字公共基础设施专班"一标三实"组集体二等功。在第七届数字中国建设峰会上，襄阳市数字公共基础设施项目获评"2024数字中国百景新锐奖"。

【关键词】城市数字公共基础设施　CIM平台　一标三实

一 背景情况

开展城市数字公共基础设施建设，是贯彻落实党的二十大作出的重大决策部署、推动数字经济高质量发展、提升城市治理能力和水平的重要举措，是推进中国式现代化襄阳实践的具体行动，是解决当前信息化工作难点、痛点问题的重要抓手，是开展数据要素运营发展新质生产力的重要基础。

当前，在信息化和智慧城市建设中，普遍存在信息化覆盖不全、数据标准不统一、信息系统碎片化、数据共享程度低、智能感知能力弱、智能算法支撑少等问题，以往各部门建了很多应用系统，但缺乏基础平台和数据支撑，生命周期短，无法跨部门共享应用，缺乏治本之策。通过城市数字公共基础设施建设，搭建一个具有公共性、基础性、唯一性的平台底座，制定统一的标准，便于数据集成共享，为政务服务、社会管理、市场监管等场景应用提供体系化、标准化、规范化的基础支撑，同时也有利于党委政府加强信息化统一管理，节约财政资金，有效地规避建设重复、功能冗余、使用效率低下等问题。

在数字经济时代，数据是国家基础性战略资源。数据要素赋能新质生产力，不仅改变了传统的生产方式和经济模式，更为经济增长和社会发展带来了新的动力和机遇。各级各部门在推动政务信息化过程中，产生了大量种类繁多、标准不一、质量参差不齐的公共数据，这些数据具有巨大的挖掘价值。开展城市数字公共基础设施建设，就是要通过基础平台将这些数据治理成高质量、高标准、高可靠、高价值的标准数据，实现公共数据在政府与企业间安全高效地流通，通过对数据的模型分析，助力企业更好地了解市场需求、消费者行为等信息，从而优化产品设计、生产流程和供应链管理，不断提高企业的生产效率和产品质量，促进数字经济发展。

二 主要做法

襄阳市城市数字公共基础设施按照"153N"的总体框架建设（"1"是一个底座，即城市数字公共底座；"5"是五大基础能力建设，即网络基础设施、算力基础设施、智能感知设施、融合基础设施、数据资源中心；"3"是三大支撑体系建设，即网信安全、标准规范、数据确权授权机制；"N"是N类验证，即政府治理、经济运行、产业发展等若干应用），通过建机制、搭平台、汇数据、定标准、促应用，全面推动城市数字公共基础设施建设工作高效化、规范化、常态化。

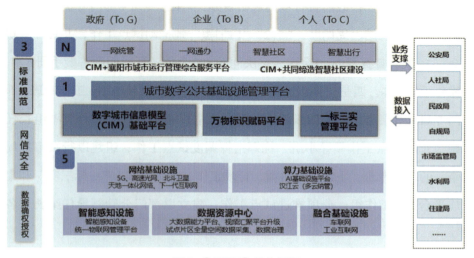

图1 "153N"总体框架

（一）以健全机制为先导，全力构建高效协同工作体系

一是"三总协同"强机制。建立总统筹、总咨询、总集成"三总协同"工作机制。发挥行政审批局牵头协调总统筹作用，统筹制定试点方案、协调部门对接、推进项目建设、督办试点专班小组工作；发挥专家委员会总咨询指导作用，试点专班采取电话沟通、微信讨论、现场汇报等方式，始终保持与咨询专家的线上线下高频沟通互动，明确建设方向、工作任务、工作重点；发挥平台公司总集成作用，高标准、高质量推动CIM平台[①]、"一标三实"系统、编码赋码系统、标准规范编制等项目建设，为试点工作的建设运营提供坚强的技术支撑。二是"三专联动"聚合力。采取"专家＋专班＋专业力量"的模式，邀请华为、阿里、浪潮等头部企业和武汉大学、湖北文理学院等高校有关专家出谋划策，从行政审批、公安、城运及大数据中心等部门抽调业务技术骨干组成专班集中办公、集中作战、集中攻坚，借助奥格、吉奥、中建标院、市测绘院等企业专业力量，高标准推动CIM平台、"一标三实"系统、编码赋码系统建设和标准规范编制等工作。三是"四高推动"抓落实。襄阳市委、市政府主要领导高位推进，工作专班高频调度，市委、市政府督查室高规格督办，"工作专班＋部门专班"高效协同，实行日总结、周调度，"5+2""白加黑"地推动试点工作，共召开专题会议12次，督查督办40余次，解决问题300余件，形成问题答疑手册6本、操作手册8本。四是"四级架构"建体系。建立"领导小组＋工作专班＋部门专班＋基层力量"的四级组织体系。成立以市长任组长、分管副组长任副组长的试点工作领导小组，统筹指挥调度试点工作；组建以行政审批局牵头的攻坚专班，下设统筹协调、行政工作、技术方案、"一标三实"和集成平台5个工作组，分项推进试点工作；建立以部门分管领导任组长、各

---

① 即襄阳市信息模型平台。

业务科室为成员的工作专班,协同推进基础平台对接和应用体系化标准化建设工作;优化基层组织的力量,探索"网格+警格"模式,推动"一标三实"等基础数据采集更新工作。五是"五级培训"提素质。咨询团队密集培训,总咨询专家高频帮带、电话指导,与专班同志开展线上研讨20余次,为试点工作推进定方向、明思路、解难题;专家学者专题培训,邀请武汉大学、头部企业等的专家学者,围绕数据治理、"一标三实"等进行专题培训10余次;培训专业力量,由专班骨干对大数据中心全体人员进行应用体系化标准化等重点工作集中培训;培训部门人员,对各部门联络员进行统一标识编码赋码、标准编制、数据采集汇聚治理以及数据安全管理等相关培训,组织部门首席数据官及数据专员进行学习培训、交流研讨;培训基层工作人员,组织基层网格员、警员、城管队员、运维公司人员开展线上集中培训,解决城市管理对象数据采集更新等问题,打通基础平台数据采集"最后一公里"。

(二)以平台建设为重点,全力夯实基础设施底座支撑

一是高标准搭建基础平台。完成以CIM平台、"一标三实"系统、编码赋码系统为核心的基础平台建设,形成了统一展示门户,为各部门提供电子地图、行政区划查询、数据质量检测等各类服务接口582个,累计调用55万余次。二是探索数据动态更新机制。创新"三先三后"(即先"一标"后"三实"、先城市后农村、先门牌楼栋后户室人口)的基础数据治理路径,完成中心城区"一标三实"系统与市监、住建、自规、政法等标准地址生产部门的业务系统对接,实现新增标准地址自动生成常态化。2023年6月和11月,襄阳市分别发放了第一张带有标准地址的不动产证和营业执照。三是推进了市县一体化扩面建设。各县(市、区)迅速组建专班实体化运行,制定任务路线图,以会代训提升实战能力。各县(市、区)完成中心城区1:500地形图以及县域1:2000地形地貌和行政区划数据采集汇聚治

理工作，完成60.96万栋建筑物和构筑物的白模生产上图。采取"五步工作法"（门牌清理、编制地址、关联人户、审核上图、常态更新）开展数据采集，共汇聚"一标三实"数据856万条，已治理完成698.5万条，完成率为81.6%。四是加快应用体系化标准化和数据集成。深入市直各部门开展调研摸底，共梳理出涉及33个部门13个大类、83个中类、478个小类的管理对象，编制完成19个部门的"两表一台账一图一方案"（管理对象分类表、管理对象属性表、应用系统台账、应用体系框架图、应用系统整合改造建设方案），建立部门应用系统"一本账"，关停系统31个，减少合并系统19个。五是形成可借鉴可复制的标准规范。围绕基础平台、数据共享、分级分类、安全保障、管理运营等方面编制各类标准规范42个，配合省专班形成了2项国家标准、3项行业标准、5项省级地方标准，为全省"数公基"建设贡献了襄阳做法。六是深化与兄弟城市的结对交流。发挥襄阳都市圈引领辐射作用，制定结对帮扶方案，与十堰建立常态化沟通机制，组织专班骨干应邀赴随州、神农架、黄冈等地开展"数公基"培训，点对点现场分享试点工作经验。目前，省内省外共有16个兄弟市州来襄交流学习30次，共开展线上线下授课40余次。

（三）以场景应用为导向，全力提升社会治理能力水平

一是赋能教育划片招生。针对学校划片招生人员与学位匹配不准、资格审查程序复杂、人工核验效率低下、信访投诉多发等问题，运用"一标三实"成果开展实有人口、实有房屋、实有单位数据自动比对，根据适龄人员居住地址情况，精准匹配学位，辖区热点学校全面消除大班额。2023年，襄阳市义务教育阶段学位共计11.9万个，报名新生7.58万人，录取6.99万人，录取率为92%，招生录取工作质量相比往年有了显著提高。二是赋能运输企业监管。市交通局运用基础平台提供的数据，将道路客货运、驾驶培训、车辆维修等所有企业的营业执照和法人信息与基础平台实

有单位标准地址数据进行比对，迅速完成襄阳市主城区18325家道路运输企业注册登记信息核查，发现问题数据企业1074家，由网格员和片区民警现场实地核验，完成企业标准地址信息自动进行匹配更新，将原来需要180天完成的核查工作缩短为10天，有效遏制了注册虚假信息的企业骗贷、骗保、骗补行为的发生。三是赋能便民服务导引。市城管委运用基础平台采集汇聚的公厕、停车场、修鞋店、缝纫店、配钥匙店等12类便民服务点位数据以及统一标准地址库，上线便民服务地图，着力打造"15分钟便民生活圈"。目前，共上线12类3726个便民服务点（包括931座公厕、15个修鞋店、25个配钥匙店、1722个早餐店等），极大地方便了群众的日常生活。四是赋能市场主体规范登记。为科学实施精准监管，市市场监管局在全省率先实现全域范围内企业地址标准化登记，营业执照申请人在设立和变更地址时，通过调用基础平台的标准地址信息库，采取"标准化地址申报＋住所承诺制"模式开展市场主体登记，有效防范经营场所地址虚假注册等问题。五是赋能城市规划高效编制。市自然资源和城乡建设局基于基础平台汇聚的全市基础地理信息数据以及停车位、充电桩、新能源汽车等管理对象的分布情况，组织完成了《襄阳市中心城区停车专项规划》和《襄阳市充电基础设施专项规划》的编制工作。六是赋能"打防管控服"质效提升。市公安局以"一标三实"管理平台的人口数据为基础，搭建数据模型，分析实有人口全生命周期汇聚的房产、社保、教育、医疗、工商登记等数据，快速统计出全市中心城区实有人口数据，并聚焦人员密集、出租房屋、智慧小区等，探索了"固定场所流动人口管理""流动人口自主申报""智慧小区实有人口动态管理"3类场景模式，为不同类型的流动人员提供了多元化的管理模式，助力流动人口管理精细化。七是赋能文旅产业发展。基于实有人口治理成果，整合运营商信令数据、地理信息数据、网络数据等，实时掌握节假日期间襄阳地区人口和人流信息，对古隆中、唐城、北街、华侨城等各旅游景点客流进行实时动态监测，助力景区控制人流、制定精准的经营策略和营销方案。八是赋能城市安全风险防范。围绕危险化学品、地质灾害、城市内涝、城市供排水、"两客一危一公交"、校园和供餐单位"明厨亮灶"等14个重点应用场景，开展安全风险分级分类辨识评估、方案编制、管理对象数据采集汇聚治理、安全风险预警监测平台建设，共梳理管理对象65个、风险点类型159个、风险点监测预警指标143个（类），风险点监测预警处置流程21个，风险点监测预警数据项52个。通过汇聚数据、分析数据、建模监测、发现问题、预警处置，实现城市安全风险早发现、早预警、早处置的闭环管理。九是赋能社区管理服务减负增效。探索村（社区）"多表合一"改革，完成市级中心城区试点社区以及南漳县试点社区的调研摸底工作，收集涉及残联、城管、妇联、民政、人社、应急等11个部门下发社区填报的50张表格420个数据项，整合为1张表格151个数据项，初步筛选可从基础平台获取的数据项34个，减轻基层工作人员负担。

三 经验启示

（一）加强组织领导是重要保障

市委、市政府主要领导高度重视城市数字公共基础设施建设试点工作，亲自谋划、亲自部署、亲自推动，定期召开专题会研究部署，听取工作进展，安排下步任务，为试点工作高标准、高质量推进提供了坚强组织保障。通过建立"领导小组＋工作专班＋部门专班＋基层力量"的四级组织体系，采取"专家＋专班＋专业力量"联动模式，建立总统筹、总咨询、总集成"三总协同"工作机制，坚持高站位、高标准、高质量、高要求"四高"推动抓落实，形成了上下"一盘棋"、高效协同联动的工作格局，保障了城市数字公共基础设施建设试点工作在襄阳市高效推进、有效落实、取得实效。

（二）增强数据思维是首要前提

习近平总书记强调，"善于获取数据、分析数据、运用数据，是领导干部做好工作的基本功"[①]。随着信息技术的高速发展，大数据、云计算、物联网、人工智能等信息技术在政治、经济、文化等社会各个领域不断渗透并深度融合，数据已经成为经济社会发展的关键要素，数字资源成为国家发展的重要战略资源。在大数据时代背景下，各级领导干部必须深刻领会习近平总书记关于数字中国、网络强国等重要论述，以开展城市数字公共基础设施建设为契机，善于运用数字化思维、践行数字化发展理念，学会用数据说话、用数据决策、用数据管理、用数据创新，不断提高运用信息化手段和互联网技术开展工作并解决工作面临的矛盾问题的能力。

（三）勇于改革创新是根本动力

城市数字公共基础设施建设试点工作是省委、省政府赋予襄阳的一项重要政治任务，同时也是一项崭新课题。没有现成的经验可借鉴，只能在主动探索中改革创新。襄阳市坚持在学中思、思中悟、悟中行，逐步深刻领会到城市数字公共基础设施建设的精髓，创新提出了"153N"的总体框架，逐步完善了"33445"工作机制，探索出"四边"（边推动工作、边发现问题、边解决问题、边形成规范）和"四员"（甘当"学员"、勇当"运动员"、争当"陪练员"、敢当"教练员"）工作法，在推进城市数字公共基础设施建设中探索破解难题的有效途径，编制各类标准规范42个，配合省专班形成了2项国家标准、3项行业标准、5项省级地方标准，形成可借鉴可复制的标准规范，为全省扩面推广贡献了襄阳经验。

（作者：马超，襄阳市数据局；杜强，襄阳市行政审批局）

---

① 《习近平关于网络强国论述摘编》，中央文献出版社2021年版，第40页。

一网覆盖齐联动
全域共享优服务

——襄阳市打造特色"零工之家"的实践与探索

【引言】零工市场是向灵活就业人员与用工主体提供就业服务的重要载体，是扩大就业容量、完善就业市场的重要途径，"打零工"对促进大龄和困难人员就业增收具有重要作用。通过零工市场，打通企业和求职者之间的信息壁垒，搭建供需对接平台，为灵活就业人员提供精准的服务，对于促进就业十分关键。为进一步拓宽灵活就业渠道，更好服务灵活就业人员就业，规范化建设零工市场，需要在服务功能、建设布局、运行模式、服务能力等方面下足功夫。

【摘要】市人社部门坚持"一网覆盖、多级联动、全域共享"的工作思路，成体系打造影响力广、公信力高、吸引力强的襄阳零工市场，并将襄阳零工市场建设纳入2022年襄阳市10件民生实事，有效地规范了灵活就业行为，促进了灵活就业劳务对接。

【关键词】一网覆盖　多级联动　全域共享　襄阳零工市场

一　背景情况

当前，我国灵活就业人员已达2亿人，灵活就业在就业结构中的比例日益增加，这源于我国新产业新业态正在蓬勃发展，催生出多种新职业，就业形式也呈多元化发展。就襄阳市而言，灵活就业约占全市城镇新增就业的31%，主要分布在建筑、快递、家政、季节性生产等行业，是就业的主力军之一。

▲ 谷城县紫金镇零工驿站组织灵活就业人员开展家政服务类技能培训，提升就业能力

近年来，襄阳市用工企业和个人临时性用工需求不断增加，灵活就业人员求职信息需求更加迫切，主要表现在：一方面，季节性生产型企业反映招用零工缺少公共渠道，大多通过劳务公司外包用工，生产成本逐年增高，造成"用工难"。另一方面，零工群体仍然以他人推荐、口碑传播等传统形式求职就业，经常因求职信息不通畅导致无法连续就业，出现"务工荒"。为有效解决临时性用工和灵活就业结构性矛盾的问题，市人社部门第一时间响应2022年国务院政府工作报告"支持零工市场建设"和国务院常务会议"适应企业灵活用工需要，发展零工市场"的要求，在全省率先成体系打造影响力广、公信力高、吸引力强的襄阳零工市场，并纳入2022年

襄阳市政府10件民生实事，规范了灵活就业行为，拓宽了灵活就业渠道，促进了灵活就业劳务对接，有效地解决了"临时、零散、灵活"人员的高质量就业问题，创新了公共就业服务模式和品牌，为加快推动襄阳都市圈高质量发展贡献了人社力量。

二 主要做法

（一）坚持统筹推进，科学布局市场建设

一是强化整体布局。组织专班赴安徽亳州等地开展调研，学习外地的优秀经验，并编制了《关于赴安徽省亳州市考察零工市场建设运行的情况汇报》，以此来论证襄阳零工市场建设的必要性、可行性。印发了《中共襄阳市委全面深化改革委员会2022年工作要点任务分解方案》，将零工市场建设工作纳入全市重点改革工作目标。对全市各县（市、区）现有零工务工、用工情况进行摸排，结合实际制定了《襄阳零工市场建设实施方案》，首次提出"一网覆盖、多级联动、全域共享"的建设思路，明确了成体系建设襄阳零工市场的方向。

二是强化联动协同。按照"一网两端、三站建设、三大机制"运行机制要求，建立市、县（市、区）两级联动机制，市级聚力"襄阳零工之家"信息网、手机服务端、数据可视端的开发、推广和零工驿站布局，县级聚焦驿站选址、建设、挂牌，两级统筹落实、并行推进，全市已建成集市级零工总站、县级零工分站和乡镇（街道）零工驿站于一体的零工服务体系，基本实现了零工服务全覆盖。

三是强化点面带动。坚持襄阳都市圈一体化发展，以襄阳为引领点，逐步将零工信息化服务向十堰、随州、神农架辐射，打造都市圈零工服务全省样板，形成以点带面的零工服务格局。当前，"襄阳零工之家"信息网已逐步入驻十堰、随州、神农架林区等地零工驿站，零工信息实现了

跨区域对接、共享，全市零工服务正在完成由点向线、由线到面的辐射延伸。

（二）坚持体系问效，完善市场服务功能

第一，打造"一网两端"智能系统。一是打造"零工之家"信息网。开发"零工之家"信息平台，设置附近职位、日结专区、我要发布等八大服务功能，对每位求职者建立信息档案，并根据系统统计和工作记录实时更新档案资料，精准筛选匹配信息，实现就业信息"一网"共享。二是打造手机服务端。开发"襄阳零工之家"微信小程序，对家政、建筑、装修等工种实施分类管理，实行供求职位匹配推送、热门职位自行推送和"一公里"范围岗位就近推送，帮助灵活就业人员实现"一机在手、就业不愁"。三是打造数据可视端。开发综合数据分析平台，设置LED、电视等显示屏终端，实时监管各零工市场的招聘求职情况，直观展示灵活就业人员的注册信息、用工单位岗位的发布数量，以及达成就业意向情况，并根据灵活就业人员结构、求职意向岗位占比、发布用工区域占比等数据，自动形成综合分析报告，实现就业招聘服务"可看、可听、可感知"。

第二，实施"三站建设"多级联动。一是布局建设市级总站。按照信息发布、洽谈对接、综合受理、自助服务等功能分区，打造综合性示范服务平台，并负责全市零工市场建设的规划协调、管理监督工作，切实让零工就业有门路、服务有平台、权益有保障。二是布局建设县级分站。参照市级总站功能设置，结合各县（市、区）实际，打造"一县一品"劳务技能培训和务工用工对接平台，帮助有需求的零工群体获得工作技能，提高就业能力，并负责乡镇零工驿站建设指导和日常管理。三是布局建设乡级驿站。探索"围绕市场、融入社区、共享合作"3种建站模式，按照统一标识设置、统一设施配置、统一服务规范，建设乡镇零工服务点，提供等候用工、求职信息发布、Wi-Fi共享、热水供应等暖心服务，推动务工人员就

近就业、精准就业、高质量就业。

第三，推行三大服务精准聚焦。一是强化技能提升。充分发挥零工驿站"贴近市场、贴近需求、贴近基层"服务延伸功能，针对"临时、零散、灵活"就业人员，积极开展零工技能提升服务，探索开设了适合灵活就业人员的技能培训课程，例如，谷城零工驿站开设了网络直播、面点、月嫂育婴等培训课程，助力零工提升劳动技能，实现高质量就业。二是强化精准推介。以护工、月嫂两类零工服务为试点，印发了《市政府就业工作领导小组办公室关于推广"襄阳零工之家"微信小程序的通知》，推进零工服务由全域推广向精准推广转变，促进以护工、月嫂为重点的灵活就业人员就业，畅通找护工、月嫂渠道，提供培训、就业一体化服务。三是强化服务项目。在劳务维权方面，设置法律咨询"义诊台"，开通12348法律服务专线，放置劳务协议范本，不定期聘请律师定期到驿站答疑解惑；在生活

▲ 枣阳市北关零工驿站组织零工专场招聘会为"临时、零散、灵活"人员提供求职服务

保障方面，设置棋牌室，提供Wi-Fi共享、热水供应等便民服务，全力打造最暖"零工之家"。

（三）坚持需求导向，探索建站运营模式

一是围绕市场需求建站。紧贴建材、批发、农贸市场等商业零工用工需求旺盛场所，将零工驿站建设延伸到市场，建成"市场零工信息发布中心"，实现零工集中就业。比如，襄州区围绕市场零工需求，选址于商户达2873家、零工需求量2500余人的光彩市场，建设云湾社区零工驿站，实现了光彩市场零工务工从无序向有序的转变。

二是围绕社区服务建站。紧盯居住人口密度大的社区中个人零工用工需求，将零工驿站植入街道（社区）政务服务中心，将零工驿站融入社区服务，建成零工便民服务和零工就地就业集转地，实现便民利民。比如，襄城区依托古城街道社区综合服务站，建设古城街道零工驿站，将零工服务扎根在拥有5万多户常住居民和1000多户商户的古城北街商业圈，切实打通零工服务"最后一公里"。

三是围绕资源共享建站。充分利用红色驿站布点多和职工户外驿站设备全的资源优势，创新零工驿站、红色驿站和职工户外驿站"三站合一"建设新模式，降低了建站成本，实现了资源互补，丰富了服务功能，零工政策咨询、维权申诉、培训交流更加便利。比如，高新区坚持党建引领零工服务，将零工驿站嵌入红色驿站中建设园林、陈营社区零工驿站，有效帮助社区内灵活就业党员解决了就近就业难题。

三 工作成效

（一）建设成效

全市已建成零工驿站100个，其中，市级零工总站1个，县级零工分站11个，乡级零工驿站88个，已覆盖襄阳域内各个县（市、区），服务延伸至

乡镇（街道）。"襄阳零工之家"上线并与"湖北政务服务网""鄂汇办""i襄阳"完成对接，拓展应用场景，方便群众访问使用，已累计为零工用工方和零工务工方提供服务突破400余万人（次），有序规范了灵活就业行为，有效解决了"临时、零散、灵活"人员充分就业问题。襄阳零工市场建设被纳入"下基层察民情解民忧暖民心"实践活动省级重点实事项目，由省委常委、市委书记亲自领办；国务院督查中，受到国务院第八督查组肯定，并要求提供经验材料；省委考核中，作为2022年市（州）特色目标考核项目顺利通过验收，是全省人社领域考核唯一加分项；《零工市场管理服务规范》成为湖北省地方标准；零工市场建设成果吸引了省内外多地人社部门来襄学习交流10余次。襄阳零工市场建设好的做法和成功经验，先后被国家、省级媒体宣传报道30余次，集中宣传报道了一大批零工市场建设特色经验和服务零工用工务工先进典型，其中，央视《朝闻天下》栏目报道了襄阳零工驿站助企纾困应变克难，《人民日报》讲述了襄阳零工驿站服务灵活就业事例，《中国劳动保障报》报道了襄阳零工市场促进灵活就业案例，宣传成效显著。

（二）运营成效

一是解决了零工务工散的问题。零工市场、驿站建成前，零工务工"打游击"和商户用工"碰运气"，务工用工两头难。零工市场、驿站建成后，提出了零工经纪人工作机制，按照分工种建群的工作思路，分类建立水电零工群、泥瓦零工群、配送安装零工群、焊工零工群等不同工种微信群，每个群选聘一名零工经纪人作为"工头"，负责零工用工信息发布，通过采用市场化磋商机制，实现零工用工务工洽谈的快速对接。

二是解决了劳务维权难的问题。零工市场、驿站建成前，口头协议、行业价格混乱等因素导致的劳务纠纷时有发生。零工市场、驿站建成后，签订劳务协议，律师坐台义诊，防范劳务风险，解决了劳务维权难的问题。

三是解决了技能提升慢的问题。零工市场、驿站建成前，零工技能提升靠拜师学艺，师傅教徒弟秉着"教会徒弟饿死师傅"的观念时常留一手，徒弟学艺不全、工钱不高的现象屡见不鲜；零工市场、驿站建成后，零工免费学技能，课程公开化、工序流程化，降低了零工学徒的培训成本，提升了零工学徒竞争力。云湾社区零工驿站的建设，为广大商户和零工都提供了实实在在的便利，切实改变了很多人的工作和生活，让党和国家"以民为本"的政策导向在光彩市场生根发芽。

四 经验启示

（一）市场建设赋能是根本

零工市场是服务灵活就业的最前沿阵地，是有效促进"临时、零散、灵活"人员充分就业的关键平台。因此，在零工市场建设的过程中切忌盲目跟风，务必要摸清群众需求，找准功能定位，完善用工求职、政策咨询、法律咨询、培训报名、便民服务等实实在在的功能，让零工市场、驿站建设发挥出具体的作用，杜绝"只挂牌、不开门、只开门、无服务"的现象。

（二）市场服务推广是关键

开发出的"襄阳零工之家"小程序是线上零工服务的重要渠道，如果不在平台推广上下功夫，无论平台功能如何完善，平台注册量、使用量不够，缺乏人气，就会逐渐成为僵尸平台。近年来，我们通过"报、刊、微、端、屏"等多渠道宣传"襄阳零工之家"微信小程序，同时，积极与"鄂汇办""i襄阳""支付宝"等平台联合推广。此外，聚焦护工、月嫂等特色工种，对接卫健部门协同推广，均取得了较好的成效，有效避免了市面上很多平台"只管开发不管用"的情况。

（三）市场考核机制是核心

全市铺开建设了100家零工驿站，大部分驿站在促进灵活就业方面发挥了至关重要的作用，但是随着市场需求的变化，各个零工驿站服务需求呈动态变化，服务量有增有降，服务成效有优有劣，这就需要制定准入退出的考核机制，对部分服务需求量小、服务质量不高的站点进行归并或撤销，实现零工驿站服务效能最大化。

（作者：贾伟，襄阳市劳动就业管理局）

校企共建职教"一盘棋"打造特色育才新体系

——湖北省工业建筑学校打造特色职业教育的实践与探索

【引言】党的二十大报告提出："坚持以人民为中心发展教育，加快建设高质量教育体系，发展素质教育，促进教育公平。统筹职业教育、高等教育、继续教育协同创新，推进职普融通、产教融合、科教融汇，优化职业教育类型定位。"2022年12月，中共中央办公厅、国务院办公厅印发《关于深化现代职业教育体系建设改革的意见》，明确"坚持以教促产、以产助教、产教融合、产学合作，延伸教育链、服务产业链、支撑供应链、打造人才链、提升价值链，推动形成同市场需求相适应、同产业结构相匹配的现代职业教育结构和区域布局"。新部署意味着新变化，新变化昭示着新机遇和新挑战，意味着教育强国和高质量教育体系建设不仅要准确把握教育发展规律，更要准确把握教育与经济社会发展的深层次关系和供需规律，从更为宏观的视角认识教育的定位与使命。

作为国家首批产教融合试点城市，襄阳市在"十四五"规划纲要中，明确提出"以产教融合试点城市创建为契机，深入推进校企全面合作、产教深度融合，改进职业教育办学模式"。坚持以"校企共建"为突破，聚焦产业发展需要，持续推进市域产教深度融合，是打通职业人才培养、助推襄阳都市圈高质量发展的关键一招。

【摘要】职业教育是国民教育体系的重要组成部分，肩负着培养多样化人才、传承技术技能、促进就业创业的重要职责。湖北省工业建筑学校始终坚持与城市共生共长、与区域互融互促，积极融入襄阳发展大局，聚焦校企合作，深化产教融合，坚持以教促产、以产促教，主动融入、精准对接全市产业发展，施行双导师育人，推进现代学徒制办学。经过几年的探索和实践，取得了显著的成效，积累了宝贵经验。其"两进五联"（师生进企业，师傅进课堂；联合人培改革，联合课程开发，联合师资培养，联合基地建设，联合质量评价）的育人模式，为企业培养了大批合格人才，达到了多方共赢，助推全市经济社会高质量发展。

【关键词】湖北省工业建筑学校　职业人才培养

一 背景情况

从职业教育实践来看，产教融合是职业教育的基本办学模式，也是职业教育发展的本质要求。从经济发展情况来看，产业是经济发展增长带，要获得持续的发展动能，必须走产教融合之路。襄阳市学习贯彻党的二十大精神，落实习近平总书记关于职业教育的重要指示批示精神，深入推进校企全面合作、产教深度融合，促进襄阳职业教育与区域产业转型深度融合、相互赋能，助推区域经济高质量发展。

自2017年4月襄阳市成立中国（湖北）自由贸易试验区襄阳片区以来，迎来了建设大潮，一批大型国企、民企、房地产企业陆续进驻，逐步形成了以市政基础设施建设、房地产开发为主带动电梯行业、物业服务的产业链，产业的兴起急需大批高素质的技术管理人员和工人。企业和行业对人才的需求为湖北省工业建筑学校开展校企合作育人提供了难得的机遇。在开展校企合作初期，湖北省工业建筑学校和一些中等职业学校一样，在校企合作中处于被动地位，在合作育人的本义层面出现了诸多偏差或系统缺失,如育人效应不够明显、片面追求工学、结合"工"的实施而忽视"学"的融合、"工"与"学"彼此游离等。"产教融合,校企合作,工学结合"偏离了合作育人的核心价值取向。

从2018年开始,湖北省工业建筑学校抢抓襄阳快速发展机遇,加强校企合作互动,深化探索实践,形成了"两进五联"(师生进企业,师傅进课堂;联合人培改革,联合课程开发,联合师资培养,联合基地建设,联合质量评价)式合作育人模式,成立专业建设指导委员会,建成校内外实习实训基地,建立专兼结合的"双师型"师资队伍,实施人才培养模式和课程体系改革,开展教学质量全过程多元评价,人才培养质量显著提高。

二 主要做法

湖北省工业建筑学校紧紧围绕房地产企业、电梯企业的需求办专业,

▲ 与湖北省黄麦岭控股集团有限公司召开校企合作恳谈会

针对土建类专业群和电梯专业进行专业课程设置和岗位技能训练，有针对性地培养专业人才。2018年以来，在湖北省工业建筑集团有限公司的牵头下，与其下属20家单位进行合作；在襄阳市质量技术监督局的主导下，在襄阳电梯协会的牵头下，先后与襄阳卉申电梯技术工程有限公司、日立电梯（中国）有限公司襄阳分公司、湖北上菱机电工程有限公司、湖北利森机电工程有限公司等区域内的骨干企业组成"人才共育、过程共管、成果共享"利益共同体，搭建校企合作育人平台。从2018年开始，学校在校企合作平台上不断探索实践，形成"两进五联"育人模式，为企业培养了大批合格人才，达到了多方共赢，为经济社会发展作出了积极贡献。

（一）政府"搭桥"，建立"两进五联"合作育人运行机制

一是建立运转高效的组织机构。成立由政府部门、行业企业、学校等单位人员构成的电梯专业建设指导委员会，定期召开联席会议，既从宏观上指导学校课程设置、实训基地建设、教学模式改革等工作，又从微观上修订教学计划、监督质量考核，确保在教学环节与社会需求并轨。二是积极推进校企互动。定期邀请优秀企业家来校作报告，为师生传经送宝；选派骨干教师进企挂职锻炼，促进教师更新知识、提升能力；根据企业需求，组织专业课教师进企开展"订单式"培训，有效提升企业员工的职业综合素养；采用分散式、双进程模式安排教学，聘请企业技术骨干、能工巧匠承担部分专业核心课程的教学工作，并以工期定学期，保证企业由学生顶岗的职位不会出现空缺。企业将学生看作雇员，安排工作任务并给予薪酬，学生在企业导师的指导下摸爬滚打，提高了职业能力和职业素养。三是深化产教融合。响应国家"十三五"经济结构升级、内需潜力释放的趋势性变化的号召，推动技术升级改造，将中国制造变为中国服务，为学校产学研创新模式助力。对学生进行专业教育，激发学生的专业学习兴趣。与订单合作企业签订共建实训基地协议，促使教师在做中教，学生在做中学，

真正形成教、学、做"三位一体"的课堂教学新格局，使产教融合真正落到实处。

（二）联合实施人才培养模式和课程体系改革，为合作育人提供"导航"

湖北省工业建筑学校联合合作企业，依托各专业教学指导委员会开展人才需求与岗位技能需求调研，结合专业特点和内涵建设需求，对各专业人才培养模式进行改革和论证，创新"产教融合、校企合作、岗位训练、双证融合、订单培养"的专业人才培养模式。根据区域内行业和企业的职业岗位需求变化和技能结构变化，重构课程体系，联合建设精品课程和优质核心课程，优化课程内容。

（三）联合建设高素质的师资队伍，为合作育人提供"基石"

校企合作共同打造专兼结合的"双师型"教师团队，通过"教师进企

⊛ 与湖北省黄麦岭控股集团有限公司举办校企合作签约仪式

业、师傅进课堂"，形成双向交流机制；通过培训、课题研究、企业实践、帮带、进修、聘请等多种形式，形成兼职教师的教学任务本职化，专任教师技术技能提升制度化，建立稳定和发展的师资队伍。校企合作建立教师实践基地，专业教师每年轮流到企业实践1个月以上，为职工上1周的专业理论课并参与相关新技术的研发；学校为企业建立兼职教师工作室，筑巢引凤，合作企业每年选派7名以上工程技术人员到学校指导实习实训、兼职授课，并与教师结对，促进专业教师在教学中成长。近年来，学校已有32人次专业教师到企业实践，48人次企业工程技术人员到学校进行教学实训指导。

（四）联合建设实训基地，为合作育人提供"载体"

专业建设指导委员会根据人才培养需求和未来产业发展需要，经过反复调研和论证，制定了《校企合作共建实训室5年发展规划（2020—2024）》和具体的实施方案，充分体现"统一规划，突出重点，分步实施，局部领先"的建设方略，明确了建设路线图，即前两年以合作为重点，每个参与企业选择1个合作实训室项目，自主确定合作方式，不重复建设；后三年以发挥实训室功能为重点，提高合作共享应用效益，发挥合作育人效果。目前企业已捐赠一部电梯供学生实习实训。

（五）联合开展多元质量评价，为合作育人提供"支撑"

校企联合构建学生学习质量评价方案框架及指标体系。公共基础课程建立突出关键能力培养的质量评价，主要采用纸笔评价与表现性评价相结合的方式。专业技能课程建立突出职业能力培养的学习质量评价，主要采用过程性评价与成果性评价方式，通过过程性评价、成果性评价、差异性评价、表现性评价、纸笔评价等促进评价功能的发挥。重点与合作企业开展校企结合、工学结合、顶岗实习过程中引入行业评价。在此过程中质量评价主要以企业（行业）评价为依据，通过行业认可程度、岗位适应能力、职业资格证书等作为硬指标进行全方位评价，提高工学结合、校企合作办学的实效。

三 工作成效

　　经过实践和探索，湖北省工业建筑学校在校企合作方面取得了积极的成效：一是人才培养模式改革特色更鲜明。专业建设指导委员会定期开展调研，组织修订人才培养方案，创新"产教融合、校企合作、岗位训练、双证融合、订单培养"的专业人才培养模式，人才培养改革的专业性、区域性、行业性特色更加鲜明。二是专业教师的成长更快速。专业教师在校企合作过程中，全方位地参与企业生产实践的各个环节，实现了知识和技能的双重提升。一方面，为了更好地指导学生在企业实践学习，教师需要熟悉企业情况，在与学生同岗实习锻炼中，亲自体验和感受企业的实践操作对学生技能培养有哪些方面的帮助以及还需要做哪些方面的改进；另一方面，教师到企业还可以同带学生的师傅进行沟通，讨论双方教学计划是否合适，也可向师傅取经学艺，这样不仅有利于教师实践动手能力的提高，更有利于"双师型"队伍建设。三是多元质量评价的育人导向功能更明显。构建学生综合质量评价方案框架及指标体系，形成过程性评价与成果性评价方式，将社会、学校及家长对学生学习质量评价的结果，反馈到人才培养的全过程，不断改进教育教学方式和方法，实现了评价的导向功能性，培养出的学生能满足市场需求、受用人单位欢迎、符合家长的期望。同时，也取得了丰硕的成果。

（一）产教融合成教师成长的"助推器"

　　采用"学校教师＋基地师傅"共同带训的"双导师制"，实行"理实一体"的教学方式，实现学校教师与基地师傅互兼常态化，使职业教育更具专业性、实践性。教师通过参与合作企业的管理生产，专业技能和职业素养得到双重提升，创新实践能力也得到提高，对企业的技术要求和素养需求更为熟悉。因此，教师的教学针对性更强，促使教学水平不断提升。

（二）产教融合成学生职业道德提升的"炼丹炉"

校企合作符合学生职业发展需要，通过能力培养与岗位对接相结合，学生在实训室就能完成企业项目的学习，在提升学生专业技能的同时，培养了学生解决问题、发现问题的能力，岗位的适用性明显加强。通过校企合作培养，学生普遍具有良好的职业意识、负责的工作态度、团结协作的精神和坚定乐观的生活态度，大幅提升了学生的综合职业素养，实现了"专业对岗、技能适岗、人人有岗"的就业目标。

（三）产教融合成现代学徒制的"训练场"

通过引进湖北建设监理公司等企业进校园，实现了"教室与企业合一、教师与师傅合一、学生与学徒合一、理论与实践合一、实践与创收合一"的教学实践一体化，将现代学徒制贯彻到项目教学中。近年来，在合作企业对学生就业情况调查中，湖北省工业建筑学校的毕业生成为湖北企业最受欢迎的就业群体，超过了大学生和高职生。

（四）产教融合成企业人才资源储备的"变压器"

产教的深度融合，提升了湖北省工业建筑学校的办学内涵和人才培养质量。多年来，学校毕业生就业率达98%以上，岗位满意率达95%以上，累计为企事业单位输送了实用型技术人才6000多名，其中，湖北工建等企业的在职技术骨干60%是该校毕业的，许多毕业生已成为各大公司领导、中层干部、技术骨干。

四 经验启示

（一）坚持政策引领、组织赋能，推动产教融合向深处延伸

构建产教深度融合的发展格局，关键在于有效的组织领导和政策引导。

这就要求我们，一方面，加大对职业教育工作的规划、领导、协调和督导评估力度，持续加强研究，从顶层设计和长远规划上思考，出台更精准、更细化、更有实效的政策举措并扎实推进；另一方面，加大职业教育发展支持力度，切实为职业院校高质量发展创造良好条件。

（二）坚持瞄准需求、面向市场，推动产教融合向实处发力

"亲产业性"是职业教育的天然属性。为了更好地适应产业转型和技术革新的需求，职业教育就必须专注于专业建设，这是产教融合、校企合作走向精准对接的必然路径。职业院校要坚定面向市场企业、服务经济发展的办学理念，围绕襄阳社会发展战略及产业发展趋势，选择与自身发展相适应的行业企业共建特色鲜明的产业学院，在校企合作办学中逐渐服务产业、引领产业，让技术技能人才培养和产业行业发展需要相辅相成。

（三）坚持创新模式、强化师资，推动产教融合向高处前进

教学形式和教学水平直接影响着职业院校的教学质量和产教融合的发展。在推进产教融合的进程中，教师需要充分了解学生的实际情况和学习需求，采取科学合理的方式进行层次化教学，并根据教学方案实施个性化教学。这就要求我们，一方面，优化专业教师队伍"双师"结构，提升教师队伍的整体专业技术水平和实践应用能力，打造适应产教融合的师资队伍；另一方面，结合产业发展情况及专业要求，优化课程设置，创新实践实训课程体系，将行业企业需求融入教学全过程，不断提升学生的专业综合能力和素质。

（作者：赵彬竹，襄阳市教育局）

以驿站"一隅之光"
点亮都市"温情地标"

——襄阳市关于建立户外劳动者爱心驿站的探索与实践

【引言】新时代社会的主要矛盾已经转化为人民日益增长的美好生活需要和不平衡不充分的发展之间的矛盾。适应新变化挺膺新担当，不断满足职工群众特别是新就业形态劳动者的美好生活需求，要求工会组织必须立足新时代中国特色社会主义的新方位、社会主要矛盾的新变化、共建共治共享社会治理的新格局、全面深化改革的新阶段，牢牢把握工会组织新使命、新目标、新要求，提升政治站位、深化改革创新，增强参建意识、延伸服务触角，积极发挥工会组织的政治优势、组织优势、制度优势、群众优势、资源优势，在共同缔造工作中全面体现、全面落实，形成新的生动实践。

【摘要】襄阳市总工会深入学习贯彻习近平总书记关于工人阶级和工会工作的重要论述，牢固树立一切为了职工、一切依靠职工的工作导向，始终把职工群众当成兄弟姐妹来看、把户外爱心驿站当成家来建、把党的群团工作当成事业来干，针对广大户外劳动者"热饭靠体温、休息靠树荫、如厕'打游击'、饮水靠干忍"等苦恼事烦心事，深入调研，真抓实干，用心用情建设户外职工爱心驿站，打通城市治理"神经末梢"为民造福。小小驿站凝聚工会萤火微光，款款爱心汇聚为民漫天星河，一站一花香，一站一世界，党和政府细致入微的关心关爱如春风细雨，化作温暖之情涓涓流淌在城区大街小巷和广大市民的心坎里。

【关键词】党建引领　共同缔造　爱心驿站

一 背景情况

　　襄阳市总工会坚持聚焦美好环境与幸福生活共同缔造，紧盯户外职工"急难愁盼"，持续念好"下、察、解、暖"四字经，织密结实服务网络，着力建设户外职工爱心驿站。无论是"隐蔽角落"的空闲场地、"边角边料"的方寸之地，还是闹市街区的黄金宝地，只要能为己所用，建成满足职工需求的服务阵地，都不计成本、不怕困难、不遗余力，主动协商有关部门，积极唤醒市区"袖珍"场地等"沉睡的社会资源"，先后在市区建设、升级154个爱心驿站为户外职工"遮风挡雨"，服务人群也从户外劳动职工扩展到全体市民，成为襄阳古城的"温情地标"。

二 主要做法

　　市总工会笃定不为所有、只为所用的为民初心，积极探索将共同缔造理念融入爱心驿站整个建设使用管理过程，通过用活做强"遗忘角落"，变

▲ 樊城区总工会在爱心驿站的一个站点上慰问附近的环卫工人和其他新就业形态劳动者

城市"袖珍"闲散地为服务职工主阵地、户外市民"打卡"地，不断把爱心驿站打造成党建导航站、便民服务站、文明公益站、奋进加油站，较好地保证了广大户外劳动者进得了、歇得住、用得好。

（一）共议共谋，各美其美，用心擘画市域治理新蓝图

炎夏酷暑，寒冬雪地，广大户外劳动者劳无所歇、憩无定所，如何让他们体面劳动、舒心工作？这些生活小事看似平常，却关乎民生福祉，时时牵动着市委、市政府领导的心。市总工会党组先户外劳动者之忧而忧，把建设户外避风港湾当作头等大事，作为美好环境与幸福生活共同缔造的重要抓手，在原来基础上加强工作专班，明确职责任务，落细落实建设。一是在组织领导上，突出党建引领，加强指导督办。市总工会主要领导与工作人员一道，三番五次实地考察建设位置，为选址布点提出指导意见，确保建站点位符合城市建设规划和文明城市创建要求，并多次现场督导工作进展，提出具体整改意见，让城市一隅变"废"为"宝"，成为市区的一道亮丽风景。二是在组织架构上，突出齐抓共管，加强整体联动。市总工会主动与市委组织部、市城管局等部门联系沟通，通过深入调研，广泛征求意见，出台《关于印发〈襄阳市中心城区"户外职工爱心驿站"建设实施方案〉的通知》，明确各中心城区户外职工爱心驿站建设的目标任务、建设方式、创建载体、建设标准和推进步骤，并同步在各县（市、区）推进。三是在组织保障上，突出服务主体，加强重点倾斜。市总工会上下目标一致，步调一致，力量不够加强力量，形成了市总、城区、街道三级工会组织同频共振，共同发力；物资不足优先弥补，除累计投入建设资金202万元外，年中又安排预算资金125万元，并积极争取省总工会建设资金支持，联合市委组织部对爱心驿站提档升级。

（二）共建共管，美人之美，用情构建和谐社会新局面

坚持"内因决定论"，发扬"争抢转"作风，保持"拼抢实"状态，以

等不起、慢不得的紧迫感，跑步前进，争取早建成、早使用，尽快把市委、市政府的关心关爱传递到千家万户，让广大户外劳动者早享实惠。一是着眼长远需要，科学布局设点。在站点布局上，坚持临街靠路、标识鲜明、辐射周边，确保户外劳动者能就近就便到"站"歇息。联合社区街道布点，方便户外职工的同时，"福"射居住地群众；联合银行、邮储等单位布点，同时"福"射繁华商圈商户；联合工业园区布点，同时"福"射基层企业；联合旅游景区布点，同时"福"射流动客商等。二是又好又快建设，完善管理措施。认真制定爱心驿站建设、使用、管理和定人定岗定责定位的"三分四定"管理办法，严格建设标准，深入点位实地检查，现场协调解决建设中的实际问题。项目验收合格后与各责管单位签订爱心驿站管理协议，确保项目按时间节点建成一家、验收一家、明责一家、见效一家。同时，市总专项预算每年对各个爱心驿站给予2000元管理维护经费补助，保证爱心驿站正常运行。目前，市总工会已向各爱心驿站责管单位划拨专项资金30余万元。三是加大宣传引导，营造良好氛围。积极宣传户外职工爱心驿站的功能作用，努力扩大爱心驿站在全社会的知晓度、覆盖面。举办"工会开放日、职工回娘家"专题活动，邀请户外职工代表体验爱心驿站服务项目；依托爱心驿站为户外职工开展"四季送"等活动，丰富服务内涵；与市广播电视台联合举办《致敬劳动者》《匠心向党》栏目、在《襄阳日报》开设"劳动光荣·奋斗有我"专栏，以及利用襄阳工会网、襄阳职工微信公众号等平台，持续宣传报道项目建设新进展，营造全社会共建共治共享的良好氛围。

（三）共评共享，美美与共，用力谱写美好生活新篇章

爱心驿站建设不可能一蹴而就、一劳永逸，必须久久为功、持续用力，不断加大投入和加强严格管理，真正建成"温暖工程""民心工程"。一是规范驿站建设。所有爱心驿站统一标配，全部按照"七有"标准规范建设，即

有场地，独立空间面积不低于10平方米，确保一定范围内户外职工就近就便；有标识，方便户外劳动者一眼识别，及时共享；有设施，统一就餐的桌椅、饮水机、微波炉、空调、冰箱、应急药箱、手机充电插排等基本服务设施；有宣传，统一分发报刊、书籍并及时更新，让劳动者学习阅览、翻开一本好书就能度过一段惬意的阅读时光；有服务，专门人员每天对驻留人数、物品消耗等情况进行记录、添置，做好设备设施维护保养，接受服务对象、工会组织和社会各界的监督；有制度，严格值日值班、场地维护等日常管理规定，保证驿站每天开放时间不低于10小时；有成效，切实解决户外劳动者饮水难、吃饭难、如厕难等问题。目前，中心城区"爱心驿站"已陆续为240余万人（次）的户外劳动者和广大市民提供了暖心服务。二是规范使用管理。建立健全爱心驿站管理运行制度，采取星级评定、以奖代补的形式，不断让爱心驿站转起来；建立市、区、街道办事处三级工会经费保障制度，加强与社会组织合作，动员爱心企业捐赠，真正让爱心驿站活起来；坚持以户外职工需求为导向，进一步丰富服务设施、载体、内容，切实让爱心驿

▲ 枣阳市总工会中秋节前在爱心驿站的一个站点上组织附近的新就业形态劳动者开展制作月饼培训活动

站强起来。三是规范优质服务。立足工会实际，加强制度建设，让政策更实惠；回应群众关切，压实工作责任，让服务更精准；面向未来需求，探索长效机制，让保障更长远；加强调查研究，定期开展回访，让功能更全面。同时，着眼提升襄阳的知名度、美誉度，深入挖掘襄阳红色文化、工业文化、历史文化、民族文化等特色，将英雄城市、劳模精神的理念融入驿站建设，营造高品质的职工服务阵地和对外宣传窗口，不断擦亮襄阳城市名片。持续对爱心驿站提档升级，确保服务更惠民、更便利、更温暖、更人性，使广大户外劳动者的获得感成色更足、幸福感指数更高、安全感底气更硬。

三 工作成效

爱心驿站只是全市各级工会组织服务中心大局、服务职工群众，参与市域经济社会治理的一个缩影，为襄阳都市圈高质量发展贡献工会担当和工会力量，受到广大户外劳动者和社会各界的一致好评，其经验做法也得到了湖北省总工会的充分肯定。

（一）与党同心，跟党奋斗，在政治引领中彰显站位，工会干部与职工群众又"亲近"一步

坚持用习近平新时代中国特色社会主义思想武装头脑、指导实践，"报、网、微、端、屏、展"等同步发力，深入开展"宣传贯彻'二十大'、岗位建功新时代"系列活动。以"匠心向党"为主线，全力打造"中国梦·劳动美"职工文化品牌，发挥各级工会400多支宣传小分队作用，引领全市广大职工群众坚定拥护"两个确立"，坚决做到"两个维护"。

（二）勇担善为，感恩奋进，在服务大局中展现担当，工会组织与职工群众又"靠近"一步

围绕推动襄阳都市圈高质量发展，持续开展各类劳动和技能竞赛，每年组织40余万名职工同台竞技，形成了完善的技能人才成长和培育体系。

积极推进产业工人队伍建设改革，大国工匠、荆楚工匠以及劳动模范和先进工作者不断涌现。

（三）赓续血脉，凝心聚力，在联系职工中传递温暖，党委政府与职工群众又"贴近"一步

认真履行维权服务的基本职责，在全省率先实现"法院＋工会"劳动争议诉调对接全覆盖。着力解决职工群众"急难愁盼"问题，连年筹措2000余万元经费用于困难职工帮扶、"送温暖"和"金秋助学"等活动，职工之家、户外驿站、职工书屋、爱心母婴室等300多家工会服务"微阵地"延伸到职工群众"家门口"。

（四）守正创新，共同缔造，在改革强基中固本培元，职工群众向美好生活又"迈近"一步

纵深推进工会改革，持续开展新就业形态下劳动者建会入会集中攻坚活动，实施工会深化共同缔造"15条"，市级工会经费80%以上下沉一线，全市基层工会达到8088个，会员达到73万人，以构建横向到边的组织覆盖、纵向到底的服务覆盖、生动广泛的联系覆盖为抓手，把工会建成党的群众工作坚强阵地。

四 经验启示

矢志不渝听党话跟党走，一切为了职工、一切围绕职工、全心全意依靠工人阶级，要贯彻到党和国家政策制定、工作推进全过程，落实到生产经营、和谐劳动关系、劳动领域政治安全各方面，做到政治上保障、制度上落实、素质上提高、权益上维护，团结引领广大职工群众紧紧团结在党中央周围。不折不扣贯彻党的意志和主张，要在建机制、强功能、增实效上下功夫，创新组织体制、运行机制、活动方式、工作方法，有力有为抓好党的群团工作，保证党始终同广大人民群众同呼吸、共命运、心连心，

让职工群众真正感受到工会是职工之家，工会干部是最可信赖的娘家人、贴心人，把工会组织建设得更加充满活力、更加坚强有力。

（一）一以贯之围绕初心使命、政治担当，抓思想、强基础

讲政治守规矩，忠诚干净担当，坚持把学史明理、学史增信、学史崇德、学史力行与学习贯彻习近平总书记指出的胸怀中华民族伟大复兴的战略全局和世界百年未有之大变局作为谋划工作的基本出发点，把牢政治方向，履行政治责任，坚持以习近平新时代中国特色社会主义思想教育引导职工，不断增强广大职工对党的创新理论的政治认同、思想认同、情感认同，坚决夯实党长期执政的阶级基础和群众基础。

（二）一丝不苟围绕主责主业、问题导向，抓履职、强本领

坚持把握工人运动时代主题，贯彻以人民为中心的发展思想，着眼党政所需、工会所能、职工所盼，紧盯重点任务集中发力。坚持落实到基层、落实靠基层理念，继续开展好产业工人队伍建设改革。坚持做好维权服务和困难帮扶，不断提升职工群众的获得感、幸福感、安全感。建设模范政治机关，坚持谋定后动、谋定快动，大力营造想干事、能干事、干成事的浓厚氛围，激励全市各级工会组织和广大职工群众在加快襄阳都市圈高质量发展中站排头、争第一，展现工会更大担当作为。

（三）一如既往围绕工作大局、中心任务，抓落实、强实效

紧紧围绕"国之大者""市之大事""民之大计"，统筹服务襄阳经济社会发展大局，切实履行工会基本职责，讲好劳模故事、先进事迹，大力弘扬和传承劳模精神、劳动精神、工匠精神。全面提升襄阳工会发展能力，全面增强战略牵引能力、要素集聚能力、资源配置能力、区域辐射能力，全面发挥工会在建设美丽襄阳、实现绿色崛起中的支撑、服务、链接、引领作用，不断推进工会组织和工会职能有形覆盖、有效覆盖。

（作者：李华，襄阳市总工会；刘长奇，襄阳市总工会）

因地制宜提效能
注重服务讲"四度"

——襄阳市健全医保公共服务体系的实践与探索

【引言】习近平总书记指出："我们建立全民医保制度的根本目的，就是要解除全体人民的疾病医疗后顾之忧。"①医疗保障制度是保障和改善民生、维护社会公平、增进人民福祉的基本制度。"十四五"全民医疗保障规划提出，要加快建设覆盖全民、统筹城乡、公平统一、可持续的多层次医疗保障体系。医疗保障公共服务作为多层次医疗保障体系的组成部分和重要支撑，是连接参保群众和市场主体的桥梁纽带，在密切党群关系、增进民生福祉、优化营商环境、促进医保事业高质量发展上发挥着关键性作用。这就要求聚焦群众就医和医保需求，深入推进"放管服"改革，补短板、堵漏洞、强弱项，着力健全经办管理服务体系，提升医疗保障基础支撑能力，以不断增强的服务效能推动医保惠民政策落实到群众身上，让人民群众更多更公平地享有改革发展成果，更好服务中国式现代化襄阳实践。

【摘要】襄阳市医疗保障局自组建以来，聚焦医保服务公平可及、普惠共享、高效便捷，持续建设"让党放心、让群众满意"的医疗保障公共服务体系，以"六统一"推进医保经办服务标准化规范化，规范服务"尺度"；以信息化赋能新时代医保服务，深化拓展"网上办""掌上办""就近

---

① 《习近平关于统筹疫情防控和经济社会发展重要论述摘编》，中央文献出版社2020年版，第53页。

办""集成办",提升服务"温度";强化内控机制建设,突出服务"精度";提升精细化管理效能水平,跑出服务"速度",以高含金量的服务举措助推医疗保障事业高质量发展,在缓解全市500多万参保群众看病难看病贵、支持医药卫生事业发展、维护社会和谐稳定、推动实现共同富裕等方面发挥了积极作用。

【关键词】医保公共服务　标准规范　高效便民

一　背景情况

医保事关全市500多万参保群众的切身利益。近年来,襄阳市委、市政府高度重视医疗保障工作,持续深入推进"让党放心、让群众满意"的医疗保障公共服务体系建设,并取得了明显成效。襄阳市医疗保障局自2019年成立以来,始终坚持以人民为中心的发展思想,认真贯彻落实党中央、国务院的决策部署和省、市工作要求,聚焦"让百姓少跑腿、数据多跑路"的奋斗目标和不懈追求,不断拓宽服务广度、升级服务速度、提升服务温度,襄阳市推出的生育津贴"免申享"、新生儿落地即参保、职工省内异地就医免备案、市域内急诊抢救费用直接结算、死亡人员数据共享比对、全市范围内医保服务协议网上签订等惠民医保服务领先全省。参保群众的医保待遇水平逐年提高,职工医疗保险政策范围内报销比例由70%提升至84%,城乡居民医疗保险政策范围内报销比例由60%提升至67.1%,报销比例稳居全省前列。医保结算率达90%以上,医保基金总体运行平稳,群众的获得感、幸福感和安全感得到极大提升。

二　主要做法

坚持医保惠民、信息便民、服务为民,打造襄阳医保服务金字招牌,实现了医保服务从无到有、从有到优的转变。

（一）强"措施"，规范服务"尺度"

1.制定服务清单，实现"标准办"

推行医保经办服务事项清单管理，实现事项名称、事项编码、办理材料、办理时限、办理环节、服务标准"六统一"。襄阳市统一编制《襄阳市医疗保障政务服务事项受理指南》，实现了全市医疗保障政务服务事项标准化规范化办理。

2.强化激励约束，实现"高效办"

襄阳市医保窗口月办件量达2万件，位居全市第一。为解决窗口前台叫号慢、办件效率不高问题，医保窗口推行"一窗通办"改革，实行首席代表负责制、领导带班值班制，前台综合受理、后台分办联办、统一医保识别服务。修改完善《窗口工作考核办法》，从办件量、服务态度、着装等方面重点考核，按天点评，按月通报排名。在职级晋升、年度考核上予以倾斜，引导鼓励干部到窗口工作。改革推行后，窗口经办效率和群众满意度较以往显著提高。医保窗口2023年度连续4个季度荣获"红旗窗口"，9名同志被评为"红旗标兵"，在2023年度市直机关清廉窗口创建评比中名列前茅。

3.突破机制障碍，实现"无差别办"

一是实现全市通办。为应对市域内流动人口医保服务需求，线上依托政务平台授权受理，线下设置"全市通办"窗口，让群众找得到、办得了。自2023年以来，全市无差别办理万余件，实现市域内医保业务就近办理。二是实现跨省通办。印发《襄阳市医保服务跨域通办指导意见》，规范电话、线下回复口径、查询路径、"全程网办"事项清单，方便外地参保群众在襄阳享受医保服务，改变过去简单一句"回参保地去问"的冰冷做法，展示"全国是一家"的友好医保形象。三是实现关联业务一事联办。以高效办成一件事为目标，推行一事联办主题办件模式，实现医疗费用报销一件事、生育费用报销一件事、新生儿落户一件事、退役军人一件事、我要参加社保一件事等关联业务政务服务网一事联办，群众办事"零跑腿"。

🔺 在襄城区图书馆，工作人员向群众宣讲参保政策

（二）重"关切"，提升服务"温度"

1. 搭上信息化快车，提速医保服务

2023年医保信息化建设领跑全省，33项服务事项"网上办""掌上办"，医保电子凭证在全市推广应用，医保特色专区业务办理事项满足了业务办理要求，"鄂汇办"、微信端查询和短信推送等功能保障了群众办理业务方便快捷。优化"15分钟医保便民服务圈"建设，各乡镇（街道）及村（社区）共建成2957家，覆盖率达100%，29项医保服务事项"镇级全市通办，村级全县通办"。异地就医直接结算突围发展，全市749家定点医疗机构、1815家定点零售药店实现异地就医直接结算。襄阳都市圈公共服务同城化

提速增效,实现了"襄十随神"29项医保政务服务事项"同城通办"、24项医保政务服务事项"圈内通办"。

2.发挥医保兜底保障功能,规范先行支付流程

针对参保群众申请先行支付的诉求,组织讨论申请条件、支付流程和追偿方式,制定《襄阳市医保基金先行支付流程(试行)》,特别是对第三方不予支付情形、商业保险剔除、追偿时机进行明确,2023年为个人先行垫付大额医保费达40余万元,既依法保障了参保群众申请先行支付的权利,又确保了医保基金安全,充分发挥了医疗保险的兜底保障作用,缓解了申请人的支付压力。

3.关注老年群体,优化医保适老化服务

针对离休群体就医购药需要先垫付后报销、程序烦琐且不好监管难题,抓住国家医保信息平台上线时机,梳理政策、清理数据、发放社保卡,把门诊和住院医疗费结算功能植入国家信息平台,实现了离休干部就医购药

⚠ 枣阳市吴店镇中心卫生院医保服务站医保工作人员在为群众现场解答政策

直接结算。坚持传统手段和智能手段并用，出台5项尊老敬老便民措施，开通帮代办、委托办、电话办3个绿色通道，推行电话预约上门服务、免费送药服务、志愿代办服务，为老年群体提供暖心贴心服务，让银发族办事无忧。

（三）严"内控"，突出服务"精度"

1. 组建内控机构

秉持"强基固本"的原则，针对全国社保基金审计发现的"经办机构医疗费用审核把关不严，死亡人员享受医保待遇问题较为普遍"的问题，襄阳市医保部门增设内控稽核机构，实行专人专责，为医保服务规范化精细化筑牢坚实基础。

2. 开展内控评估

将内控管理融入日常经办，推动各项工作规范运行，管理精细化水平不断提升。一是开展基金评估。抽调业务骨干组成内审专班或聘请第三方机构，每年对经办业务进行抽查或审计，防控基金运行风险。二是开展自查评估。健全风险点排查防控机制，对经办岗位权限、业务流程、管理责任进行梳理，动态研判更新岗位风险点、风险等级及防范化解措施，在医疗费用专项审核、政务服务事项清单管理、基金管理等中高等级风险方面立查立改、重点防控。三是开展权限评估。按照"个人申报、科室审核、信息赋权"实行分级负责、逐项审核、精准授权。四是开展专项评估。针对个人账户注入权限大风险高等情况，制定《个人账户注入实施方案》，明确个人账户上账工作流程，分离登记录入和上账处理，实行两岗分设，并定期稽核，确保基金安全。

3. 规范协议签订

克服体制机制障碍，改变过去协议多头签订、定点医药机构负荷过重的顽疾，协议签订实行属地签订，协议服务范围为市统筹区，统一市域内协议管理考核办法和裁量权，结算由参保地经办机构履行主体责任、就医地经办机构协调、市级经办机构定期通报，实现分级管理体制下统筹区内的直接结算，极大提升了市域内就医便捷度。

（四）提"效能"，跑出服务"速度"

1. 生育津贴"无申享"

简化生育保险办理流程，生育津贴办理实行全过程电子化、网络化、无纸化，切实减轻了用人单位的资金压力和群众负担，提高了市场主体和群众满意度。2023年全年，襄阳市本级共有3800余人享受到相关政策服务，累计领取生育津贴达6800余万元。

2. 新生儿参保"落地享"

瞄准新生儿从出生到落户期间无法参保报销、需先行垫付医疗费用的空白点，襄阳市以新生儿出生证明编号核准并下发医保电子凭证，直接进行医保结算。实现新生儿落地即参保、待遇"无感享"，切实减轻新生儿家庭医疗费用垫付压力。

3. 医保协议"网上签"

襄阳市共有定点医药机构5049家，创新服务方式，积极探索医保协议网签工作，加强信息系统改造优化和网络服务平台对接，实现了医药机构网上申报、网上审核，医保服务协议网上签订。襄阳市成为湖北省首批开通了协议网签的地市，大大方便了医药机构进行协议签订，减轻了医保窗口压力。

4. 异地就医"免备案"

襄阳市持续深化医疗保障"放管服"改革和一体化发展，方便参保职工异地就医结算，在畅通异地就医办理渠道、扩大异地就医联网范围的基础上，在全省首推职工医保省内异地就医免备案，参保职工省内就医可直接即时结算，无须再办理异地就医备案手续，群众省内异地就医便捷度大为提升。

5. 慢性病待遇"全市认"

据统计，襄阳市每年为2万余慢性病患者办理慢性病待遇，为方便慢性病患者就近及时办理、享受慢性病待遇，襄阳市优化办理流程，推行慢性病待遇申报全市通办、慢性病待遇认定结果全市互认、慢性病患者购药即时结算，消除了参保人跨县区调动转移后慢性病待遇需要重新申请认定的痛点，有效解决了以往慢性病待遇认定结果在县区之间不互认的堵点，实现居住地就近申报、"一站式"办结，就医购药就近办理、即时结算，切实为慢性病患者保驾护航。

三 经验启示

医保事业关乎千家万户、人民福祉，是一项政治工程、系统工程、民心工程。在构建更加完善的医保服务体系工作中，我们不断总结思考、提升效能，努力以更优质的服务践行初心与使命。

（一）必须始终坚持党的全面领导

医疗保障事业是党和国家事业的重要组成部分，以习近平同志为核心的党中央为医保改革发展提供了坚强领导。习近平总书记关于民生工作和中国式现代化的重要论述，深刻指出了医保等民生工作的政治属性和服务中国式现代化的重要意义，深刻揭示了坚持和加强党的全面领导是医保制度行稳致远的根本保障。我们务必要深刻认识医保作为基本经济社会制度的根本属性，以"推进中国式现代化"这个"最大的政治"统领医保工作，将医保工作融入国家发展、民族复兴的大局中去思考、谋划和推进，充分发挥医保保障民生权益、维护社会稳定、释放消费活力、助力产业发展的重要作用，持续走好中国特色医疗保障制度之路。

（二）必须始终坚持以人民健康为中心

党的二十大报告提出"健全覆盖全民、统筹城乡、公平统一、安全规范、可持续的多层次社会保障体系"，把维护人民生命安全和身体健康放在首位，提供更加公平、更加充分、更高质量的医疗保障，使改革发展成果更多惠及全体人民，是增进民生福祉、促进社会公平、推动共同富裕的关键举措。当前，人口老龄化、疾病慢病化、医药科技加快发展，医保刚性支出不断增大，基金平衡压力持续增大，群众对医保的期盼也早已从"有没有"转向"好不好"，医保高质量发展面临新要求、新挑战，道阻且长、任重道远。但我们要坚定制度自信，自觉践行"解除全体人民疾病医疗后顾之忧"的初心使命，按照党中央绘就的蓝图，坚定不移推动医保高质量发展。

（三）必须始终坚持保障基本、更可持续

坚持实事求是，尽力而为、量力而行，是习近平总书记反复强调的民生工作的基本原则。必须深刻认识把握我国处于并将长期处于社会主义初级阶段的基本国情，始终守牢基本医保"保基本、可持续"底线，坚决防止陷入医保"福利主义"陷阱。既要在发展中持续改善医保待遇，有效发挥医保基金最大保障效能，更好地保障病有所医；又要坚持稳中求进，科学合理确定保障范围和标准，纠正过度保障和保障不足问题，提高基金统筹共济能力，防范和化解基金运行风险，确保医保发展、经济增长、共同富裕同向而动。

（四）必须始终坚持系统集成、协同高效

医保改革是红利源头。当前医保改革涉及主体更加广泛，矛盾更加尖锐，推进更加艰难，改革比之前任何时期都更需要系统集成、协同高效。要全面系统深入学习三明医改经验，认真总结职工基本医疗保险门诊共济改革的经验教训。准确把握医疗保障各方面之间、医疗保障领域和相关领

域之间改革的联系，统筹谋划、协调推进"三医联动"改革、医保领域"放管服"改革、医保支付方式改革等改革实践，将"先立后破"、防范化解风险隐患贯穿改革落地各环节、各方面，最大限度凝聚部门共识，最大限度统筹各方力量，最大程度满足群众期盼，通过改革补齐政策短板、堵塞管理漏洞，不断提高群众的医保获得感、幸福感、安全感。

（五）必须始终坚持精细管理、优质服务

医保是以人为本，彰显人文关怀的有温度的事业，医疗保障发展的总趋势是由经济补偿型走向服务保障型。医保高质量发展、可持续发展的着力点在于提供以基本公共服务均等化为主要特征的公平统一、便捷高效的医疗服务保障和以人文关怀为主要特征的生命全周期全过程的健康保障。当前，医保事业发展正从谋篇布局的"大写意"阶段，转向精耕细作的"工笔画"阶段。巩固拓展改革成效，就是要在管理上求精细，于服务中尽精微，把医保管理服务做到极致，这是对新时代医保人的使命坚守与职业操守的考验，要在提供贴心暖心的保障服务中体现职业操守和爱民情怀。要务必加强管理服务能力建设，坚持传统服务方式和智能化应用创新并行，持续在完善异地就医结算服务、打造"15分钟医保便民服务圈"、优化适老化服务等方面发力，让医保服务更加公平可及、普惠共享、高效便捷，托起人民群众的美好生活和幸福安康。

（作者：蔡念女，襄阳市医疗保障局；刘紫薇，襄阳市医疗保障局）

践行共同缔造新理念
共建宜居宜业新乡村

——保康县以共同缔造创新基层治理的实践与探索

【引言】2022年秋季，湖北省委办公厅、省政府办公厅下发《关于开展美好环境与幸福生活共同缔造活动试点工作的通知》（以下简称《通知》），正式在全省拉开了美好环境与幸福生活共同缔造试点工作的序幕。共同缔造理念将人民具体化为每个具有不同利益的人，体现并践行了以人民为中心的发展思想。共同缔造实质就是组织群众、发动群众，做到群众的事群众议、群众的事群众一起做，共同打造共建共治共享的社会治理格局。

【摘要】2022年5月，中共中央办公厅、国务院办公厅印发《乡村建设行动实施方案》，提出："在乡村建设中深入开展美好环境与幸福生活共同缔造活动。"保康县扎实开展共同缔造试点建设，不断加大宣传引导力度，使基层干部群众对共同缔造理念有了更全面深入的认识，对共同缔造方法的运用有了更精准的把握，不断借鉴实践运用中积累的经验，推动基层社会治理创新，打造宜居宜业乡村。在共同缔造运用过程中，试点村灵活运用"五共"理念，充分发挥基层党组织作用，充分发动群众，切实解决实践过程中遇到的困难和问题，取得了显著成效，形成了经验做法。

【关键词】共同缔造　乡村建设

一 背景情况

中国的发展成就举世瞩目，但在快速发展过程中也产生了大量新情况新矛盾新问题，单一治理使得社会缺乏利益表达机制，上访等非制度化方式表达利益诉求日益增多；自上而下的政府管理，缺乏与社会的良性互动，干部与群众之间缺乏信任；大量需求和事务，政府包不了也包不好，群众意见大，政府"吃力不讨好"；人民日益增长的美好生活的需要与基层治理不相适应的矛盾日益突出。共同缔造回应了时代之问，破解了时代性治理难题，其基本内涵是以城乡社区为基本单元，以建立和完善全覆盖的基层党组织为核心，以改善群众身边实事、小事、难事为切入点，以构建"纵向到底、横向到边、共建共治共享"的城乡治理体系为路径，发动群众"共谋共建共管共评共享"，不断提高人民群众的获得感、幸福感。

二 主要做法

保康县在践行共同缔造理念过程中，引导群众积极主动参与，调动社会多方资源，解决了基层社会治理中的许多问题，带来了一系列变化。

（一）保康县店垭镇垭子口村运用共同缔造理念开展试点建设

保康县店垭镇垭子口村面积9平方千米，共10个村民小组363户1296人，是保康县茶叶产业主产区、专业村。自共同缔造试点建设启动以来，该村按照"五共"理念，把"讲透政策、发动群众、统一思想、凝聚共识"摆在首位。集中35天时间，先后组织召开了118次"片区会、小组会、屋场会、堂屋会"，宣讲共同缔造理念。在发动群众过程中，注重发挥老党员、群众代表、乡贤的示范带动作用。经过努力，工作得到了片区群众的认同和支持。大家认为污水、粪水排放影响生活环境，需要治理；同时要把茶文化传承与环境整治结合起来，让"家家种茶，人人爱茶，开门见茶"

🔺 保康县店垭镇垭子口村组织群众共同谋划开展村庄环境整治工作。图为该村治理恢复村中失修废弃堰塘，打造水体景观节点，在堰塘边建成集党组织活动、新时代文明实践、议事、休闲、观景等多功能于一体的红色驿站

的理念深入人心，达到茶园美化环境、茶产业增收致富的目的。在此基础上，议定了"茗香垭子口　幸福新家园"试点建设主题。

在群众参与共建方面，主要采取"引导群众出力、鼓励群众出物、动员群众出资"3种方式。在出力方面，采取投工投劳计算工价方式，抵扣美丽庭院建设成本。在出物方面，对群众家里闲置的沙石、水泥、旧砖等原材料，按市场计价用于建设；群众主动让山、让地支持公共项目建设的，按照1万元一亩抵扣美丽庭院建设成本。在出资方面，结合出力出物情况，按照"以奖代补"方案折算出资额度。参与试点建设的50户共投入146.8万元，其中，群众投入68.24万元，群众投入比达46%。该村与每户签订环境卫生公约，每10户选一名户长，负责常态化管理。公共区域日常由专人负责，依托村红色驿站、文明实践站，每周组织党员、干部、公益性岗位、志愿服务人员等进行一次清扫管护。立足全镇农村生活垃圾"二次四分法"经验，健全"村居环境卫生评比积分制管理"机制，成立环境理事会，开展

"现场打分、每月积分、季度兑分",群众积极参与,"小积分"助力村居环境"大变样"。每月开展一次测评,群众参与度、满意度不断提升。试点建设改善了生产环境,改变了生活观念。该村在沿线建"议事亭",开展村庄绿化,绘制主题墙绘,整治猪栏,杂物间,硬化公路,面貌焕然一新。

（二）保康县马桥镇河南坪村运用共同缔造理念开展试点建设

保康县马桥镇河南坪村紧邻集镇,共6个村民小组464户1350人。自共同缔造试点建设以来,该村坚持党建引领、群众主体原则,入户走访,召开会议,宣传"五共"理念;组织党员、代表、先进典型外出考察学习,回村后发动群众献智献策。因本村书墨飘香,人才辈出,先后走出160多名大学生,其中,博士、硕士研究生11人,本科生80人,故研究确定"书香河南坪"建设主题。组织村党支部、群众、专家团队围绕主题研究建设

🔺 保康县马桥镇河南坪村以书香建设共育文明乡风。该村成立了非营利性组织书香基金会,倡导村民、在外工作人员等社会各界爱心人士自愿捐资,汇聚奖励优秀大学生和资助困难大学生的专项资金。图为该村在文化广场设立的书香基金会公示墙

方案，以书香文化为引领，设计打造状元井、四点半学堂、洗砚池、香樟人家、翰林小栖、文化广场等特色文化节点，形成覆盖113户的示范线。在建设中，该村依靠群众制定项目清单，按照"农户院内自己建，公共部分集体建，农户投工投劳投资不低于30%"的标准，充分发动群众自拆自建、投工投劳。群众自行投工投劳拆除猪圈、厕所、柴棚等附属房20余处，自发投工80多人次，20余农户自发出让土地6.2亩支持道路扩修改造和节点打造。沿线群众还主动腾让空闲地建设景观广场，自行种植绿化苗木2000余株、花卉盆栽300余个，新增绿化面积6000平方米。大家全部参与、全心投入，真正成了"建设主角"，营造了"宜居村庄大家建，美好环境人人享"的浓厚氛围。坚持"环境共评、按月公示"的原则，由村干部和群众代表担任环境卫生评价员，逐户打分公示，每年依据积分评定"文明家庭""十星级文明户"，形成比学赶超的良好氛围，增强大家参与共同缔造的积极性、主动性。成立了非营利性组织书香基金会，倡导村民、在外工作人员、工商企业、离退休干部等社会各界爱心人士自愿捐资，汇聚奖励优秀大学生和资助困难大学生的专项资金，目前已有100多名爱心人士捐款近14万元。

三 经验启示

共同缔造理念的探索形成过程为推动构建"共建共治共享"社会治理体系积累了丰富的实践经验和理论成果，为基层的实践运用提供了可靠的方法指导。保康县按照全省部署和要求，采取试点先行、稳步推进的方法，深入践行共同缔造理念，形成了值得借鉴和参考的经验。

（一）要充分发挥党建引领作用，筑牢基层基础

2018年11月，习近平总书记在上海市虹口区考察时强调："社区治理的'最后一公里'需要充分发挥基层党组织的引领作用，调动居民参与的

积极性，让居民在议事决事中共建共治共享社区成果。"一是党的基层组织建设和领导作用"纵向到底"。推动基层党组织全覆盖，选好基层党组织带头人，让党员能人发挥带头作用；健全工、青、妇等群团组织并发挥作用。二是党组织对各类组织引领"横向到边"。明确各类自治组织、社会组织功能定位，覆盖每位居民，构建自治共管体系。

（二）要坚持引导群众主动参与，抓住关键因素

"在中国社会主义制度下，有事好商量，众人的事情由众人商量，找到全社会意愿和要求的最大公约数，是人民民主的真谛。"[①]要拓宽与群众交流的通道，搭建相互沟通的平台，共寻发展问题，共研解决方案。要发动群众出资出力出地、投工投劳，汇聚各方面力量共同参与建设。要完善管理制度，鼓励群众参与共管组织，发动群众加强共建管理和监督。要组织群众和社会各方面力量对项目建设、活动开展情况进行全过程评价和反馈，持续改进，让群众满意。要形成共享规则，自觉遵守自治公约，平等享有设施与服务、产业收益、良好精神风尚与温馨友好的氛围。

（三）要因地制宜推动实践探索，彰显地域特色

在美好环境与幸福生活共同缔造中，需要因地制宜，考虑不同地方的特色。我们可以根据不同村庄的区位优势、交通状况、资源禀赋、文化底蕴等，结合实际，针对性运用共同缔造理念，不可千人一面、千篇一律，做到"一村一品"。比如，保康县依据不同村庄特点和发展潜力，确定不同的共同缔造载体项目。

（四）要注重系统集成协同作战，凝聚治理合力

首先，共谋、共建、共管、共评、共享是由不同环节构成的流程，是一套完整体系。整个流程从先到后，形成有机链条，缺乏任何一个环节

---

① 习近平：《在庆祝中国人民政治协商会议成立65周年大会上的讲话》，《人民日报》2014年9月22日。

都会发生问题。其次，共谋、共建、共管、共评、共享5个方面相互交融，相互促进，不可分割。"共谋"做好了，群众就更愿意积极地参与"共建""共管""共评"，更好地珍惜和"共享"成果。在"共建""共管""共评"中，不是要等到"共建"完成了再让群众"共管""共评"，而要在"共建"过程中就让群众管、群众评，这样能让"共建"更有力。"共享"，不仅是享受最终成果，还要让群众在参与"共谋""共建""共管""共评"的过程中有更多的获得感。另外，共同缔造作为一种方法，可以运用到基层治理的各个方面。比如，产业发展、环境整治、基础设施建设、公共服务、乡风文明等，我们要灵活运用这一方法，推动基层治理水平和效果全方位提升。

（五）要建立健全长效推进机制，巩固治理成效

形成宣传引导合力。共同缔造既是认识论，也是方法论，我们只有引导干部群众不断深化认识，转变观念，才能扎扎实实深入推进。提供可靠制度保障。基层社会治理不是应急之行，更不是应景之作，要通过制度建设，构建稳固的制度基础，使社会获得持续不断的有序性。推行以奖代补机制。改变过往无差别的资源分配方式，推行"以奖代补"。通过以奖代补，形成竞争、激励机制，形成鼓励优秀的持久动力，引导更多团体、组织、群众共同参与社区（村庄）建设。构建高度文化认同。基层社会治理的对象和主体是"人"，自我治理首在治心。中国之治的一个重要优势就是"以文化人"。"从心所欲不逾矩"，基层社会治理才能获得牢固的基础。

（作者：赵忠国，中共保康县委党校）

"微"改革大治理
管好群众"一滴水"

——襄阳中环水务有限公司深化水务改革的实践与探索

【引言】党的十八大以来，习近平总书记高度重视优化营商环境工作，作出一系列重要指示，强调"营商环境只有更好，没有最好"。在党的二十大报告中，习近平总书记更是提出了"完善产权保护、市场准入、公平竞争、社会信用等市场经济基础制度，优化营商环境"的明确要求。襄阳市高度重视优化营商环境工作，认真贯彻落实党中央和湖北省委关于优化营商环境的部署要求，提出打造市场化法治化国际化一流营商环境的目标。而用水是企业经营发展和市民生活的重要方面。城市供水既是重要的民生工程，也是重要的发展保障。优化获得用水领域营商环境，提供安全优质高效的供水服务，事关人民群众生活必需，事关城市安全运行和社会稳定，事关经济社会高质量发展。

【摘要】作为优化营商环境的重要责任单位，襄阳中环水务有限公司从保安全、惠民生、促发展的高度，坚持把优化获得用水领域的营商环境作为重大政治任务抓实抓好，坚持用改革创新的理念，以深化"放管服"改革为重点，优化营商环境，管好群众"一滴水"，取得了较好成效。襄阳中环水务有限公司优化营商环境的做法主要有6个方面：一是深化获得用水"便利度"改革，推行"告知承诺+容缺受理"服务机制；二是深化"高效办成一件事"改革，全面推行线上办理服务；三是深化供水"报装

接入"改革，全面降低企业报装成本；四是深化"一网通办"改革，推行
"水电气网"联动报装；五是深化"一窗通办"改革，积极推进"水电气"
共享营业厅建设；六是深化"项目秘书"制改革，全面提升用水服务水
平。通过努力，襄阳中环水务有限公司优化营商环境工作实现了大幅度、
跨越式提升，2022年、2023年连续两年在湖北省营商环境评价中位居全省
第五。

【关键词】"放管服"改革　水务公司　服务保障

一　背景情况

20世纪90年代，为了适应经济社会发展的需要，我国开启了水务管
理体制改革。北京等重要城市参与了此次改革，通过改革提高了水管理效
率、加快了水行政职能转变，促进了城乡水公共服务均等化。党的十八大
以来，我国把"放管服"改革摆到了突出位置，作为加快政府职能转变、
推进国家治理体系和治理能力现代化的重要抓手。为了满足新形势新任务
的要求，城市要将水务管理体制改革向纵深推进，需要充分发挥"放管服"
改革作用。

襄阳作为湖北省域副中心城市、汉江流域中心城市，一直高度重视城
市供水安全保障工作，并积极改革创新推进供水管理体制机制改革。2011
年12月，襄阳市政府大力推进供水体制改革，引入央企中环水务投资有限
公司，与襄樊水务集团合资设立襄阳中环水务有限公司，注册资本为2亿
元人民币，是湖北省第二大集团型水务企业。合资公司根据襄阳市人民政
府授权，主要负责供水设施的建设运营和维护，处理原水并向特许经营区
内的用户供应自来水和其他延伸服务。经营范围包括：水务资产的运营管
理；生活饮用水集中式供水（限分支机构经营），服务区域内的自来水生产

▲ 襄阳中环水务有限公司调度中心

与销售、供水管网建设与维护及相关技术服务；供排水工程及二次供水建设工程的施工；供排水器材销售；节约用水技术推广应用等。

目前，公司下辖4座大中型水厂（马王庙、米公、新城湾、白家湾）、3个分公司（供水工程公司、襄城管网运营维护分公司、樊城管网运营维护分公司）、5个营业所（襄城、樊城、襄南、襄北、东津新区）和1个设计室，日供水能力达95万立方米，水质综合合格率、供水压力合格率等服务指标均达到或超过国家标准，城市输配水管网DN75以上总长1848.33千米，服务范围覆盖襄阳市的襄城区和樊城区两个主城区、高新开发区、鱼梁洲开发区、襄州区及深圳工业园、余家湖工业园、航空工业园和部分城郊乡镇，供水服务面积达398平方千米，覆盖人口141.8万人，供水覆盖率和供水普及率均达到100%。

襄阳中环水务有限公司成立以来，以保障城市安全用水、提升居民群众和市场主体的获得感、便利度为目标，不断推进水务管理的改革创新，取得了良好成效，治水管水能力显著提高。但是，面对经济高质量发展的新要求和人民群众对美好生活向往的新目标，供水服务水平与群众和企业的期盼还存在一定差距，公司在社会管理服务职能上的短板弱项日益显现。为处理好新的矛盾，解决新的发展难题，襄阳中环水务公司发挥央企的体制机制优势，以深化“放管服”改革为手段，聚焦降低成本这一核心目标，加快推进管理职能和管理方式转变，推动水务职能的简放并转调，着力压缩时限、减少环节、简化审批，营造用水领域一流营商环境，打造一流水务企业，切实提高居民群众和市场主体的用水安全性、获得感、满意度，为加快襄阳都市圈高质量发展作出积极贡献。

二 主要做法

营商环境是市场主体生存发展的必备条件，更是城市实现高质量发展的肥沃土壤。为进一步履行国企社会责任，助推全市获得用水“便利度”，襄阳中环水务有限公司在发展思路上再优化、工作重点上再聚焦、推进措施上再发力，及时推出一批创新性强、针对性强、操作性强、获得感强的惠企纾困“硬举措”，助力优化全市营商“软环境”，成效较为显著。

（一）深化获得用水“便利度”改革，推行“告知承诺+容缺受理”的服务机制

襄阳中环积极推行“告知承诺+容缺受理”服务机制，以优化审批流程、完善管理方式、提高服务效率、强化事中事后监管为目标，推行“告知承诺+容缺受理”的服务机制，对申请报装用水的群众和企业做到“三个告知、一个容缺”，有效解决申请人因申请材料不全或存在缺项而重复往返问题，让企业和群众办事更简化、更便捷、更高效。一是告知服务流程和时限。对自主进行用水报装的客户，在市政公用管网覆盖区域内实行

"321"服务承诺，全部流程控制在6个工作日内（其中办理流程控制在3个工作日）。具体为：确定用水方案0.5个工作日，施工图设计、出具预算2个工作日，合同签订0.5个工作日，施工通水3个工作日（不含道路挖掘行政审批时间）。二是告知收费标准。城市供水报装工程业务范围内需纳入编制工程预算的，严格执行《湖北省建筑工程消耗量定额及统一基价表》《湖北省安装工程消耗量定额及单位估价表》《湖北省市政工程消耗量定额及统一基价表》《湖北省建筑安装工程费用定额》，并将收费依据、标准一次性告知用户。三是告知可享受的优惠政策。通过印制政策宣传手册，向申请人告知办理用水报装可享受的优惠政策。比如，特许经营范围（建成区）内的客户用水报装，根据单位客户建筑区划红线图，可直接享受建筑区划红线外接入工程费用和计量装置费免收政策；特许经营范围（非建成区）内和特许经营范围外的客户用水报装，由供水事业部与辖区人民政府签订出资、补贴或分摊协议后，根据单位客户建筑区划红线图，可享受建筑区划红线外接入工程费用和计量装置费免收政策。四是实行容缺受理。对于

△ 襄阳中环水务有限公司对全市供水管网进行改造施工现场

在申请环节暂时无法提供齐全资料的，按照信用受理原则，对不能即时提交相关资料的用户实行容缺机制。依据企业承诺，先行受理报装，相关资料可在工程验收通水前补齐。对中小微企业新业态的申请用水报装，项目主体不统一的，只需提供相关合法手续即可受理用水报装。对原有欠缴水费、申报现址有欠缴水费的客户和原有欠缴报装工程费的客户，可在签订报装合同前缴清欠费，再行办理后续手续。

（二）深化"高效办成一件事"改革，全面推行线上办理服务

为了更加方便用户办理用水业务申请，襄阳中环水务有限公司对襄阳市居民和企业用水在线报装系统进行了全面升级，增设电子印章、电子合同、电子发票等功能，并巩固供水接入事宜全程网上办理，将用水报装在线服务拓展到襄阳"中环水务"微信公众号、"i襄阳"App、"鄂汇办"App等多个渠道，实现用水报装足不出户、全程网办。现在，用户只需要拿起手机、掌上申办，或者打个电话，表达用水意向，余下所有工作直至通水，均由供水公司完成。真正做到"信息我来收集、现场我来勘察、施工我来完成、通水我来负责"，实现用户"零跑腿"的"坐享式"体验。

（三）深化供水"报装接入"改革，全面降低企业报装成本

严格执行《国务院办公厅转发国家发展改革委等部门关于清理规范城镇供水供电供气供暖行业收费促进行业高质量发展意见的通知》《省发展改革委等部门关于清理规范城镇供水供电供气供暖行业收费促进行业高质量发展实施意见的通知》等文件精神，全面推进工商用户建筑区划红线外供水工程"报装接入"改革，建筑区划红线外的供水设计费用、施工费用及计量装置费用，对用户全部进行免除。此外，襄阳中环水务有限公司还定期加强窗口工作人员培训，开展优秀服务大厅、优秀窗口员工评选活动，推进无障碍、适老化营业厅建设，为老年人、残疾人等特殊群体提供延时办理、全程代办等"保姆式"服务，切实改善特殊人群的办事体验。

（四）深化"一网通办"改革，推行"水电气网"联动报装

为持续打造一流营商环境，推进"最多跑一次"改革向公共服务领域延伸，襄阳中环水务有限公司围绕实施水电气网联动报装改革，探索推进用水报装快捷化、便利化，努力实现综合窗口一次受理、供水公司提前服务、外线事项并联审批、所有资料内部共享。一是梳理审批事项。对供水审批程序进行全面梳理，在公司内部进行整合优化，并明确专门部室、专职人员，为推行联动报装做好准备工作。二是坚持超前服务。选派业务熟练、责任心强的骨干力量，主动对接企业报装意向，做到靠前服务、协同合作、联合踏勘、并行推进，实施接水预装服务。三是实行网上办理。依托湖北政务服务网、鄂汇办及工改平台，做好用水报装端口接入的工作。在住建部门的组织下，协同相关单位共同实现全流程联动报装，做到"企业申请、一窗受理、一家牵头、集中组织、统一流程、一张清单、一套材料、限时办结"。同时，配合市行政审批局，对企业不动产转移登记业务实行1个窗口、90分钟办结，用户的平均通水时间压缩50%以上。用户也可以线上办理水表过户业务，实现"水表过户随不动产过户而自动过户"。

（五）深化"一窗通办"改革，积极推进"水电气"共享营业厅建设

在保证安全、注重实效的前提下，转变水电气"单独办理、各自为战"的服务模式，按照"能并则并、能简则简、能优则优"的原则，坚持线上线下融合，推动"水电气"共享营业厅建设，搭建资源共享、互利互惠的水电气"一站式"服务平台，让用户"少跑腿，多办事"。一是以数据共享为基础，推行跨界融合受理。以水、电、气数据信息为基础，以窗口服务为保障，整合服务数据、共享服务资源，拓展业务范围，对接"湖北政务服务网"，根据水、电、气不同行业特点和使用需求，搭建水电气联动报装平台。市民或企业只需登录一次"湖北政务服务网"，就可办理襄阳市区范围内涉及水、电、气的所有业务。二是以用户方便为中心，推进线上线下

结合。以"小切口"满足使用者不同年龄层、不同使用习惯为目的，整合水、电、气营业厅办公资源和人力资源，梳理各家企业相关业务及办理流程，对"同类项"进行合并、对"异类项"进行优化，协同水、电、气部门在襄阳中环水务春园路营业厅、国网岘山营业厅、华润燃气长虹首府营业厅3个营业网点，开展首批"水电气"共享营业厅试点工作，打通公共服务壁垒，均完成设备人员入驻，正式联办受理"水电气"各项业务，实现智能型、体验型、共享型、线上线下一体化，为客户提供更加优质、便捷的服务体验。市民或企业只需走进其中一家线下共享营业厅，即可办理襄阳市范围内涉及水、电、气的所有业务，畅通水、电、气惠企利民"最后一公里"，让用户"进一扇门、办多件事"，达到省时、省力又省心的效果，使群众和企业享受到优化营商环境带来的真切获得感。三是以打造品牌为目标，全面提升服务水平。共享营业厅将"水电气"涉及的查询、缴费、过户、报装、报修等服务事项有效整合，通过分别派驻业务办理人员、集中组织业务培训，实现线下营业厅共享，解决了用户分头申请、资料重复提交和全流程无法有效监管等问题。同时，广泛收集市民、企业对"水电气"共享营业厅的意见建议，持续优化服务流程，对营业厅工作人员进行服务素质升级、展现营销服务新面貌，快速响应客户需求。并通过客服热线对用户进行电话回访，确保用户100%满意，使窗口服务更贴心、报装服务更省心、用能服务更舒心。

（六）深化"项目秘书"制改革，全面提升用水服务水平

围绕襄阳市重大产业项目、民生项目等，襄阳中环水务有限公司推行领导包保联系重点项目、重大工程服务工作机制。由市直相关部门适时提供重大项目信息，襄阳中环水务有限公司及时将其列入项目秘书服务范畴。在项目落户前、工程开工前上门走访，宣传相关政策，征求企业意见，提供"一对一"服务；项目启动后，迅速成立以报装服务、管网运营服务、

抄收服务为主的技术骨干组建"项目秘书"团队，划区域实时提供"人对人、点对点"的网上预约、解答咨询、申请填报、协调督促进度等服务，为重大项目、重点工程顺利推进提供及时、周到、优质的供水服务。

三　经验启示

襄阳中环水务有限公司深化水务"放管服"改革、优化营商环境取得一定成效，在推进供水服务能力和水平现代化的道路上迈出了坚实的步伐，同时也积累了一些好的经验并得到了启示。

（一）必须坚持以人民为中心的发展思想

水乃万物之母、生存之本、文明之源，是人类及所有生物存在的生命资源。让人民群众吃上水、吃好水，是最大的民生，也是水务公司最重要的责任。必须始终坚持以人民为中心的发展思想，坚持"以水传情、用心服务"的宗旨，谨记"人民是历史的创造者，是决定党和国家前途命运的根本力量"，坚持将人民群众的需求放在深化改革的中心位置，做到民之所望、改革所向。水务公司的职能与群众生活息息相关，服务水平的优劣直接决定着人民群众的幸福感。这启示我们，推动"放管服"改革工作的出发点和落脚点都是为了增进人民福祉，必须时刻想着人民群众的利益，自觉把民生改善作为根本目标，真诚服务群众，满足新时期人民的需求。

（二）必须强化企业的社会责任

水务管理体制改革进入"放管服"改革新阶段，"放管服"改革也进入了"深水区""攻坚期"，需要顺应新时代的要求，加快转变职能，强化企业社会责任，实现城市供水安全、居民用水服务、企业供水高效的统一。从一定意义上讲，水务公司的管理服务水平，直接决定着一座城市运转的安全性。襄阳中环水务有限公司在优化营商环境方面取得了较好成绩，一个重要原因就是始终把安全保供水作为重大社会责任，守护好城市供水"生命线"。这启示我们，优化营商环境必须提升站位，站在保障城市安全运行的高度，扛牢公共安全的社会责任，增强片刻不敢懈怠、丝毫不能出错的责任感，加速职能转变，深化改革创新，为社会提供优质公共服务。

（三）必须强化服务发展的意识

城市供水一头连着民生，一头连着发展。服务市场主体、助推经济高质量发展也是水务公司的重要职责。从一定意义上讲，获得用水领域的营商环境好不好，市场主体最有发言权。襄阳中环水务有限公司把服务企业、服务项目、服务发展作为重要内容，通过优程序、减环节等多项措施，为企业生产经营提供了安全可靠、高效便利的供水服务。这启示我们，作为公益类企业，水务公司必须始终秉持"以用户为中心，以满意为标准"的服务理念，大力实施服务提质攻坚行动，全面落实用水营商环境改革要求，提升供水要素保障能力和服务品质，以硬核解渴的实招筑牢城市"稳经济"的供水防线。

（四）必须用好改革创新的办法

改革创新是优化营商环境的关键一招。面对新的形势变化，面对人民群众对美好生活的向往，面对市场主体各种各样的诉求，唯有大胆改革、勇于创新，着力破解工作中的体制机制障碍，才能更好地满足人民群众和市场主体日益增长的用水服务需求。襄阳中环水务有限公司在优化营商环境的过程中，直面工作中的堵点难点痛点，积极向济南、深圳等先进城市学习，坚持用改革的办法、创新的举措破解难题、优化环境，在推进水电气联动报装、建设"水电气"共享营业厅等工作中走在全省前列。这启示我们，优化营商环境既要解决思想问题，更要解决工作问题，尤其要从体制机制着手，加大改革创新力度，完善更加顺应新时代、符合市场经济的服务方式。

（五）必须注重运用 "互联网+" 手段

新时代更加强调信息技术的应用，国家正在通过信息技术，逐步完善与地方工作职能、事项、流程的关联互通，陆续推出了 "互联网+政务服务" "互联网+监管" 等一系列创新工作机制，通过 "一张网" 加强监督，督促政务服务工作的标准化、规范化、便利化。信息技术的广泛应用打破了过去传统的政务服务工作流程，通过更加科学、便民、高效的原则，将业务流程再造，将 "碎片化" 工作环节联通，实现数据、信息和资源的整合、共享和利用，从而大幅提升政务服务办事效率。这启示我们，优化获得用水领域的营商环境，要强化 "互联网+" 思维，转变思想观念，高度重视信息技术的普及，充分利用和应用信息化技术，着力破解效率低、效果差的难题，着力提升水务智能化、信息化水平。

（作者：黄婷，襄阳中环水务有限公司调度中心）

坚持"四抓四强"
共筑食品安全防线

——襄阳市构建食品安全社会共治新格局的实践与探索

【引言】民以食为天，食以安为先。食品安全问题一直备受社会关注，党的十八大以来，在以习近平同志为核心的党中央的坚强领导下，食品安全工作不断取得新进展、开创新局面。新征程上，我们要结合新形势新要求，深入贯彻落实党的二十大作出的"强化食品药品安全监管"重要部署，厘清食品安全工作的基本定位、工作理念，进一步优化监管方式、提升监管效能。新修订的《中华人民共和国食品安全法》中就提及消费者、媒体、消费者协会、食品行业协会等社会公众需要在食品安全社会共治中发挥相应的作用。2017年出台的《"十三五"国家食品安全规划》明确了社会共治已初步形成格局，更是多次阐明要充分发挥社会力量参与食品安全监督的重要作用，这表明食品安全治理理念和实践正在发生重大转变，食品安全的治理有必要继续强化职能部门的监管职责，形成企业自律、消费者及社会多方力量监督的局面。党的二十届三中全会通过的《中共中央关于进一步全面深化改革、推进中国式现代化的决定》在"推进国家安全体系和能力现代化"部分的完善公共安全治理机制中指出，要完善食品药品安全责任体系；在健全社会治理体系中指出，要完善共建共治共享的社会治理制度。共建共治共享，是防范化解重大风险挑战的迫切需要。我们要着力构建食品安全社会共治新格局，完善责任体系，提高食品安全风险防范化解的前瞻性、系统性、协同性。

【摘要】食品安全作为我国的战略目标，具有重要地位。近年来，随着食品新技术的兴起和新媒体的快速发展，食品安全问题和舆情事件频发，呈现出复杂性与多变性，食品安全风险隐患急剧上升。在复杂的社会大环境背景下，创新监管手段，引导多元主体参与，构建食品安全社会共治新格局，对提高食品安全监管效率，满足人民在食品安全领域的获得感、幸福感具有重要意义。襄阳市以创建国家食品安全示范城市为抓手，坚持高位推动、压实三方责任、促进多元参与，探究食品安全社会共治的经验机制，走出了一条食品安全社会共治之路。

【关键词】食品安全　社会共治

一　背景情况

根据马斯洛的需求层次理论，人们只有先满足了最基本的生存需要，然后才能在此基础上追求更高层次的精神生活。食品是人类最基本的生存需要之一，如果连最基本的食品安全都得不到保障，那么会直接影响经济社会的稳定以及国家的安全。习近平总书记关于食品安全"党政同责""四个最严"等系列重要讲话精神和指示要求，将食品安全工作作为重要民生工程、民心工程和重大政治任务来抓，创建国家食品安全示范城市是实施食品安全战略的重要体现，是提升食品安全保障水平，增强人民群众获得感、幸福感和安全感的重要举措。

2014年7月，国务院食安办决定选取山东省、河北省、湖北省、陕西省作为试点省份，探索开展食品安全示范城市创建工作。襄阳市积极响应，入选全国第一批创建城市并顺利通过验收，2017年6月28日，国务院食安办正式授予襄阳市等15市（区）"国家食品安全示范城市"称号。遗憾的是，襄阳市在2021年未通过国家食品安全示范城市复审验收，从2022年开始，襄阳市又以全新的姿态、最大的决心、最大的力度，补短板、强弱项，奋起直追，全力打好了创建工作的翻身仗。2023年11月28日，襄阳市再次获得"国家食品安全示范城市"称号。在示范创建中，襄阳逐步走出了一条党政主导、部门联动、企业自治、全民参与的食品安全社会共治之路。

🔺 市场监管部门开展节前食品安全工作检查

二 主要做法

（一）高位推动，建好共治基石

市委、市政府将党的领导贯穿食品安全工作全过程，将食品安全纳入国民经济和社会发展规划，列入全市重点工作安排，市委常委会会议、市政府常务会议每年研究重点难点问题的频次达到2次以上。制定《襄阳市深化改革加强食品安全工作措施职责清单》，明确30多个党政机关的食品安全责任，并将食品安全工作作为对县（市、区）党委政府和市直部门年度目标考核的重要内容。将食品安全工作纳入市委专项巡察范围，先后开展了校园食品安全、涉粮领域、市场监管系统等政治巡察，发现并推动解决了一系列突出问题。在足额保障食品安全工作经费的基础上，市财政设立食品安全专项经费，2022年达到935万元，比上年增长1倍。

（二）压实责任，守好共治防线

首先，压实属地责任。以市委办公室、市政府办公室名义印发《襄阳市落实食品安全属地管理实施方案》，明确市、县两级食品安全监管事权清单。强化基层监管所"两化"建设，全市设立基层市场监管所110个。创建成立由市委副书记、市长担任指挥长，市政府副市长担任副指挥长的指挥部，高位推动食品安全示范城市复审工作。完善基层责任落实体系，压紧压实食品安全属地管理责任，分层分级分担负责，形成横向到边、纵向到底、上下结合、条块分明的创建工作格局。市委、市政府主要负责同志带头包保，33名市"四大家"领导全员参与，市、县、乡、村四级1.15万名干部包保4.4万余家食品生产经营主体，各级包保干部督导率100%。市委主要负责同志多次到食品生产经营单位督导检查。市政府主要负责同志现场调度，分管副市长指挥督办，市纪委监委跟进执纪监督。其次，压实部门监管责任。严格落实"四个最严"要求，构建从田间到餐桌的全过程食品安全监管体系。推进信用风险分类与跨部门联合"双随机、一公开"监管，全面开展食品安全隐患排查和突出问题治理。一是严把食品生产质量安全关。推动各地按照"一企一档""一域一档""一品一策"制定完善风险清单、措施清单和责任清单。二是严把流通销售质量安全关。强化产地准出与市场准入有效衔接，全面落实生产经营主体责任，推动农畜产品承诺达标合格证制度落到实处。三是严把餐饮服务质量安全关。建设"互联网+明厨亮灶"和"清洁厨房"，综合运用"放心餐饮社会监督码"、

🔺 食品安全宣传周"你送我检"便民快检服务活动

"红黑榜"、量化分级等方式，推进聚集区餐饮质量安全整体提升。四是严把检测关。聚焦"现场抽样、样品检验、核查处置、结果应用"等各个环节，强化"检、法"联动，对抽检发现的问题，及时会商、通报、提醒，畅通监督抽检与行政执法的信息渠道，增强行政执法的针对性、操作性和有效性。五是严惩违法行为。建立健全联席会议、联合办案、信息共享等工作机制，对食品安全领域的任何违法违规行为"零容忍"，从严从快从重查处违法违规问题。最后，压实企业主体责任。创新"日常监管+风险评定+处罚惩戒"三联模式，将企业落实主体责任纳入日常监管的重要内容，将企业负责人、总监、安全员履职效果纳入风险分级信用分类评价模式，将未落实食品安全主体责任的企业纳入处罚，倒逼企业落实主体责任。全市6768家食品企业配备食品安全总监，1.4万户食品经营户配备食品安全员。

（三）多元参与，筑牢共治网络

守护食品安全需要社会各方的协同合作，共同治理。一是加强协同联动。组建由26个党政机构组成的食药安委，进一步完善工作报告、通报会商等制度，形成工作合力。牵头与陕西安康等3省6市签订跨区域执法合作协议，推动汉江流域15城成立网络市场监管与服务跨区域协作联盟，实现更大范围协同治理。二是强化社会监督。市人大、市政协每年将食品安全列入重点议案、提案，市纪委将校园食品安全列入重点监督范围。通过"你点襄检""你点我查"及时回应群众关切。畅通消费者投诉举报渠道，2023年全市12315热线接处消费者来电8.2万件，同比增长7.47%。三是强化政企对接。推行食品安全责任保险制度，投保企业达到1.14万户。帮助企业解决标准制定、品牌培育、质押融资等难题，食品产业发展质效越来越高，在全市"144"产业集群中仅次于汽车产业。四是推行智慧监管。借助大数据、云计算、人工智能等新一代信息技术，抓住"两端"布局智慧农业和智慧学校食堂建设，盯住"中间"开展农贸市场和网络交易市场智慧监管建设，立起食品安全智慧监管"四梁八柱"。襄阳被列为全国第二批网络市场监管与服务示范区创建城市。以"城市大脑"赋能食品安全智慧监管，依托城市运行"一网统管"平台，实现信息报送、医疗救援、事故调查、物资储备、舆情监测、车辆保障等资源"一图"汇聚，市、县、乡三级联动和多部门协同应急处置"一网"指挥。五是打造立体宣传矩阵。充分发挥媒体平台优势，结合市民群众关心关注的热点问题，在网络平台发布食品安全科普知识、消费提示等，指导群众科学消费、正确饮食；开展食品安全"五进"科普宣传活动，宣传食品安全基本知识。在基层社区建立"一中心两基地"，即食品安全你送我检便民服务中心、科普宣传基地、教育培训基地。打造食品安全共同缔造新模式，充分发动和依靠社区群众，使食品安全问题早发现、早解决，化解在基层，努力激发基层食品安全社会治理新动能。深化媒体合作，构建全媒体传播矩阵，襄阳在全国百城消费者满意度测评中居第23位。

三 工作成效

自创建国家食品安全示范城市以来，襄阳市着力统筹各方力量，持续提升食品安全治理现代化水平，全力打造"食安襄阳"，并取得了阶段性成效。

一是食品安全形势稳中向好。襄阳市守住了不发生较大及以上食品安全事故的底线，多项工作有所突破。近3年食品监督性抽检合格率稳定在97%左右（见表1）。在省食品安全工作考评中，襄阳市连续多年位列第一方阵。圆满完成全国食品安全事故信息化应急演练，食品安全综合保障能力获得国务院食安办和省食药安办的肯定，全市食品安全形势持续稳中向好。

表1　襄阳市2021—2023年抽检各环节食品检测合格率汇总表

环节	2021年			2022年			2023年		
	抽检批次	合格批次	合格率（%）	抽检批次	合格批次	合格率（%）	抽样批次	合格批次	合格率（%）
食用农产品	6390	6235	97.57	6138	5995	97.67	6005	5909	98.4
生产加工	3391	3295	97.17	3345	3314	99.07	1599	1577	98.62
食品流通	6699	6666	99.51	6223	6135	98.59	8898	8835	99.29
餐饮服务	4015	3623	90.24	5458	5031	92.18	5091	4703	92.38
合计	20495	19819	96.7	21164	20475	96.74	21593	21024	97.36

二是群众满意度逐年提高。湖北省社情民意调查中心从食品安全状况、投诉举报受理、打击违法行为和食品安全科普宣传4个方面对襄阳市食品

安全群众满意度进行总体评价。全市食品安全群众满意度从创建国家食品安全城市初期的63.3%逐步上升到2023年的86.7%，提升了23.4个百分点。

三是食品产业稳步前行。2023年，食品产业实现总产值824.7亿元，食品加工经营主体同比增长2.73%，食品流通经营主体数量同比增长44.5%，餐饮服务经营主体同比增长11.37%。全市食品产业拥有582家规模以上企业，占全市规上工业企业总数的1/5。食品轻工产业已成为全市的重要支柱产业之一，产业规模在全省各市州中排名第二。

四是食品安全治理体系和治理能力稳步提升。襄阳始终把食品安全作为重要政治任务、重大民生工程，通过创新思路、实践探索，以风险防控体系建设为主线，坚持稳中求进，狠抓薄弱环节，强化源头严防、过程严管、风险严控的监管措施，全面提升食品安全智慧监管、技术支撑、社会共治共享等食品安全治理能力，推进食品安全治理体系和治理能力现代化。

四 经验启示

食品安全是关系民生福祉的重要问题，也是推动城市高质量发展的基础。襄阳是湖北省域副中心城市和汉江流域中心城市，经济发展势头强劲，食品安全问题尤为重要。通过社会共治，襄阳市在食品安全方面取得了显著成效，助力襄阳都市圈高质量发展。

（一）抓统筹，强保障，实行党政同责

推进食品安全社会共治必须坚持党的领导和政府引导。党委、政府是食品安全共治过程中的主导者，在多元共治的治理模式中发挥着主导和引领作用，负责将社会组织、公众、企业等多方力量汇聚起来，在监督、服务、激励、人才、资金等方面提供重要保障，形成协同治理的良好局面。全面落实食品安全党政同责，强化组织领导，把食品安全工作作为"一把手"工程，

摆上突出位置，纳入重要议程，与年度重点工作同部署、同督查、同考核。

（二）抓督查，强协调，凝聚监管合力

推进食品安全社会共治必须凝聚部门监管合力。食品从生产到加工、从原料到包装、从运输到销售等环节，涉及多个部门，不同监管部门职能重叠及交叉管理的情况时有发生，为避免食品监管出现空白地带，各部门加强信息交流和互动，共同解决复杂问题，实行全过程全方位监管，加强对重点领域、重点环节、重点品种的督查检查，确保民众饮食安全得到强而有力的保障。发挥各级食品安全委员会的协调和整合职能，深化各职能部门间的协调联动机制，从基层抓起，定期组织一线执法和监管人员学习业务知识。把食品安全监管相关政策和法律运用到实践中，使食品安全的保障工作真正落到实处。

（三）抓倒逼，强自律，推动企业自治

推进食品安全社会共治必须严格落实主体责任。企业作为食品安全治理体系的利益相关方之一，是食品安全社会共治中非常重要的一环，企业自治具有重要的意义。食品企业作为食品安全的第一责任人，要自觉加强食品安全责任的担当意识，重视食品安全问题，主动承担起相应的社会责任，结合风险隐患点，制定自查清单，定期开展食品安全自查，及时堵住食品安全漏洞，降低食品安全风险。建立完善的食品安全管理体系，确保从原料采购、加工、储存、运输到销售的每一个环节都符合相关法规和标准，降低因不规范操作、管理漏洞和质量问题导致的食品安全风险。通过网络平台及时公布稽查案件信息，曝光企业不法行为和不合格食品，让企业心有所惧、加强自律，倒逼责任落实。

（四）抓宣教，强共识，推进社会共治

推进食品安全社会共治必须发动社会多方力量。在监管中发挥行业协会力量，帮助民众解决从"农田"到"餐桌"各个环节存在的问题，梳理

食品产业发展情况，结合产业发展需求，研究推动、协调解决食品安全监管难题和行业发展问题。利用新媒体传播优势，广泛开展宣传报道工作，集中开展法制、科普宣传，加强新闻媒体在食品安全领域的教育、引导作用，营造良好的舆论环境。对危害食品安全的违法行为进行曝光，加大惩处力度，提高违法成本。畅通群众投诉举报渠道，增强消费者维权意识，为群众参与监督提供路径，常态化开展食品安全宣传周、科普宣传、"你点我检"、食品安全"五进"等活动，达到全民参与食品安全治理的目标。及时公开食品安全抽样检测结果、不合格食品核查处置结果、工作开展情况，为公众掌握食品抽样检测情况、食品安全监管的执法情况等提供平台，确保信息公开、高效、透明。

（作者：郭美月，襄阳市市场监管局）

时刻紧绷流域发展水安全之弦
全面提升党员干部应急处突能力

——宜城市"8·12"特大暴雨应急处置的回顾与思考

【引言】党的十八大以来，以习近平同志为核心的党中央坚持发展和安全并重，把国家安全同经济社会发展一起谋划、一起部署，实现了高质量发展和高水平安全的良性互动。习近平总书记指出要加快构建以国内大循环为主体、国内国际双循环相互促进的新发展格局，省第十二次党代会对标总书记要求提出建设全国构建新发展格局先行区这一重大目标，提出要坚决守住流域安全底线，确定流域综合治理的"底图单元"。省委印发实施的《湖北省流域综合治理和统筹发展规划纲要》，将"坚决守住流域安全底线"摆在4条底线之首。治荆楚必先治水。水的问题，表象在江河湖库，根源在流域，必须抓住流域治理的关键点、着力点、突破点，以流域综合治理保障新发展格局。

【摘要】党的二十大明确提出，要完善风险监测预警体系、国家应急管理体系、公共安全治理体系，提高防灾减灾救灾和重大突发公共事件处置保障能力。近年来，极端天气多发频发，给地方治理带来了巨大挑战，给人民群众的生命财产和经济社会发展造成了重大损失。2023年7月，北京、天津、河北等地遭遇特大暴雨侵袭，造成了重大人员伤亡。宜城市饱受极端天气的影响，2021年遭遇超历史极值的"8·12"特大暴雨，在党的领导下，宜城市团结各方力量以最昂扬的斗志应对突破极值的降雨，以较小的代价争取最好的效果，在极短的时间内恢复了正常的生产生活秩序。回顾总结这一事件的做法和经验，对全市上下推进流域综合治理，常态化应对极端天气，妥善处理好各类自然灾害，全面提升党员干部应急处突能力具有重要的指导意义和借鉴意义。

【关键词】流域治理　水安全　应急处突能力

一　背景情况

极端天气多发频发给流域发展安全带来了巨大挑战。联合国政府间气候变化专门委员会（IPCC）第六次评估报告指出，全球变暖正以过去2000年以来前所未有的速度发生，加之厄尔尼诺现象加剧，导致极端天气频发、广发、强发和并发，自然灾害防治形势十分严峻。极端天气成为"常态"，给地方党委政府提升防灾救灾减灾能力提出了新的要求。能否高效应对打破传统时间、范围、强度规律的"黑天鹅"事件既是衡量党的领导力、检验政府的执行力、评判组织动员力、体现社会凝聚力的一个重要方面，更是对党员干部初心使命、素质能力、工作作风的大考验、大体检、大闯关。各级党组织和党员干部必须时刻紧绷安全之弦，强化系统观念和底线思维，增强防灾减灾意识，强化灾害防御，加快补齐短板。

2021年8月11日20时—12日6时，宜城市遭受超百年不遇特大暴雨侵袭，全域10小时降雨量均在300毫米以上，板桥店镇、流水镇、小河镇、城区4地降雨更是创有记录以来的历史最高值，分别达到551毫米、479毫米、378.9毫米、379.8毫米，全市130座水库中有87座溢洪，最大溢洪深3.84米（莺河二库）。受汉江上游强降雨影响，汉江宜城段、蛮河沿线全线超汛限水位，洪水倒灌，农田受淹，村庄进水，汛情叠加。灾情发生后，在襄阳市委、市政府和宜城市委、市政府的坚强领导下，全市上下团结一心、众志成城，成功应对这一重大挑战。

二 主要做法

（一）以"一锤定音"的果敢，运筹帷幄、决战决胜

只有万全的准备，才有坦然的应对。2021年7月21日，全市召开安委会第四次全会暨防汛工作会，部署安全生产和防汛工作。会后，市"四大家"领导纷纷前往联系乡镇现场检查指导"七下八上"关键时期的防汛工作。8月11日晚，市委主要领导坐镇市防汛指挥所严阵以待、连夜调度、彻夜指挥，迎战特大暴雨。12日凌晨4时，面对全市1城5镇雨急量大的严峻形势，市委召开紧急研判会，当机立断启动防汛Ⅰ级应急响应，发出1号防指调令，要求市"四大家"领导带头，各单位"一把手"迅速就位，动员全市防大汛、抗大洪、抢大险、救大灾，压实各级责任，共抗洪灾。

（二）以"一马当先"的担当，冲锋在前、扛责在肩

2021年8月13日，市政府领导迅速深入重大险情灾情现场，一线指挥、一线调度，并多次协调沿江镇（街道）、雅口航运枢纽、汉江二桥、排涝泵站等承接上游丹江口水库、河南鸭河口水库的泄洪压力。各"四大家"领导更是在全流域防汛救灾中身先士卒、挺膺担当，指导包保乡镇开展抢险救灾工作，为全市上下树了标杆、作了示范。全市上下闻"汛"而动、向"险"而行，各镇（街道）、市直单位、村（社区）、"双报到"党组织、驻村工作队令出行随、雷厉风行，采取一系列紧急处置手段，连夜转移安置1万余人，仅用4小时就完成了摸排灾情、转移安置、道路管控等紧急任务，最大限度减少损失，为抢险救灾占得了先机、赢得了主动。

（三）以"一招不让"的定力，各负其责、通力合作

灾情发生前，应急管理部门及时预防预警，多渠道传递预警信息，既有电视、广播、手机等现代化手段，也有鸣锣敲鼓、奔走相告等传统方式，

⚊ 救援队伍转移安置受灾群众

人民群众得以及时防范避险。接到预警后，各堤段、各水库防汛指挥长和"四类"责任人迅速进入战斗位置，做好应战准备，做到了忙而不乱。交通、通信、电力、水务、农业等单位组建党员突击队以最快的速度抢通断电断水，抢修紧急要道。宣传部门等牢牢守住舆论阵地，正面回应社会关切，妥善处置引导敏感舆情22起。组织部门紧急动员，迅速下发《致全市广大组织和党员干部的一封信》，充分发挥基层党组织的战斗堡垒作用和党员先锋模范作用，全市千个支部万余名党员干部响应号召，冲锋一线。板桥店镇党委书记第一时间集结动员党员干部100多人，2人或3人一组结对行动，逐户上门通知，连夜安全转移2000多人，避免了人员伤亡。全市上下形成了齐心协力防大汛抗大灾、战胜罕见自然灾害的强大合力。

（四）以"一言九鼎"的气概，承诺就干、干就干好

灾情面前，群众的事就是天大的事，一刻都不能耽误。市委、市政府及时高效摸清灾情底数和群众关心的问题，制定保险理赔、房租减免、产

业奖补等帮扶政策，关键时刻体现组织担当，做到群众有需要，组织有回应。组织部门动员5100多名"双报到"党员深入受灾区开展灾后重建工作，组织捐款100余万元，并从市管党费中划拨90万元专项资金，用于防汛救灾工作。龙头街道学苑社区党委书记巡查时发现襄大铭苑小区地下车库渗水，立即组织社区干部、"双报到"党员逐户敲门，襄大铭苑、康桥国际、碧桂园小区1000多辆车在2个小时内安全挪移，保护了群众的财产安全。在应对灾后群众诉求时，只要是承诺了，就立即去办。各地各部门暂停非必需、非功能性的项目建设，整合资金、集中财力重点解决好断路、断桥、断水、断电等事关群众交通出行、生活保障的急难愁盼问题，让群众看到实实在在的行动、感受实实在在的变化、得到实实在在的补偿，以环境面貌之变、干部作风之变、发展势头之变、治理格局之变赢得群众的支持和点赞。

（五）以"一鼓作气"的坚持，巩固提升、久久为功

防汛救灾是一项系统工程，查漏补缺、固强补弱不容有失。一是在加

🄐 板桥店镇派出所民警营救受困群众

快社会秩序恢复上下功夫。排清小区涝渍141个、村庄涝渍429个，排除农田涝渍28万亩，消杀面积达到680万平方米，累计筹集2490万元资金专项用于防汛救灾工作，集中人力、财力、物力快速完成水毁基础设施修复、房屋加固、饮水安全等工程，切实维护社会安全稳定发展。二是在推进民生项目建设上下功夫。各镇（街道）结合"三访三问三亮三促"活动修复了一批水毁设施、改造了一批农水项目、布局了一批民生项目，防灾减灾的底盘得到加固。三是在提升排涝能力上下功夫。及时完成汉江沿线排涝泵站建设并投入使用，大力推动汉江堤防整治、水库除险加固、城区老浆沟综合治理等项目，防洪安全保障体系进一步健全。四是在提升应对水平上下功夫。及时复盘"8·12"特大暴雨应对处置流程，编写演练《襄阳市防汛抢险救灾应急演练推演脚本》，不断积累防汛救灾实践经验，做到"打一仗、进一步"。办好"应急微课堂"专栏，将解读典型灾害教训、提升应急处突能力等课程纳入党委（党组）书记专题读书班和青年干部大讲堂（云讲堂），切实增强党员干部防范风险的警觉性、自觉性，提升他们的应急处突能力。

三 工作重点

（一）必须加强党的领导，把牢应急定盘星

"党政军民学、东西南北中，党是领导一切的"，党的领导是应对重大突发事件的定盘星、压舱石，起着举旗定向、统揽全局的作用。宜城市"8·12"特大暴雨应急处置的成功看似是个案，实则是必然，市委、市政府将抗洪救灾作为首要政治任务，坚持靠前指挥、一线作战，以身作则、身先士卒，各级党组织攻坚克难、示范引领，为成功处置"8·12"特大暴雨奠定了思想基础和组织基础。党的坚强领导和习近平总书记对突发公共安全事件的千叮咛、万嘱咐是成功应对此次重大灾害的先决条件。党的

十八大以来，习近平总书记先后21次对防汛减灾、安全生产、防火防爆等作出重要指示批示。这些都警醒着我们要时刻保持"半夜惊醒"的紧迫感，时刻牢记"针尖大的窟窿能漏斗大的风"的谆谆教诲，把思想上的弦绷得紧之又紧，躬身入局，担当作为，求真务实，防止或最大限度削弱各类"黑天鹅""灰犀牛"事件的影响。

（二）必须坚持人民至上，"宁听骂声，不听哭声"

习近平总书记在浙江指挥防台防汛工作时曾概括"不怕兴师动众，不怕劳民伤财，不怕十防九空"，并反复叮嘱干部要"宁听骂声，不听哭声"。板桥店镇板桥社区党委书记崔明回忆，"8月12日凌晨，镇、社区干部逐户通知临街住户转移，就有群众说这是小题大做、多此一举，但事后没有人说我们做得过了"。面对突如其来的灾害，组织群众撤退、避险，可能十次有九次是白忙活，老百姓也会埋怨干部"瞎折腾"，这样的"骂声"是群众暂时的不满情绪发泄，多做工作，可以慢慢化解，但一旦破防，群众哭声一片，失去的不光是鲜活的生命，更是群众的信任和支持。遇到突发灾害，时时把人民群众的生命安全放在第一位，充分想到最糟糕的情况，凡事从最坏处准备，努力争取最好的结果，才能牢牢把握工作主动权，产生最小的损失，体现最大的担当，自然会得到群众的理解、支持和拥护。

（三）必须突出系统思维，统筹兼顾"一盘棋"

应急处置是一个系统工程，构成要素多元，层次结构多维。要运用系统思维全面把握、全盘考虑，整合优化应急管理利用和资源，推动形成预警及时、指挥统一、专常兼备、反应灵敏、上下联动、多方协作、运行畅达、执行高效的应急处置体系，对事前、事发、事中、事后全过程进行监控管理，提高应急处突能力。"8·12"特大暴雨成功应对的背后是全市系统化的应急处置体系下，市镇村纵向联动、职能部门横向联动、干部群众齐心联动的结果。比如，国土、水利等部门全面排查地质灾害隐患，应急管理部门与气象、水利、自然资源等部门间信息互通，人武部、供电公司、部分社会单位履行应急救援合作协议、防汛物资代储协议，应急管理工作建立的24小时干部值班制度、领导带班制度、定期巡查制度、追责问责制度，以及在东、西两山偏远地区建立的应急物资储备库等都发挥了较好的作用。

（四）必须强化组织动员，十指攥紧握成拳

组织动员在突发事件应对中占据重要地位，发挥着特殊作用，有力有序将各方面力量集中、发动并组织起来，离不开高效的组织动员体系来统筹协调、居中策应。组织部门和各级基层党组织充分发挥组织作用，从一开始向全市党员干部发出共战灾情的号召，到吃劲关头连续下发工作提示，再到形势好转后统筹推进灾后重建和经济社会发展，为成功应对"8·12"特大暴雨提供了坚强支撑。灾难面前没有谁是局外人，"干部干、群众看"要不得，检验的是基层党组织的政治功能和组织功能，只有将"镇（街道）党委（工委）一村（社区）党组织—基层党员"为主轴的三级社会动员体系建设好，各级党组织书记、"双报到"党员作用发挥好，各类群团组织、志愿组织、社会组织的积极性调动好，让"党旗红"凝聚"一条心"，上下联动、点面协同、步调一致、同频共振，拧成一股绳，才会有合力、有动力、有效力。

（五）必须提升能力作风，打铁必须自身硬

习近平总书记指出，干部要提升"七种能力""八种本领"，其中，"应急处突能力""驾驭风险本领"是有效应对突发事件的关键。板桥店镇李湾村党支部书记肖光全说："当时我凭经验认为，多年来从没有过这么大水能溢满，幸亏听了镇领导的话提前将水库腾空，否则这次后果难以想象。"对风险的科学研判，有效地保护了人民群众的生命财产安全。干部驾驭风险和应急处突能力、关键时刻"顶得上""扛得住""干得好"的作风决定着突发事件的走向，既要具备防微杜渐能力，及时抓住初露端倪，以小见大，

从正常中见异常；又要有快速反应的能力，不断与时间赛跑，当机立断，迅速控制事态；还要有勇担风险的能力，事态瞬息万变关键之时，敢于站起来、冲出来处理危机、担责担险；更要有群众工作能力，提高与群众沟通的效率，及时公布情况，提高工作的透明度，保证群众的知情权，让群众看到党委、政府的努力，争取群众的理解和支持，众志成城共渡难关，齐心协力战胜危机。

四 经验启示

宜城占据汉江中游、蛮河、唐白河3个流域片区，各类事故隐患和安全风险交织叠加、易发多发，加强流域安全治理，及时应对处置各类灾害事故，既是一项紧迫任务，又是一项长期任务。

（一）紧绷流域综合治理水安全之弦

党的十九大把"坚持总体国家安全观"确立为新时代坚持和发展中国特色社会主义的基本方略之一，党的二十大提出必须坚定不移贯彻总体国家安全观。全市各级党委（党组）、政府部门主要负责同志以及基层党组织书记作为"关键少数"，要站在坚定不移贯彻总体国家安全观的高度来确保流域安全，要把贯彻落实习近平总书记提出的"两个坚持""三个转变"防灾减灾救灾理念作为一种行动自觉，逢会必讲、遇事必提，强化底线思维和极限思维，做到"晴天带伞、撑伞干活"，坚决把防范化解重大流域安全风险作为一项重要政治责任扛在肩上，切实维护国家总体安全。

（二）补齐流域综合治理水安全短板

"木桶效应"告诉我们，一项工作要达到预期效果，不取决于有优势的"长板"，而取决于有劣势的"短板"。一要补齐流域安全风险应急准备短板，"不治已病治未病"，建立起科学的预警机制和调度机制，对极端洪涝灾害情况要考虑充分并有相应预案，每年汛期、旱期前，组织相关部门开展极端自然灾害防范应对复盘推演，检验应急预案的科学性、可行性，切实提升整体预防能力。二要补齐防洪排涝体系短板，发挥碾盘山、雅口航运枢纽等工程水利的防洪控制作用，着眼碾盘山、雅口两座电站蓄水后抬高城区地下水位的不利因素，系统规划改造城区排涝体系，建立健全流域综合治理为基础、干支流控制性枢纽为骨干、工程和非工程措施相结合的防洪排涝体系。三要补齐防汛排涝基础设施短板，高标准、高质量新建改建城市给排水基础设施，加强城市排水系统的维护和管理，优化排水管网调度运行管理机制，持续推进应急避难场所建设，打造"海绵型"城市，全面提升综合防灾减灾救灾能力。

（三）夯实党的基层组织基础

基础不牢，地动山摇。坚强有力的基层党组织是加强流域安全治理、应对各种安全风险的必要保证。一要充分释放党组织势能，下移到最基层的"末梢神经"，用好党员"双报到"平台，将政治功能和组织功能向最小网格延伸，关键时刻力量迅速集结、联动增效，让党旗在基层一线高高飘扬。二要选优配强党组织书记，着力培养一批"平常时候看得出来、关键时刻站得出来、危难关头豁得出来"的"领头雁"。三要优化基层队伍结构，加强对村（社区）后备干部的培训和管理，强化待遇保障，始终保持一支充满活力的后备干部队伍。四要用好正反典型，每年评选"十佳书记""十佳党员"，充分发挥典型带头引路作用；深入开展软弱涣散基层党组织整顿，补短板、强弱项，在应对重大风险挑战中不断提升基层党组织的战斗力。

（四）提升干部应急处突能力

有效防范化解流域治理安全风险，干部应急处突能力是关键。一要加强理论学习，把《习近平关于防范风险挑战、应对突发事件论述摘编》等列为各级党委（党组）理论学习中心组的学习内容之一，作为党校（行政学院）主体班必修课内容。二要强化系统培训，应急管理部门要研究编制中长期以及年度应急处突能力培训规划，有计划、全覆盖地组织开展干部轮训。三要突出能力考核。将应急处突能力纳入领导班子和领导干部平时考核和年度考核重要内容，以"张榜挂图"的形式有力传导压力，引导各级领导干部主动提升准确识变、科学应变、主动求变的能力，在面对各类"黑天鹅""灰犀牛"事件时做到心中有数、分类施策、精准化解。

（五）完善应急处置体制机制

在面对重大突发灾害事故时，党委（党组）政府发挥主导作用，各类社会力量的参与必不可少，也是构建应急处突力量体系的重要部分。一要坚持"平战结合、平灾结合"的体制设计理念，研究建立并普及城乡社区、企业等组织和个体的应急处突志愿者队伍。二要强化对社会志愿组织和志愿者个体的管理，构建统一领导、协调有序、专兼并存、优势互补、保障有力的应急处突社会力量体系，最大限度调动广大群众自发参与到应急处突中来。三要加强对参与应急处突的社会组织规范化、专业化建设的指导和支持，建立相应的税收减免、财政补贴、保险保障等配套制度，为各类社会应急力量"松绑减压"，激励他们更加积极地投身到各种风险防范和化解中来。

（作者：石涛，中共宜城市委组织部；黄小林，中共宜城市委党校）

生态文明建设编

"一网统管"智能监管
赋能建设幸福河湖

——襄阳市水利和湖泊局河湖特色治理的实践与探索

【引言】自2022年以来，襄阳市积极探索"智慧化"河湖治水新模式，着力在河库治理管护科学化、精细化、智能化上下功夫，打造江河水库"一网统管"智慧河湖系统。对水利、水文、气象等部门的物联感知资源进行整合，通过水利一张图，全力打造"资源一网联接，预防一网联勤，处置一网联动"的智慧网络平台；对河湖长主要工作内容进行全面整合，实现了"责任体系一网通连，履职履责一网统管，交办整改一网通办"；加强重点河库管理，通过"云巡""数巡""民巡"三巡联动，实现一网通巡。襄阳市加强智慧河湖建设，不断提升智慧河库监管能力，以数字赋能助力幸福河湖迭代提升，"人防＋技防"实现"人人是河湖长"，让"治水"变"智水"，襄阳河库管理步入数字化时代。

【摘要】水利部在推动新阶段水利高质量发展的实施路径中明确提出"复苏河湖生态环境，推进智慧水利建设，全面强化河湖长制，建设幸福河湖"。智慧河湖建设是加强河湖管理保护的重要手段，也是深化河湖长制的创新举措，襄阳市建设江河水库智慧监管平台，"一网统管"智能管理，赋能河库精细管护，为强化河湖长制及河库管理保护提供技术支撑和管理保障。

【关键词】一网统管　河湖管理

━ 背景情况

　　襄阳，被誉为汉江上一颗璀璨的明珠，素有南船北马、七省通衢之称。汉江在襄阳市境内长度为195千米，境内流域面积17313平方千米，占全市面积1.97万平方千米的87.88%，属中游段。自丹江入境，过老河口市，横穿襄阳城区，纵贯宜城市出境，流经老河口市、谷城县、樊城区、襄城区、襄州区、鱼梁洲开发区、东津新区、宜城市。境内有北河、南河、小清河、唐白河、滚河、蛮河等主要支流。襄阳水系发达，河流纵横，水库众多，大小河流985条，其中，流域面积在50平方千米以上的河流共计126条，分属汉江、沮漳河水系，最终汇入长江；各型水库1197座，其中，大型9座、中型57座、小型1131座。襄阳市因水而兴，因水而盛，造就了"千帆所聚、万商云集"的繁荣景象。丰沛的河库资源和多样的水生态环境，是襄阳的显著特色和优势，为改善生态环境、增进民生福祉、推动经济社会

　　⬆ 自2017年全面推行河湖长制以来，汉江襄阳段水环境治理成效显著，千年古城再现山水融城画卷

发展提供了强有力的支撑保障。

　　不论是穿境而过的汉江、隽永灵秀的南河，还是浩渺汤汤的滚河，可以说，襄阳境内每条蜿蜒流过的河流都承载着襄阳的悠久历史，每个河名都诉说着襄阳深厚的文化底蕴和历史积淀。汉江又称汉水，王维《汉江临眺》给我们展现了一幅色彩素雅、格调清新、意境优美的水墨山水画"楚塞三湘接，荆门九派通。江流天地外，山色有无中。郡邑浮前浦，波澜动远空。襄阳好风日，留醉与山翁"；襄水又名南渠，东汉学者应劭曰"城在襄水之阳故曰襄阳"，唐代著名山水田园派诗人孟浩然有诗云"我家襄水曲，遥隔楚云端"；滚河，古称白水，唐朝大诗人李白吟"朝涉白水源，暂与人俗疏。岛屿佳境色，江天涵清虚"；蛮河，古称夷水。宜城因境内"夷水"古称夷城，雅称为宜城。秦将白起水淹楚皇城鄢城，百里长渠引的就是夷水。

　　自2017年以来，襄阳市认真践行习近平生态文明思想，牢固树立"绿水青山就是金山银山"的重要理念，坚决扛起治水兴水的政治责任，把全面推行河湖长制作为落实绿色发展理念、推进生态文明建设的重大举措，作为改善民生、建设美丽幸福襄阳的现实选择，把深入推进河湖长制作为推动高质量发展的重要抓手，强力推进智慧河湖建设，强化河库管理保护、持续推进河湖长制工作提档升级。一批长期积累、多年想解决而未解决的河库沉疴顽疾得到有效治理，水生态环境持续改善，汉江襄阳段持续稳定保持Ⅱ类优良水质，国家和省考核断面、县级以上集中式饮用水源地水质达标率均为100%。如今，随着河湖长制工作深入推进，"河畅、水清、岸绿、景美、生态"的新画卷正在徐徐展开，老百姓幸福感、获得感也不断增强。

　　全球进入数字时代，数字化转型极大地影响着生产、生活和运行状态，网络化、数字化、智能化的融合发展成为推动高质量发展的中坚力量。水利部在推动新阶段水利高质量发展的实施路径中明确提出"复苏河湖生态环境，推进智慧水利建设，全面强化河湖长制，建设幸福河湖"。自2021

🔺 昔日淤臭水患，今朝醉美莺河，全省首个、全国15个幸福河湖建设试点宜城莺河蝶变为
   一条"安澜、健康、宜居、智慧、文化、发展"的幸福河

年以来，李国英部长多次对智慧河湖建设作出相关部署，提出了明确要求。随着河湖长制的不断深入推进，襄阳市越来越深刻地认识到智慧河湖建设对于提高河湖治理保护现代化水平、强化河库管理保护、推进全市河湖长制工作提档升级的重要性和紧迫性。

二 主要做法

自2022年以来，襄阳市进一步深化河湖长制，创新加强河湖管理保护举措，积极探索"智慧化"河湖治水新模式，着力在河库治理管护科学化、精细化、智能化上下功夫，打造江河水库"一网统管"智慧河湖系统。通过智慧河湖建设，全面推进新一代信息通信技术与河湖治理保护深度融合，不断增强人民群众的获得感、幸福感和满意度，实现可持续发展。

（一）全力打造网络平台，实现感知资源一网管控

对水利、水文、气象等部门的物联感知资源进行整合，通过水利一张

图，全力打造"资源一网联接，预防一网联勤，处置一网联动"的智慧网络平台。

一是资源一网联接。将全市江河水库和主要水利工程数据资源进行整合，并在一张图中进行展现。全市985条河流，1197座大、中、小型水库，87段699千米堤防，282座涵闸，31处灌区渠系，14个大中型泵站，61座水电站，全部在时空地图上显示，主要技术数据全部纳入平台管理。

二是预防一网联勤。系统整合了全市2000多个服务于水利工程安全运行的物联感知终端，实时掌握全市水雨工情信息，为河湖长决策提供科学的数据支撑。同步对接了水文、气象、水利等与江河水库相关的预警信息，一旦出现风险即可进行提示预警，迅速防范处理，通过蓝、黄、橙、红四级预警体系，当实时监测到的水位到达预警值时，平台实时显示相应等级的预警信息，为河湖长调度指挥提供技术支撑。

三是处置一网联动。坚持问题导向，充分利用政务微信系统，及时向各级河湖长发送重点工作提示和重大问题督办信息，进一步提高涉河事件的处置效率。为视频探头加载科学管用的智能算法，完善事件发现和处置机制，进一步加强日常监管的自动化程度，提高河湖长巡河查库效率。2022年6月7日20时，平台预警雷达显示襄阳市精信催化剂公司排放的污水中pH值异常，平台迅速启动应急响应，通知企业停止排水。6月8日14时，该公司将应急水池超标污水抽回企业重新处理。3小时后，该公司报告整改完成。检测人员复查确认pH值恢复正常后，企业恢复正常排水。

（二）全面整合工作内容，推动河湖长制一网落实

对河湖长制主要工作内容进行全面整合，实现了"责任体系一网通连，履职履责一网统管，交办整改一网通办"。

一是责任体系一网通连。在河湖长维度上，分级呈现市、县、乡三级河湖长及其联系单位和村级河湖长领责履职情况，实时展示全市3134名河

湖长巡查责任河库情况，压实各级河湖长及其联系单位责任。一网通连，河湖长责任体系一目了然。

二是领责履职一网统管。在河库维度上，重点展示市县两级重点管理的272个河库及相应河湖长履职的情况，对市、县、乡、村四级河湖长巡查领责的河库情况，全部进行线上管理，实时掌握履职动态，根据巡查频次规定，通过江河水库"一网统管"智慧河湖平台设置的政务微信方式，及时发出提示，提醒河湖长履职尽责。

三是交办整改一网通办。将河湖长履职和河库监管的重点工作情况进行公开，既督促河湖长这些关键"人"履职，又推动"清四乱"这些重点"事"解决。适时发现的问题可通过大数据中心"事件枢纽"、政务微信等途径实时线上交办、动态跟踪，给河库管理保护扩容赋能，给事件处置提速增效。河湖长巡查发现的问题可——在地图上撒点展示，给相关责任单位明确提示，督促加快事件处置。其中，绿色表示已完成整改，橙色表示未完成整改，2022年发现的1374起事件，已办理完结1353起。2022年5月10日上午，市级河湖长巡查发现汉江谷城安家岗河谷大桥延伸段施工区域内的堤防迎水面有堆放预制块和植草砖的现象，工作人员及时将问题通过政务微信上报"事件枢纽"，当日13点29分大数据中心将工单派发给谷城县，13点50分谷城县将事件处置完毕并拍照上传，事件处置的效率较以往有了很大的提升。

（三）加强重点河库管理，实现日常监管一网通巡

加强重点河库管理，通过"云巡""数巡""民巡"三巡联动，实现日常监管一网通巡。

一是云上巡。自2022年以来，在水利部门自建92处视频监控资源的基础上，全市整合了政法、住建、交通、农业农村等相关部门沿江的53处监控资源，实现了对汉江沿线重点监管区域的全覆盖。同时，借助城运中心

"城市之眼"平台，迅速发现并锁定问题。襄阳市目前已将"云巡河"作为日常管理的重要内容，着力于扩大河湖长巡河查库的覆盖面，提高精准性。2022年，汉江襄阳市级河长通过在线"云巡河"模式，发现襄州区张湾街道岸边有漂浮物和垃圾，通过政务微信将事件进行反馈，襄州区立即处置，问题处置销号后及时通过政务微信上报事件交互枢纽，形成事件处置全闭环。

二是数据巡。积极对接湖北省河湖长制办公室、襄阳市生态环境局工作平台数据，实现上下同步、部门互联。河湖长履职情况、巡河情况、发现的"四乱"问题和整改情况由市、县两级河湖长办采集填报，省、市两级审核跟踪，实现了省、市、县三级河湖长办数据互联共享，重点工作同步跟踪推进。共享主要江河水质断面的实时数据，按照小时、日、月维度监测水质变化，及时启动河湖长工作机制。2022年1—4月，监测发现滚河汤店国控断面水质有3个月超标，滚河襄阳市级河长了解到这一情况后，迅速组织相关部门现场专题研究，督促枣阳、襄州两地强化措施切实改善滚河水质。

三是全民巡。通过打通社会层面的数据通道，实现系统"涉水事件"模块与市政府12345政务热线互联，确保及时获取人民群众反映的涉水热点事件，明确阶段性工作重点。2022年春节前后，近20件唐河、白河、唐白河水质变差的问题通过12345热线得到反馈。接到反馈后，唐白河襄阳市级河长现场督办，启动跨界河流联防联控机制，会同襄阳市生态环境局追根溯源到南阳、新野，提请南阳市、县加强截污治污，切实提升跨界河流水环境质量。

三 工作成效

加强智慧河湖建设，"一网统管"智能管理，为强化河库管理保护提供技术支撑和管理保障，不断提升河库监管能力，以数字赋能助力幸福河湖迭代提升，"人防＋技防"实现"人人是河湖长"，让"治水"变"智水"，强化河库精细管护，襄阳河库管理步入数字化时代，越来越多的河湖正在成为造福人民的幸福河湖。2023年，总投资1.54亿元的湖北省首个全国幸福河湖建设项目落户宜城莺河；2024年，谷城县黄土河、保康县清溪河2条河流入选全省幸福河湖，南漳清凉河入选全省幸福河湖"十大优秀案例"。

（一）"一网统管"，提高事件处置效率

襄阳市智慧河湖建设，不断加强河库管理保护与信息技术深度融合，数字赋能河库治理体系和治理能力现代化，不但扩大了河湖长巡河查库覆盖面，还提高了水污染、"四乱"等事件处置及时性，涉水事件处置效率大大提高。自2022年以来，江河水库监管平台录入的全市432个河库"四乱"问题，全部整治到位。

（二）"一网统管"，提升河库监管能力

襄阳市智慧河湖建设，提高问题整治精准度，数字化赋能助力河库治理管护科学化、精细化、智能化，河库监管能力大大提升。鄂豫加强唐白河跨省流域联防联控协作的经验做法，在长江委召开的省级河湖长专题联席会议上交流推广。

（三）"一网统管"，助力幸福河湖建设

襄阳市智慧河湖建设，让自然之河成为幸福之河，人民群众获得感、幸福感、安全感进一步增强。据监测，汉江干流襄阳段水质稳定保持Ⅱ类标准，襄阳市15个国控断面优良率达100%，28个省控断面优良率高于省定年度目标。

四 经验启示

水润民心，泽被万物，建设幸福河湖是深入落实习近平生态文明思想，

不断增强人民群众获得感、幸福感、安全感，不断实现人民群众对美好生活的向往的内在要求。襄阳以全面深化河湖长制为抓手，整合河湖管理各类要素与资源，将新时代科学技术运用到治理思路中，积极探索智慧化河湖管理新模式，以数字赋能助力幸福河湖迭代升级，全面提升幸福河湖建设能效。

（一）必须坚持人民至上，推动智慧河湖建设

良好的生态环境是人民群众迫切需要的公共产品，是最普惠的民生福祉。推动智慧河湖建设，就是从人民群众的切身利益出发，坚持民有所呼、我有所应。通过智慧河湖建设，推动河湖治理保护顺应人民意愿、符合人民所思所盼，共同缔造美好环境与幸福生活，不断提升老百姓择水而居、临水而憩的幸福感和获得感。据监测，汉江干流襄阳段水质稳定保持Ⅱ类标准，全市15个国控断面优良率达100%，28个省控断面优良率达96.4%，优于省定襄阳市92.9%的年度目标任务。

（二）必须深化河湖长制，推动智慧河湖建设

深化河湖长制，是建设幸福河湖的有力抓手。智慧河湖建设是加强河湖管理保护的重要手段，也是深化河湖长制的创新举措。推动智慧河湖建设，要与深入落实河湖长制密切关联，通过提供技术支撑和决策支持在河湖管理中扮演重要角色、发挥关键作用。

（三）必须打通数据壁垒，推动智慧河湖建设

构建实时、多维、精准、协同的"一网统管"河湖管理保护体系，关键是打通数据壁垒，根据河湖长制要素管理的有效时间等，建设全时空的河湖长制管理信息系统数据库，建设高效协同的线上线下处置平台和工作机制，让河湖管理保护更有序、更安全、更可控，建设幸福河湖。

（作者：刘菊，襄阳市水利和湖泊局）

践行"两山"理念
守牢"襄土"底色

——襄阳市推动林业生态高水平建设的实践与探索

【引言】生态文明是实现人与自然和谐发展的必然要求，生态文明建设是关乎中华民族永续发展的根本大计。林业生态建设作为生态文明建设的重要组成部分，践行"绿水青山就是金山银山"理念，对环境、植被进行恢复建设，不仅在很大程度上改善了自然环境，同时也为人类创造出更适宜人民生活的环境，提高人民生活质量，带来多方面的效益，有利于缓解日益突出的人口、生态、经济社会发展之间的矛盾，改善人民生存环境，为构建人与自然命运共同体打下良好基础，为社会主义发展作出林业贡献。

【摘要】近年来，襄阳市委、市政府坚持以习近平生态文明思想为指导，深入学习贯彻落实党的二十大精神，坚决扛起省委、省政府赋予的重大历史使命。2020年5月，市委办公室和市政府办公室联合印发《关于绿满襄阳再提升行动的实施意见》(襄办发〔2020〕3号)，大力实施绿满襄阳再提升行动，统筹山水林田湖草沙综合治理，科学推进大规模国土绿化行动，"项目化、工程化、系统化"高水平建设林业生态，全面筑牢生态安全底线，促进人与自然和谐共生，推动襄阳都市圈高质量发展。

【关键词】林业发展 绿满襄阳 综合治理

一 背景情况

　　绿色是襄阳的底色和本色，生态是襄阳最宝贵的财富。地处中华腹地的襄阳是全省森林资源大市，自然禀赋优越，生态环境良好，先后获得"全国绿化模范城市""国家森林城市"等荣誉称号。但是，对标国内生态建设先进地区，对应襄阳的特殊地位和资源禀赋，对比襄阳的生态环境质量和人民群众的热切期盼，全市的林业生态建设还存在一些不足和短板。一是森林分布不合理。全市80%的森林资源集中在南保谷西南山区及宜城西南部、枣阳东南丘陵地区，这些地区的人口约占全市总人口的1/3；人口约占全市总人口的2/3的其他地区森林资源不到20%。二是绿化质量不高。全市森林资源大多为灌木、杂木、次生林，乔木比例低，少数地方贯彻新发展理念不够，存在过度景观化现象。对苗木质量把控不严，后期监管不到位，造林质量和成活率不高。

🔺 省级森林乡村——襄城区姚庵村

■ 主要做法

全市以科学绿化为引领，深入开展绿满襄阳再提升行动，扎实推进林业重点项目建设，大力发展富民产业，在全市掀起造林绿化的工作热潮。

（一）高位推动，形成全社会参与的生动局面

市委常委会专题研究绿满襄阳再提升行动，印发《关于绿满襄阳再提升行动的实施意见》，成立以市委副书记为组长的绿满襄阳再提升行动领导小组，先后召开6次领导小组会、5次现场推进会进行统筹谋划。市政府每年安排年度实施计划并预算1400万元专项资金用于绿满襄阳再提升行动。市委、市政府将绿满襄阳再提升行动纳入林长制考核，将汉江两岸造林绿化纳入市委专项巡查，市人大常委会出台《关于推进绿满襄阳再提升行动的决定》，市政协将绿满襄阳再提升行动纳入重点提案，形成了"四大家"领导齐上阵，各级各部门协同联动，全市上下众志成城、同心同向的国土绿化工作格局。

（二）全域谋划，统筹推进生态系统建设

坚持规划引领，编制《襄阳市生态空间专项规划》，按照"北部扩绿、东南提质、西南增效"的思路，因地制宜、分类施策，构建"一带三屏九廊多点"的生态安全格局。围绕《襄阳市林业发展"十四五"规划》，分别编制了鱼梁洲生态绿心、环城生态屏障、汉江生态廊道等系列专项规划。开展森林城市、森林城镇和森林乡村三级联创，打造生态系统共谋共建、生态廊道互联互通、生态成果共享共荣的市、县、镇、村"四位一体"的森林城市群。开展森林进机关、进校园、进厂区、进社区等森林单位"十进"创建行动，并纳入文明单位考核；狠抓"村种万树"，推动所有行政村创建森林乡村。

（三）创新理念，大力推进植造森林建生态

坚定不移贯彻新发展理念，先后赴雄安学理念、赴江浙学方法，赴右玉、塞罕坝学精神，因地制宜提出了"异龄、复层、混交、全冠、多彩"的国土绿化十字方针。坚决落实耕地"非农化""非粮化"政策，全面推行"规划先行、全冠苗造林、增加乔木树种占比、使用本土苗木"等绿化制度，把绿化工作的出发点和落脚点聚焦到森林生态建设上。制定《襄阳市城市规划管理技术规定（绿化篇）》《襄阳市中心城区绿化导则》及《襄阳市造林技术手册》《乡土树种繁育技术手册》，明确行业规范，科学选择树种，规范作业设计，推行专业造林，真正从发展理念、制度规范、技术标准、施工管理等方面，全方位走科学绿化之路。

（四）强化支撑，谋划推进重大生态建设项目

一是加大财政奖补。襄州区、枣阳市和老河口市每年投入5000万元以上，用于鄂北生态防护林和森林乡村建设；高新区一次拿出5000万元用于创建省级森林城市；市财政结合实际调整预算，对每个市级森林乡村分三年奖补20万元。二是加强金融支持。市政府印发《汉江生态经济带暨绿满

⚠ 襄阳市国家储备林一期工程曹湾示范点

襄阳再提升行动重大林业生态项目推进计划》，协调农发行襄阳分行授信200亿元支持"绿满"，全市申报贷款126.6亿元，获批99.4亿元，提款56.4亿元。襄阳国家储备林工程一期项目获得邮蓄银行襄阳分行融资贷款授信3.6亿元、襄阳优良林木种质资源保护利用获批地方专项债1.95亿元、绿满南漳再提升行动获批农发行贷款6.8亿元。三是打造示范样板。聚焦汉江生态廊道建设，成功申报襄阳市中央财政国土绿化试点示范项目，高标准建设10.42万亩生态廊道，打造科学绿化、机制创新、"两山"转化、碳汇交易、种苗管理五大示范；襄阳国家储备林项目，被财政部批准为全国第四批PPP示范项目，一期工程完成人工造林1.26万亩，显著提升岘山、鹿门山生态质量，打造荒山造林示范；襄阳市优良林木种质资源保护及利用项目建成种质资源保存库1.08万亩、乡土种苗繁育基地1.28万亩，打造种苗高质量发展示范。

三 工作成效

2020年，保康县获批全省首批"两山"转化示范县。2021年，全省国土绿化现场会在襄阳成功召开，襄阳国土绿化经验在全省推广。2021年，市委、市政府听取市人大《关于城乡大气污染防治专项监督工作的情况报告》专题，对绿满襄阳再提升行动作出了"两大一经典"（大好事、大实事、经典案例）的高度评价。2023年，中央财政国土绿化试点示范项目成功落户襄阳，襄阳因此获中央财政补助资金2亿元，省级财政补助资金3300万元。枣阳市成功遴选2023年度省级国土绿化流域治理示范项目，获省财政奖补资金1500万元。2023年9月，保康举办"中国（保康）首届核桃丰收节"，推进保康核桃全产业链健康发展。2023年11月，全省林业种苗高质量发展研讨会、第七届湖北生态文化论坛相继在襄阳市成功举办。襄阳市坚持科学绿化，实施绿满襄阳再提升行动，2024年1月被省林业局推荐为国家林草局"科学绿化"典型案例。襄阳市创新投融资机制建设国家储备林的经验启示，2024年5月被省发展改革委推荐为全国发展改革委"生态保护修复投融资机制创新"典型案例。襄阳市自然资源和城乡建设局被推荐为2023年度"全国绿化模范单位"，老河口市自然资源和规划局于2022年8月获"全国绿化先进集体"称号。在省林业局对市州的年度综合考核中，襄阳市的国土绿化工作始终位于第一方阵的前列。全市一批先进个人先后被人社部、国家林业和草原局、全国绿化委员会表彰为全国绿化先进工作者、全国林草系统先进个人、全国绿化奖章。

（一）造林规模前所未有

全市坚持以绿满襄阳再提升行动为统领，统筹水系、交通、城市和乡村绿化，抓好重大生态工程建设，科学大规模推进国土绿化。自2020年以来，全市累计完成营造林109.12万亩，森林覆盖率增长近3个百分点，国土绿化数量规模实现新突破。

（二）人居环境明显改善

积极开展"村种万树"行动，统筹推进森林城市、森林城镇、森林乡村、森林单位创建，推动全域绿化。宜城市、南漳县、老河口市、枣阳市4个县（市）获得"湖北省森林城市"称号，全市建成国家森林乡村31个、省级森林城镇10个、省级森林乡村60个，建设市级森林乡村179个、县级森林乡村814个，创建市级森林单位53家，持续改善城乡人居环境，增进群众绿色福祉。

（三）大气质量稳步提升

大力实施鄂北生态防护林工程，完成造林15万亩。北部地区森林覆盖率显著提升，森林生态功能不断增强。有效缓解了北方雾霾和沙尘在南下过程中对本市的大气环境影响，促进外源大气污染物与内源叠加导致的重污染天气污染峰值的削减，稳步提升大气质量。2019年全市空气优良天数仅为229天，2020年达到274天，2021年达到283天，2022年为256天，2023年为272天，优良天数占比74.5%，改善幅度居全省第一，PM$_{2.5}$平均浓度同比下降5.2%。鄂北的老河口市2021年空气质量达到国家二级标准，枣阳市2022年空气质量达到国家二级标准。

（四）绿色产业蓬勃发展

依托林业资源优势，大力推进核桃、油茶、森林康养、森林旅游等特色产业发展，襄阳市取得了良好的生态效益、社会效益和经济效益。2023年，襄阳市林业产业总产值达到738亿元，同比增长6.14%，占全省1/7，全省排名第一。目前，全市省级以上林业龙头企业56家，森林康养单位28家，培育中国驰名商标4件、国家地理标志林产品11个，湖北名牌产品8个。

（五）生态意识显著增强

创新全民义务植树形式，正式上线运行襄阳市"互联网＋全民义务植树"平台，发起岘山森林公园大树认养活动，创建义务植树基地和"爱心林""劳模林""双拥林"等各种纪念林95处共2160亩，全市义务植树尽责率93.8%。成立汉江湿地保护联盟，搭建湿地公园综合信息管理平台，全方位一体化保护汉江襄阳段湿地。开发襄阳古树名木管理系统，建立古树名木信息数据库，全市9124棵古树全部上线，出版《襄阳最美古树》《记住乡愁——襄阳乡土树木品韵》，全面开展古树体验和保护修复，通过持续宣传活动，生态保护意识深入人心，爱绿植绿护绿成为全市上下的自觉行动。

四 经验启示

从绿满襄阳再提升行动的实践中，我们深刻感受到：科学推进大规模国土绿化，必须坚持以习近平生态文明思想为指导，必须坚持高位推动、整体联运、全社会参与，必须坚持项目化、工程化、市场化推进，必须坚持规划先行、科学绿化、咬定目标、久久为功。

（一）坚持精准建设

深化开展造林绿化用地适宜性评价，精准掌握造林地块的情况，合理确定造林规模和地块。精准编制造林设计方案，严格按照设计方案实施和验收，推行项目造林计划、结果落地上图全覆盖，实行精细化管理，保障项目造林可落实、可追踪、可验收。

（二）坚持创新机制

坚持行政、市场、社会"三管齐下"，探索建立以政府投入为引导、金融投入为支撑、社会投入为主体的投融资机制，以多元投融资模式推进大规模国土绿化。积极谋划重大生态项目建设，在做好项目选址、规划编制等前期工作的基础上，深入研究项目投融资机制和建设机制，明确投资主体、建设主体和运营模式，确保项目落地建设，长远发展。

（三）坚持"两山"转化

按照"生态美、产业优、机制活、百姓富"的目标，培育壮大特色林业产业，探索生态产品价值实现机制，提升绿水青山颜值、实现金山银山价值。积极推动林业碳汇交易试点，加快组建成立项目公司，以造林项目为突破口，开展林业造林项目碳汇交易落地试点工作。扎实推进"双百万"油茶和杜仲良种育苗工作，营建高效杜仲示范林，建设油茶产业示范园区，打造油茶特色品牌、擦亮"襄阳杜仲"地理标志品牌。依托森林生态本底，结合乡村振兴战略，全面推广保康森林康养医养模式，力争打造襄阳市森林康养核心基地、国家级森林康养创新高地和全国森林康养发展标杆。

（作者：王谦，襄阳市自然资源和城乡建设局；敖书飞，襄阳市自然资源和城乡建设局）

落实保护管理责任
守护都市"一抹绿意"

——宜城万洋洲国家湿地公园开展保护与利用湿地工作的实践与思考

【引言】党的十八大以来，我国生态文明建设从理论到实践都发生了历史性、转折性、全局性变化。以习近平同志为核心的党中央把生态文明建设作为统筹推进"五位一体"总体布局和协调推进"四个全面"战略布局的重要内容，把坚持人与自然和谐共生纳入新时代坚持和发展中国特色社会主义基本方略，全方位、全地域、全过程加强生态环境保护，开展了一系列开创性工作，生态环境不断向高品质转变，美丽中国建设迈出重大步伐。党的二十大报告提出："推动经济社会发展绿色化、低碳化是实现高质量发展的关键环节。"这表明高质量发展和高水平保护是相辅相成的。高水平保护是高质量发展的重要支撑，应在高水平保护中坚定践行新发展理念，不断塑造发展的新动能新优势，降低发展的资源环境代价，持续增强发展的潜力和后劲，让高品质生态环境成为高质量发展的重要动力源。

【摘要】近年来，宜城万洋洲国家湿地公园管理处以习近平新时代中国特色社会主义思想为指导，认真贯彻落实党的二十大精神和省委第十二次党代会精神，秉持"全面保护、科学恢复，合理利用、持续发展"原则，紧紧围绕湿地生态高水平保护和促进地方经济社会高质量发展，砥砺奋进，开拓进取，聚焦主责主业，扎实推进湿地生态保护与修复，对标对表党委、政府重大决策部署，尽力提升城市绿心品质，培育产业空间，助力地方经济社会发展，积极探索实践万洋洲国家湿地公园保护管理的有效路径，开创了各项工作新局面。

【关键词】宜城万洋洲国家湿地公园   生态保护

一 背景情况

三千里汉江，风起云长；亿万年汉水，悠悠汤汤。汉江为宜城这座楚国故都赋予了无限的秀美与灵气，与厚重的荆楚文化、抗战文化、红色文化交相辉映，蕴育了独特的宜城水文化和湿地文化，同时滋润着这一片"膏腴之地"，恩泽了这一方勤劳智慧的人民，为宜城高质量发展注入了独特的内涵和品质，提供了最为持久、最具竞争力的硬内核和原动力。湖北宜城万洋洲国家湿地公园地处宜城市城区东部，主要由长江一级支流汉江组成，总面积2466.03公顷（3.7万亩），湿地占69.53%，湿地资源丰富，生态环境良好，动植物种类繁多，集涵养水源、净化水质、蓄水防洪、农业灌溉、居民供水等功能于一体，有着极其特殊和重要的生态系统，是长江

▲ 国家二级保护动物"小天鹅、豆雁"在水中嬉戏觅食（拍摄者巡护员毛祥）

中游地区实施科学保护、绿色发展的重要组成部分。2019年12月15日，湖北宜城万洋洲国家湿地公园通过国家林业和草原局验收；2021年1月26日，湖北宜城万洋洲国家湿地公园被确认为省级重要湿地；2023年6月27日，省人大常委会党组书记率队来宜城检查《中华人民共和国湿地保护法》贯彻落实情况，万洋洲国家湿地公园湿地生态环境综合治理和保护管理创新举措受到省、市级领导的高度赞誉和充分肯定。

二 主要做法

在市委、市政府的坚强领导下，在市直相关部门的大力支持下，万洋洲国家湿地公园管理处党委同向发力、同频共振，积极履职尽责，扛牢政治责任，持续改善湿地水环境，扎实推进湿地保护修复与科学管理，努力把万洋洲国家湿地公园打造成展示生态文明成果的样板、湿地保护与利用的典范。

（一）聚焦对表，扛牢责任，明晰统筹发展新路径

一年来，万洋洲国家湿地公园管理处主动融入长江经济带发展战略、襄阳汉江生态廊道建设、襄阳都市圈发展战略，将湿地公园生态保护纳入宜城市汉江岸线生态保护修复工作大局，牢牢扛起流域综合治理和生态环境保护政治责任。一是坚持以水安全、水环境安全为核心，统筹考虑粮食安全、生态安全，在水安全、水环境安全、水资源、水生态、水景观、水管理、水文化、水经济等"八水共建"上深入思考，积极探索市域新型工业化、信息化、城镇化和农业农村现代化同步发展的新路径。二是坚持"以水定人、以水定城、以水定地、以水定产"，在加强汉江宜城段上下游统筹、左右岸协同，优化创新国土空间、生态空间和产业空间，探索一二三产互进和产城人融合等方面深入思考，积极探索湿地保护与城市同步发展、共荣共赢新路子。三是坚持以湿地生态保护修复为重点，加强宜

城市汉江岸线生态环境保护管理，在汉江岸线拆违、环境整治、违法行为处置等工作中积极作为，积极探索湿地生态高水平保护，助力地方经济社会高质量发展新举措。

（二）优化机制，凝聚合力，增强湿地管护新效能

一是着力构建共建共管共治新格局，增强湿地保护工作合力。一年来，万洋洲国家湿地公园管理处认真履行宜城市汉江岸线生态保护修复工作领导小组办公室职责，牵头起草并提请宜城市政府出台《宜城市汉江岸线生态保护修复工作联席会议制度》。成功筹备召开宜城市汉江岸线生态保护修复第一次联席会议，明确工作任务，细化工作措施，压实治理责任，有效制止了擅自放牧、非法捕猎野生动物等违法行为，切实推动汉江岸线生态保护修复成势见效。二是凝聚和调动湿地生态保护多方力量。牵头起草并提请市人大常委会出台《关于加强汉江宜城流域生态保护的决定》。明确系统治理，精准施策，坚决守住"四个底线"的重点内容和具体措施；明确

◭ 野生鸟类投食区（拍摄者旅游开发科科长顾靖）

以汉江生态保护修复为重点，以湿地景观提档升级为抓手，提升城市品质，培养产业空间，激活和释放产业动能的有效途径和创新路子。三是建立健全长效机制。按照"一园一法"建设要求，完善湿地保护管理制度。结合万洋洲国家湿地公园的实际情况，牵头起草并提请市政府以政府令出台了《湖北宜城万洋洲国家湿地公园管理办法》。

（三）夯实基础，谋划长远，擘画湿地建设新蓝图

一是加强干部队伍建设。2023年，万洋洲国家湿地公园管理处通过招硕引博、公开招考、组织调整等方式，引进1名林学专业硕士研究生、2名优秀大学生、2名事业单位优秀人才，干部队伍力量得到加强。二是提升干部能力素质。以"微课堂"为载体，要求机关干部围绕湿地保护管理人人讲课，提升机关干部开口能说、提笔能写、遇事能办的能力。三是坚持产、学、研相结合。与华中农业大学、湖北文理学院资源环境与旅游学院、省林勘院建立长期合作关系，助力湿地公园科学发展。结合湿地公园原有规划、雅口航运枢纽工程运营蓄水湿地岸线变化、湿地公园优化整合保护管理范围扩大等现实需要，2023年6月，宜城万洋洲国家湿地公园管理处委托湖北省林业勘察设计院编制《湖北宜城万洋洲国家湿地公园总体规划（2023—2030）》，目前已完成初稿编制。同步启动万洋洲国家湿地公园生物多样性调查与评估，委托华中农业大学专业团队开展植物、动物（陆生脊椎动物、鸟类）、昆虫、鱼类调查，目前已完成外业调查和内业整理，取得了阶段性成果。现已发现万洋洲国家湿地公园有国家一级保护野生动物4种、国家二级保护野生动物12种，维管植物73科202属275种，鱼类6目12科51种，两栖爬行动物3目5科13种，鸟类12目30科121种，昆虫9目54科144种。

（四）注重质量，狠抓提升，彰显湿地保护新质效

一是高标准实施湿地保护修复项目建设。围绕改善鸟类生境，完成湿

地食源性植物栽植1400棵；围绕净化水质，对湿地公园太平村段至汉江一桥段约6千米邻近城区湿地岸线和近水域垃圾进行全域清理和打捞；围绕退化湿地恢复，栽植乔灌木9604棵、观赏草3600平方米、水生植物18种近100万株。二是扎实开展湿地科普宣传教育。以楚都文化、汉水文化、湿地知识为主题，在湿地公园核心区打造了4.6千米的湿地科普宣传长廊；加强与教育部门的联系合作，开展"小手拉大手"校地共建活动，将《中华人民共和国湿地保护法》纳入学校普法教育宣传，推动湿地保护法等法律法规进学校。三是开展美好环境与幸福生活共同缔造行动，联合宜城市社会组织、辰良义工协会、共青团青年志愿者，先后5次组织志愿者对湿地核心区域有色垃圾进行清理，湿地公园岸线的环境焕然一新，受到了广大居民的一致好评。

（五）抢抓机遇，谋实项目，积蓄湿地发展新动能

2023年，万洋洲国家湿地公园管理处积极申报项目争取资金，加快推进湿地公园建设。一是申报长江经济带绿色发展方向中央预算内投资计划项目。二是申报2024年中央财政濒危野生动物救助、省级财政湿地保护恢复及湿地生态补偿3个项目。三是积极争取宜城市政府本级财政支持，推进万洋洲国家湿地公园视频监控智慧化系统建设和万洋洲国家湿地公园室内科普宣教展馆建设。

三 经验启示

高品质生态环境是人民群众追求的高品质生活的基本内容。加强高品质生态环境建设，是贯彻新发展理念、推动经济社会高质量发展、推进中国式现代化建设的必然要求。作为湿地保护工作者，要围绕提升生态系统多样性、稳定性、持续性，聚焦主责主业，按照一体化保护和系统治理原则，加大生态环境保护修复的监管力度，同时聚焦上级党委的重大决策部

署，夯实汉江流域生态保护的根基，厚培绿色发展动能，奋力谱写中国式现代化生态宜城新篇章。

（一）建设高品质生态环境是一项涉及方方面面的系统工程

继续推进生态文明建设，必须以习近平生态文明思想为指导。随着对生态文明建设的规律性认识不断深化，我们应以更高站位、更宽视野，正确认识和把握生态保护与绿色发展、生态变化与文明兴衰、重点攻坚与协同治理、流域治理与统筹发展之间的关系，不断凝聚社会共识，乘势而上，顺势而为，尽力而为，善作善成。在生态保护与修复、解决环境突出问题上下功夫；在提升城市品质、满足人民群众对美好环境愿望上花气力；在挖掘历史文化内涵、培育湿地文化、推动文化有效传承转化上动脑筋；在培育产业空间、释放产业动能、推进经济社会高质量发展上做文章。

（二）建设高品质生态环境，需坚持系统治理，分类精准施策，守牢安全底线

一是加强水生态保护与修复。以水污染防治和水生态修复为重点，坚持科学治污、精准治污、依法治污的原则。科学谋划湿地内水系贯通，实施微地形改造，恢复自然水系。建设人工净化湿地示范工程，发挥湿地及湿地植被的水体净化功能，减少污染物对汉江的排放。以水景观、水生态为重点，大力推进湿地保护与修复，推进小微湿地建设。二是恢复湿地植被，提高群落丰富度，修复退化湿地。通过恢复湿地植被，来提高湿地植被覆盖率、控制水土流失、保持水源涵养。湿地植被选择本地常见物种，同时考虑植被的耐淹、抗冲刷、净化水体和景观特征。在植被营造中，体现生态造景的理念，营造水域、裸地、植被3种要素并存的复合生境，以满足不同鸟类的习性。三是统筹民生和生态保护。严格落实"十年禁渔"政策，加大对在禁钓区内钓鱼行为的制止和劝阻力度，引导群众在禁钓区外一人、一竿、一线、一钩垂钓。支持鼓励群众科学种植，少用化肥和农

药，粮食收获后延迟土地翻耕，把一些散落的粮食留给鸟类，必要时建立鸟类吃粮方面的补偿机制。加强畜禽粪污综合治理，持续推进畜禽养殖废弃物资源化利用。

（三）建设高品质生态环境，需坚持规划引领，建设智能监测体系，提高保管水平

一是坚持规划引领。认真学习国家关于自然保护地建设相关规划、长江经济带绿色发展规划和汉江生态经济带发展规划，同时以《湖北省流域综合治理和统筹发展规划纲要》《襄阳市流域综合治理和统筹发展规划》为指导，修改完善湿地公园自身总体规划，指导湿地公园高标准建设、高质量发展。二是建设智能监测体系。以保护自然资源和生物多样性为目标，利用高科技手段和现代化设备促进湿地保育、巡护和监测的信息化、智能化，依托视频监控、无人机监测和人工巡护，建设"空天地人"一体化监测网络体系，打造监测系统完善、管理手段先进、展示方式新颖的湿地公园智能化监测系统。三是高水平提升保护能力。坚持产、学、研相结合，与相关省林业勘察设计院和高校建立长期合作关系，助力湿地公园科学发展。同时，加强区域合作和点对点合作，吸收、借鉴外地单位在湿地保护、管理和建设中的先进理念、亮点工作和经验做法，提升万洋洲国家湿地公园管理处工作人员的业务技能水平和湿地公园保护管理水平。

（四）建设高品质生态环境，需坚持以法为绳，强化要素保障，凝聚保护合力

一是要以法为绳，守护湿地。加大《中华人民共和国长江保护法》《中华人民共和国湿地保护法》等法律法规的宣传力度，同时以法律法规为准绳指导实践工作，强化湿地生态系统的整体性、系统性保护修复，完善湿地保护和利用制度，处理好保护与发展的辩证关系，推动实现生态效益、社会效益、经济效益相统一。二是要强化要素保障。积极争取财政资金，

补齐短板弱项。要积极破解资金瓶颈，在努力向上争取资金项目支持的同时，引进社会资本参与相关项目建设，积极对接谋划推进生态环保EOD项目，以解决生态环境突出问题为载体，谋划导入产业项目，让产业收益反哺环境治理。三是要切实形成合力。要严格落实《宜城市汉江岸线生态保护修复工作联席会议制度》，联席会议领导小组成员单位既要各负其责，又要协同配合。全市"一盘棋"，共抓大保护。同时，以在重要时间节点进行湿地保护宣传、组织湿地公园摄影大赛、组织校园学生走读万洋洲等活动为载体，凝聚全社会关爱湿地、宣传湿地、保护湿地共识，为建设美丽宜城提供强大合力。

（作者：胥如雪，湖北宜城万洋洲国家湿地公园管理处）

后 记

中共襄阳市委党校（襄阳市行政学院）高度重视《襄阳经济社会高质量发展案例选》的编辑出版工作，常务副校（院）长罗丽同志担任主编，统筹书稿的征集、编撰、修订工作。教育长杨华斌同志严把编辑出版工作的每一个环节，带领科研科的同志们认真完成组稿、编审任务。

在本书的征稿、修改和定稿过程中，市委政研室、市经济和信息化局、市发展改革委、市住房和城市更新局、市委统战部、市委老干部局、市科学技术协会、市中心医院、市生态环境局、市政府办、市人民检察院、市人社局、市自然资源和城乡建设局、湖北文理学院、市水利和湖泊局、市医疗保障局、市市场监管局、市生态环境局、市文化和旅游局、市教育局、市民政局、市行政审批局、市交通运输局、市城管委、市总工会、市档案馆、市地质第八大队、高新区党工委党群工作部、樊城区政协等部门和襄城区、樊城区等地积极支持参与，各县（市、区）委党校同志联合当地有关职能部门积极深入调研、撰写案例稿件，周华鹏、杜莲波、孙梦宇等同志负责与有关供稿单位具体联系，协调沟通并修改稿件，国家行政学院出版社编辑人员不辞辛劳，认真审校。本书即将付梓，与各位读者见面。在此，谨对所有参与撰稿、支持配合、编辑出版等工作的同志表示衷心感谢！

本书作为襄阳市各单位结合实际开展调查研究的原创成果，旨在对襄阳经济社会发展主要成就进行归纳整理、探索思考，对影响襄阳经济社会高质量发展的部分难点热点进行了一定的前瞻性研究分析，提出了一些改进建议。在本书中，因案例供稿和本书篇幅所限，或难以囊括襄阳近年来经济社会发展所取得的全面成就，部分案例稿件中的部分内容难免不甚完善，所总结提炼的经验启示也有待在实践中进一步验证，不妥之处敬请读者谅解，诚望批评指正。

编者

2024 年 12 月于襄阳东津